心理衛生與適應

（第二版）

王以仁・林淑玲・駱芳美　著

作者簡介

王以仁（策劃主編，撰寫一、三、九、十一章）

學歷：國立政治大學心理系學士
國立政治大學教育研究所碩士、博士
美國密西西比州立大學諮商員教育所研究

經歷：救國團青少年輔導中心台北市義務張老師、督導
國立海洋大學、輔仁大學兼任輔導教師
國立中山大學講師
中華民國家庭教育學會常任監事
台南縣、嘉義縣家庭教育服務中心顧問
嘉義縣衛生局社區心理衛生中心顧問
台灣嘉義監獄諮詢委員
教育部學生輔導諮詢小組委員
國立嘉義師範學院秘書室主任、實習輔導室主任、進
修部主任、學生輔導中心主任
國立嘉義大學輔導學系主任、學務長、代理師範學院
院長、行政副校長

現職：國立嘉義大學輔導與諮商系所專任教授
國立嘉義大學家庭教育所、國防與國家安全所兼任教授
教育部家庭教育專業人員證書審查小組委員
救國團嘉義張老師諮詢委員
中華民國家庭教育學會理事

林淑玲（撰寫四、五、八、十章）

學歷：國立政治大學教育研究所碩士、博士

經歷：國立嘉義師範學院幼兒教育學系副教授
國立嘉義師範學院初等教育學系講師
國立嘉義師範學院輔導教師
國立台灣藝術專科學校兼任輔導教師
教育部訓育委員會專員、省立台中圖書館編審

現任：國立嘉義大學進修推廣部主任
國立嘉義大學家庭教育與諮商研究所教授

駱芳美（撰寫二、六、七、十二章）

學歷：國立彰化師範大學輔導研究所碩士；美國威斯康辛大學教育研究所碩士；美國密西西比大學諮商教育博士；美國德頓（Dayton）大學諮商教育研究所博士後進修

經歷：實踐大學講師、副教授；密西西比大學學生輔導中心諮商員、弱視研究中心研究員；俄亥俄州州立大學研究員；亞裔社區服務中心執行主任；德頓大學諮商教育研究所與哥倫布州立社區學院行為與社會系兼任教授

現任：擁有美國全國諮商員證照（National Certified Counselor, NCC）、俄亥俄州臨床諮商員執照（Licensed Professional Clinical Counselor, PCC）、認知治療專業證書（Certification of Cognitive Therapy, The Cleveland Center for Cognitive Therapy）、美國堤芬大學犯罪防治與社會科學學院助理教授（Tiffin University, School of Criminal Justice and Social Sciences）

再 版 序

　　本書出版至今已近十年的時間，銷售數量約在五千本以上。以坊間類似的心理衛生大專用書，隨意數來至少也有十種之多；本書能有這樣的銷售量也算差強人意，真得深深感謝教授心理衛生同業的支持以及讀者們的愛護。

　　當然，由此亦可窺知二十一世紀的今天，在社會種種壓力與憂鬱症的盛行之下，心理衛生是何等被迫切的需要與重視。尤其是於二〇〇一年年底及其次年，分別頒佈了《心理師法》及其施行細則，其中明訂「心理衛生」為諮商心理師專技高考證照筆試測驗的六科之一。

　　近一年以來，出版社的林敬堯總編輯數度大力催促，要求我們三位作者對本書進行修訂而再版。說實在話，吾人目前分別在國內外不同的大學教書、研究與兼任行政主管職務，經常忙進忙出很難安靜下來著手於本書的修訂工作。

　　幸賴心理出版社總編輯與其編輯同仁的熱心支持與協助下，總算針對本書原有內容，加入一些近年來國內外心理衛生重要主題之最新訊息，以及相關的實證研究資料，而完成了本書的修訂再版工程！

　　作者們因時間匆促且個人所學有限，在本書整個修訂的過程中自不免會有疏漏之處，在此仍企盼各位先進能不吝予以指正。

王以仁、林淑玲、駱芳美　謹識於

二〇〇六年七月

初 版 序

　　「心理衛生」可說是以心理疾病之預防和心理健康的保持與增進為目的，所發展出來的一門學問。而本書的撰寫乃緣於各大專院校所開設通識課程諸科目中，「心理衛生」確實是被學生們迫切需要且受歡迎的一門課程。因此，作者們乃蒐集這方面最新的資料，並依據多年從事諮商輔導及心理衛生推廣教育的經驗，而撰寫了本書。

　　誠如個人在面對環境中的困難時，必須保持彈性並採取較佳的因應措施。在我們的寫書過程中也同樣是歷經了各種困難，前後數年且換過幾個作者，最後在彼此同心合作與不斷相互勉勵之下，終於有了自我實現的具體成果。

　　本書得以順利出版，要感謝的人多到無法在此一一列名，但我們真是心存感激。特別要提的是總經理許麗玉小姐的長期支持與催促，真是辛苦與難為她了；其次要感謝負責編輯與出版的郭涓、郭暖卿的全力協助，否則也無法即時出版。

　　作者們在本書的撰寫過程中，雖是盡心竭力地認真進行，然因才疏學淺難免有所疏漏，尚祈諸位先進不吝指正。

王以仁、林淑玲、駱芳美　謹識於

一九九七年七月

目　錄

第一章

緒　論

　　一個真正健康的人，應該包括了「身體」與「精神」兩方面的安好無恙。此即表示，生理與心理二部分的健康，都是一個人在生活中必須同樣重視與追求者。醫學界最初均以醫治身體方面的疾病為主，直到近一、二個世紀以來，才涉及到精神與心理的層面。且針對心理及精神疾病的處遇，最先也僅著重在治療與病因之探究，如目前的精神醫學就是依此類研究而產生者；而另外以心理疾病之預防和心理健康的保持與增進為目的，所發展出來的一科學問，即是「心理衛生」（mental hygiene）。

　　在本章緒論中，將分別探討心理衛生與適應之涵義及其目的、心理衛生的範圍與重要性，並探究心理衛生工作在二十世紀中發展之演變內容。

第一節　心理衛生與適應的意義及目的

一、心理衛生與心理健康

　　美國在心理衛生教育的重視方面，屬於較先進國家，有關心理衛生的著作頗多，其中有精神醫學者所著的，也有心理學者或教育學者所著的。在這些相關著作中，對心理衛生定義的界定，若從文字表面來看，似乎是相當地紛歧；但進一步由其中文字的意義加以推敲，則可說是大同小異。在此列舉國內一種最普遍而通用之觀點，來說明心理衛生的意義：「心理衛生

是研究心理健康的一入門學問，也可說是增進心理健康的一種服務。」（吳武典、洪有義，1990）。由此可知，心理衛生的消極定義係指沒有心理方面的疾病或變態，而其積極定義則是指在身體上、心理上、社會上均保有最高或最佳的狀態。換句話說，心理衛生與心理健康也可彼此視為一體的兩面，其中以心理健康為目的，心理衛生則為達成此一目的之手段。

依據行政院衛生署對健康所下的定義是：「健康不僅指沒有疾病或不正常的存在，進而指每個人在生物層面、心理層面及社會層面上都能保持其最高、最佳的情況」（行政院衛生署，1979）。由此可知，身心平衡、人際關係良好等條件，都是一個健康人所必備者；因此，心理健康則是指：不僅沒有心理疾病或變態，且在個人之身體、心理及社會三方面，均能保持最佳的狀態。以下分別就生理、心理與社會等方面，來說明心理健康的意義（王以仁、陳芳玲、林本喬，2005）。

(一)就生理層面而言

一個心理健康的人，其身體功能都在正常的範圍，且無不健康的體質遺傳。健康的心理必須以健康的身體為先決條件，有了健康的身體，個人無論在情感、意識認知及行為上，才能運作正常。因此，健康的心理實基於健康的身體。

(二)就心理層面而言

一個心理健康的人，其個體必對自我持肯定的態度，能明確地認識自己的優、缺點和潛能，並發展自我。在認知系統與環境適應系統上能保持正常而有效率，且能兼顧自我的發展與

人際關係之和諧，同時能面對生活上的各種問題，積極地因應
（coping），而不依賴消極的心理防衛機制（defense mecha-
nisms）。

(三)就社會層面而言

　　一個心理健康的人，在社會環境中能有效的適應，並能妥
善地處理人際關係，其行為符合生活環境中文化的常模，個人
角色之扮演亦符合社會的要求，能與環境保持良好的接觸，亦
能為社會貢獻其心力。

　　但健康一詞，並不能說是完全沒有任何的疾病。雖然，沒
有疾病的人比有疾病的人來得健康；但不少人常常不自覺疾病
的存在，甚至有些疾病還無法診斷出。所以，我們很難確定誰
是真正健康的人。心理健康與心理不健康，亦非絕對的兩面；
正如柯永河教授曾說：「天下無絕對健康之人，亦無絕對不健
康之人」（彭駕騂，1989）。它是一種相對的型態，每個人在
不同的環境中，其行為表現也不完全一致，心理健康與不健康
之間，實難以明確的二法分予以斷然劃清。

二、何謂良好的適應

　　針對「適應」（adjustment）之定義，以及適應良好的人應
具有哪些特質方面，因各心理學家受其本身觀念不同之影響，
尚未達成某一共識。在此，先列舉幾個適應之定義：㈠適應可
說是個人與其環境間的互動關係，也可說是個人以及環境雙方
的要求，取得了協調一致時的狀態（王鍾和、李勤川、陽琪編

譯，1984）；㈡適應是個人藉用各樣之技巧與策略，來掌握因應生活中不同挑戰的一種過程（Kaplan & Stein, 1984）；㈢適應是一生的歷程，其中包含如何因應所遭遇的危機與壓力，並實現目標與達成成果，適應既是歷程也是目的（余德慧等譯，1991）。所以，至今尚無一個「適應」的定義能廣為大眾所共同接受者，因為對「適應」的認知了解上，無法脫離人與環境之間的互動關係，舉凡文化價值與規範標準等，都會因地區環境的不同而產生差異（Corey & Corey, 2002）。筆者試著根據各派之說法與觀點，對「適應」做一綜合歸納的界說，加以分析解釋如下（王以仁、陳芳玲、林本喬，2005；Calhoun, Selby, & King, 1976）。

㈠適應是指個人與環境間的互動

人類是群居的動物，居住在家庭、鄰居、社區、學校及職業團體之間；因此，適應就是個人與環境間的互動。互動係指一種相互的培養及影響，而環境則指個人外在一切與其有關的事務。

㈡適應是一種雙向的過程

我們影響環境亦受環境所影響。雙向的適應觀點不僅更為合適也較具樂觀性，我們不只是順從環境，也應使它來順從我們。

㈢適應的本質是動態而非靜態者

個人、環境及其之間的關係並非固定不變。往往在不同環

境下，對相同的事件，個人會因環境之不同而做不同的調適。

㈣適應是對生活具有控制力

　　一個人若能自由選擇其所從事的活動，而非為責任義務所迫，此種自主感將促其勇於追求有回饋且滿足之事務，而非籠罩在未知的恐懼中，而不能追求自己的目標。

　　而國內學者張春興教授於《張氏心理學辭典》中指出，適應乃為個體為了與其生活環境保持和諧狀態所表現的各種反應。因此適應是個人（如態度、觀念等）及環境雙方面取得協調一致的狀態，而生活適應就是個人對自己、對別人、對環境事物的反應。人格健全的人，一方面能夠改變自己內部心理的狀態，另一方面能夠改變外在環境以維持和諧、平衡的交互作用。

　　由上述分析大致可知「適應」的主要內涵。而適應之好與壞，則以個體與環境是否能取得和諧的關係而定，其中之標準究竟為何？亦分別敘述如下。

1.個人的心理情況與實際情境相吻合

　　所謂心理情況是指個人因實際情境所產生之意念、看法與想法。個人之心理情況若能與實際情境相吻合，便可產生適當的行為以應付其所處的環境。

2.可針對實際情境調節其反應

　　適應良好的人，對於事件之處理，不會受一時一地所影響，而能顧及廣大的空間、久遠的時間，隨時調節其反應。

3.個人與環境之間必能相互協調以求適應

　　一個人在某種情境之下，必須改變其行為，以迎合環境之所需；有時則必須改變環境，以配合個人之需要。

　　另外，亦有國外心理學者提出「健康的適應」（healthy adjustment）一詞，並論述其定義中必須的三項特質（Kaplan & Stein, 1984）：(1)健康的適應必須先了解個人自己本身的各種需求；(2)健康的適應者不但能重視個人自己的生活，亦能顧及到他人的權利；(3)健康的適應過程中，必定能具有彈性與容忍力；亦即個人可面對實際環境做多樣性的選擇，而非僅是單一固定的反應。

　　綜上分析可知，適應係指個人與「自己本身」、與「他人」及「外在環境」互動取得和諧的歷程，而此歷程是雙向的、連續的，個體可能主動改變自己的行為，可能改變環境，也可能二者均加以改變，或調適內在的心理狀態，以保持與環境的和諧關係；因此，適應是一個逐漸發展，且永無止境的過程（王以仁、陳芳玲、林本喬，2005；沈如瑩，2001；楊錦登，1999）。

三、心理衛生與適應之目的

　　由前述的討論可知，心理衛生是研究心理健康的一門學問，也是增進心理健康的一種服務，是應用於人類心理方面衛生之研究與實踐的科學。誠如國內柯永河教授（1980）對心理衛生所下之定義：具有許多適應性習慣及少數不適應性習慣的人，

謂之心理健康者；相反地，具有很多不適應性習慣和少數適應性習慣者謂之心理不衛生或不健康者。也就是說，心理健康者之適應性行為多而不適應性行為少，心理不健康者之適應性行為少而不適應性行為多。

吾人可以這樣來看，心理衛生與適應之目的：在消極方面而言，係指能糾正對行為失常之偏差觀念，建立對心理疾病的基本認識，並以預防心理方面的疾病，防止心理的不健康為目的；在積極方面，係指在生理上、心理上與社會上保持最佳的狀態與因應，且以心理健康的保持、心理能力的增進為目的。

社會上大多數人對心理疾病往往會有偏差的觀念，在此應特別強調對心理疾病應有的三項基本認識：㈠心理疾病絕對不是可恥之病；㈡心理疾病是可以預防的；㈢心理疾病是可以治療的。這也就是在心理衛生與適應的教導及推展下，所欲導正之一般人對行為失常的偏差觀念，以建立其對心理疾病應有的基本認識。

欲積極地保持個人的心理健康，可考慮由以下六方面進行之（王以仁、陳芳玲、林本喬，2005）：㈠積極的自我觀念——能了解並接受自己；㈡對現實有正確的知覺能力——能面對現實，並可有效的適應；㈢從事有意義的工作——有工作、勤於工作且熱愛工作；㈣有良好的人際關係——能有朋友，且有親密的朋友；㈤平衡過去、現在和未來的比重——活在現實生活中，擷取過去之經驗，並策劃未來；㈥能自我控制感受與情緒——真實且實際地感受情緒，並恰如其分的控制。

第二節　心理衛生的工作範圍與重要性

一、心理衛生的工作範圍

　　有關心理衛生的工作範圍，可由國內、外幾個主要的心理衛生專業性組織工作內涵介紹中，得知心理衛生工作範圍之一斑。在此列舉世界心理衛生協會、美國全國心理衛生協會、中國心理衛生協會、救國團青少年輔導中心「張老師」與台灣社區心理衛生中心等心理衛生專業組織之服務工作項目，分別說明於後（吳武典、洪有義，1990；賴保禎、簡仁育，1974）。

(一)世界心理衛生協會

　　世界心理衛生協會於一九六○年舉辦四年一次的年會時，曾提出五項工作計畫，並函請參加世界心理衛生協會之會員國竭力加以推動。此五項工作分別是：

1. 兒童心理衛生問題的研究與其心理健康的增進。
2. 調查精神障礙發生之原因與分布，以及一般人民對精神疾病的態度。
3. 心理衛生專業人員之教育及訓練。
4. 有關工業心理衛生的知識與技術上之改進。

5.有關難民心理衛生對策的研究與促進。

㈡美國全國心理衛生協會

依據一九五〇年美國全國心理衛協會年會中，所議決的工作計畫，其範圍可歸納為下十二項：

1.研究心理疾病之特徵、起因與治療。

2.研究有關鑑定精神病患症候的客觀方法。

3.從事各種社區的心理衛生工作，如：設置兒童輔導診療所（Child Guidance Clinics）。

4.協助精神醫院對病患之護理與治療。

5.協助各級學校、機構或教會，使其能運用各種機會去保持與增進個人的心理健康。

6.獎勵各大學或醫學院培養心理衛生方面的專門人才。

7.獎勵有志從事兒童精神醫學方面之研究生，並於其畢業後介紹到相關機構服務。

8.倡導由受過專業訓練的人員，負責診療與照顧心理病患。

9.促使政府及各社會團體對心理健康問題，能夠特別地注意與重視。

10.藉著繼續不斷心理衛生運動之推展，促使社會大眾共同重視心理困擾的預防與治療。

11.協助心理病患在病癒出院後，能獲得就業或復職的機會。

12.使全國性的心理衛生協會，成為世界心理衛生協會的一個會員國。

㈢中國心理衛生協會

　　我國心理衛生協會於一九三六年成立時，在其組織章程第五條中規定之心理衛生工作的任務（範圍）有以下八項：

　　1.關於心理衛生之學術研究事項。

　　2.關於心理衛生資料之蒐集事項。

　　3.關於國內外心理衛生實施之調查統計事項。

　　4.關於心理衛生書刊之發行事項。

　　5.關於心理衛生人才訓練之協助事項。

　　6.關於心理衛生問題之解答事項。

　　7.關於國內外心理衛生機構之連繫合作事項。

　　8.關於其他有關心理衛生之事項。

㈣救國團青少年輔導中心「張老師」

　　根據中國青年救國團青少年輔導中心「張老師」（一九八七年）之簡介，其服務項目包括以下六類：

1.輔導服務

(1)個別諮商

　　以電話輔導、函件輔導、諮商晤談等方法，協助當事人解決各類疑難問題。

(2)心理測驗

　　提供智力、性向、興趣、人格等類測驗的實施與解釋，以

供認識自己、改善自己、發揮自己的參考。

⑶急難濟助

對於身處急困的青少年，盡可能給與實質的協助。

⑷轉介服務

遇有超過「張老師」服務範圍之當事人，妥善予以轉介有關機構或專家，進行適當的輔導。

2.預防推廣

⑴面對面口語傳播

以演講、座談及社團班隊的方式，實施青少年心理衛生教育和親職教育。

⑵文字傳播

製作輔導卡及親職教育專輯，並運用各項報章、刊物撰寫「張老師專欄」及「張老師信箱」，以推廣心理衛生教育。

⑶電化傳播

於基隆、台北、新竹、台中、彰化、嘉義、台南、高雄等地各大電台頻道設置「張老師時間」，並製作電視專輯及社教節目，傳播心理衛生知識。

3.輔導、訓練與研究

(1)由「輔導人員研習中心」舉辦各類「輔導知能研習會」及義務「張老師」儲備訓練，培養優秀的輔導人才。

(2)暑期舉辦「自我發展研習會」，訓練領導人才，並提供自我了解及自我成長的機會。

(3)針對各項訓練、輔導服務的成效，及青少年需求與心態，定期實施評估及調查研究，並有計畫地進行輔導專題研究，以增進輔導效果。

4.社區、工廠輔導服務

針對社區及工廠青少年需要，實施心理衛生演講、座談，並舉辦社區、工廠青少年短期研習班，及成立服務隊，提供青少年從事有益身心的育樂活動及社會服務。

5.青少年團體輔導工作——「幼獅育樂營」

「幼獅育樂營」係針對國中活潑外向的學生，於每年暑期實施再教育的育樂營，使學生身心皆得到健全的發展；並於育樂營結束後，密切結合學校、家庭，共同實施為期一年的追蹤輔導。

6.出版工作

定期出版《張老師月刊》與《生涯雜誌》，並出版「張老師」輔導叢書及錄音帶、錄影帶、幻燈片等，以推廣輔導觀念、

親職教育及心理衛生方面的知識。

　　另外，依據救國團高雄市團委會諮商輔導中心「張老師」（一九九六年）簡介，其服務的內容與方式包括：

(1)個別諮商

　　以電話、函件、晤談等方式討論各類疑難問題。

(2)家庭協談

　　針對家庭教育問題，約請家長與子女面談，實施家庭輔導，增進親子間的溝通與了解，加強家庭生活的和諧與美滿。

(3)推廣教育

　　以演講、座談、播音、報章、雜誌等大眾傳播方式，實施青少年心理衛生教育和親職教育。

(4)急難濟助

　　對於身處急困的青少年，盡可能給與實質的協助。

(5)勞工輔導

　　針對勞工朋友需要，實施輔導服務，並舉辦「潛能開發工作坊」，提供職工青年從事有益於身心之團體活動。

(6)輔導訓練

　　每年舉辦二期「輔導人員研習班」，培養優秀的輔導人才，並代辦外界委訓。

(7)轉介治療

　　遇有超過本中心服務範圍之個案，則妥善予以轉介有關機構的專家，進行適當的治療。

(8)心理測驗

　　運用人格、性向、興趣、價值等測驗，幫助青少年自我了解、自我成長。

(9)親子教育

　　運用影片欣賞、演講座談、小團體演練，以增進父母教養知能。

㈤台灣社區心理衛生中心

　　依據社區心理衛生中心之資料顯示，其服務內容包括以下四大類：

1.心理衛生門診及諮詢服務

　　包括問題解答諮詢、處理指導以及問題診斷、諮商輔導、心理測驗、醫師診療、心理治療、轉介服務、家庭指導等。

2.配合精神醫療的家庭輔導服務

　　包含精神疾病的早期診斷、治療或住院的轉介；以及出院後病患之心理與社會輔導，並協助家屬處理有關之問題。

3.心理衛生教育及親職教育服務

包括舉辦專題演講、座談討論、幻燈欣賞、展示、大眾傳播宣導、資料提供等。

4.配合相關機構的專業支援服務

包括提供所需之心理衛生知識、資料，舉辦講座研討連繫活動，以及特殊個案處理之問題發現、診斷與輔導措施的諮詢或協助。

二、心理衛生的重要性

心理健康與否的問題，不僅會影響到個人的健康與發展，同時亦關係其家庭的幸福，甚至會破壞了社會的安寧與進步，所以世界各國無不以促進國民的心理健康為要務。在此，針對心理衛生的重要性，可由以下四方面來加以詳細說明。

㈠心理病患人數的大量增加

心理疾病可說是一種文明病，在各先進國家有愈來愈普遍流行之趨勢。在社會快速變遷，人與人之間競爭激烈，工作上的壓力增大，精神文明不斷地退化等情勢下，心理病患的人數大增。

根據美國方面的統計顯示（賴保禎、簡仁育，1974），每四個人中就有一人會因心理的原因而引起生理上的疾病；每十二個人中就有一人會因心理的困擾而住院治療；每二十二個人

中就有一人，在其一生中會得較嚴重的心理疾病，並影響到他的工作與日常生活。而美國全國醫院病床中，幾乎有一半是被心理病患所占用，可知心理疾病的人甚多。

　　國內根據葉英堃（1984）的調查發現，台灣地區十八歲以上的人口中，約有百分之十五到百分之二十的人，患有各種嚴重的心理疾病而需要醫療服務。另外，在聯合晚報一九九三年二月六日第九版中提到，這年頭的精神病患愈來愈多，茲摘錄如下：

　　　　除了兩性問題，精神疾病已成為現在台灣人心裡最大的困擾。台北市生命線協談中心近日公布的一項個案研究指出，在每一千個協談個案中，有二百一十七個顯然有精神疾病；同時發現因醫療資源不足或家庭無法配合，大量精神病患由醫院中流失或逃出；不僅使病患無助地面對自身的痛苦，也變成社會上不知何時會爆炸的隱形炸彈。

　　　　在深度訪談中發現，其主要症狀百分之七十九為焦慮不安，百分之六十三有妄想、語無倫次與自閉現象。尤其這類個案多在深夜或凌晨求助，顯見醫生、朋友和家人無法提供適應的支持。

　　　　有關此一生命線協談中心統計出約有百分之二十四的個案有精神方面疾病一事，精神科醫學界認為尚屬合理，因為就現今流行病學觀點，全人口中就有百分之二十至百分之三十者，患有憂鬱症等精神官能症，而這些人就是打電話到生命線求助的主要族群。

㈡心理病患帶給家庭嚴重的困擾

　　一個心理不健康的人，無法發揮其應有的才能，將他個人的智慧與能力，充分地表現在工作上。同時，心理不健康的人，常有一些不正常的舉動及不友善的態度，足以破壞家人間的和諧關係，使整個家庭蒙上一層陰影

　　另外，心理病患無法自己獨立生活，經常需要家人特別的照料，亦需要一筆龐大的醫療費用，增加了家庭中頗重的經濟負擔。長久下來，心理病患必會帶給家庭極嚴重之困擾。更不幸的是，某些重度妄想或狂躁型的精神病患，甚至會釀成逆倫的家庭凶殺悲劇，也都時有所聞。

㈢心理病患威脅到社會的安寧

　　心理病患往往不能從事有益於社會的工作，即使要他們勉強工作也缺乏效率，且容易造成人際關係的緊張及社會氣氛的擾亂。因心理不健康的人，常會表現出孤獨、退縮、逃避及有攻擊性傾向的行為，或是對人常有懷疑、敵對、嫉妒和憎惡的心理，故不易與正常人建立良好的人際關係。

　　心理不健全的人，凡事常以小人之心度君子之腹，往往是悲觀、自私、不合群、不合作或有傷害性傾向的行為。其嚴重者更將對社會安全構成威脅，因精神錯亂而殺人放火的事例，在報章雜誌上也經常看到；當他們缺乏適當的治療或輔導時，隨時都會威脅到整個社會的安寧。

㈣心理健康者才能發揮其個人潛能

　　心理不健康的人，經常對人懷有偏見或疑慮，對自己則有自貶或不安全感，進而過度使用各項自我心理防衛機轉（defense mechanisms），來尋求其自尊（self-esteem）的維持、威脅之解除或需求的滿足。此種自我防衛或補償，必會消耗其大部分的能源，使其潛能無法發揮出來。

　　心理病患如果病情嚴重，到了與實現脫離的程度，則根本就無法工作；一個人若有了心理上的疾病，即使其先天上有頗多潛能，是個天才型的人物，也無法將其潛能加以發揮應用。

第三節　心理衛生工作的近代演變

一、二十世紀心理衛生運動的源起

　　在介紹二十世紀心理衛生運動源起之前，先扼要地說明早期人們對心理疾病的觀點（柯永河，1980）。古代人不把生理疾病與心理疾病視為二種完全不同的病，正如他們以精神的概念解釋他所能遇到的一切，古代人也以精神的概念解釋心理疾病。古代人相信天地間有好的精神與邪惡精神，這種看法簡言之亦就是魔鬼說。

　　把魔鬼或邪惡的精神從體內趕走的治療法被命名為「趕鬼治療法」（exorcism）。在古代，趕鬼的方法有祈禱與唸咒；到

中世紀的某一段時間，心理疾病被視為導自個人與魔鬼的性交行為。魔鬼說後來演變為巫術說，當時指認心理疾病患者（其中也包含歇斯底里症患者）為巫婆或巫師，並且給與審判、鞭打，甚至於用火刑燒死。一直到十九世紀以後，才有比較科學的研究；進入二十世紀時，由心理疾病的治療才轉而到心理健康運動之提倡。

心理衛生運動之源起，與美國的畢爾斯（C. Beers, 1876-1943）有相當密切的關係。畢爾斯曾於耶魯大學法律系畢業，後因罹患精神憂鬱症而住進了精神病院，在病癒後卻無法獲准出院；在當時的精神病院僅以隔離收容為主，缺少有效的治療，即使能痊癒也幾乎無人聞問，住院的精神病患能出院者真是少之又少。畢爾斯自知運用一般途徑無法出院，在朋友協助下透過司法及大眾傳播的力量，終於獲得精神憂鬱症痊癒證明而獲准出院。並根據他個人親身的經驗，於一九〇八年出版了一本舉世聞名的著作《我找到了自己》（*A Mind that Found Itself*）。

畢爾斯在一九〇九年發起組成全世界第一個地方性的心理衛生組織，稱為「康州心理衛生協會」（Conneticut Society for Mental Hygiene）。一九一〇年組成「全美心理健康委員會」（National Association for Mental Health），此協會的主要目的在調查當時精神病患被保護的狀況，並根據調查結果提高其保護水準。

由於畢爾斯對心理衛生觀念的鼓吹，促使美國社會對精神病觀念的改變，而佛洛依德等人在精神分析上的創見與方法，也因而能為美國所引進。這些即是美國也可說是全世界心理衛

生運動的起源，雖在畢爾斯以前已有人使用心理衛生一詞，但
此名詞卻在畢爾斯出現之後才發揮其真實的作用。故吾人亦可
將畢爾斯視為推動心理衛生運動的鼻祖。

二、美、英二國心理衛生工作的推展與現況

　　畢爾斯所提倡的心理衛生運動，由美國開始逐漸推廣為世
界性的活動。以下就美、英二國的情形，分別加以說明（王以
仁、陳芳玲、林本喬，2005）。

㈠美國心理衛生工作之演進及其現況

　　一九一〇年組成全美心理健康委員會，一九二二年後協助全
國各地陸續設立「兒童輔導診療所」（Child Guidance Clinics），
並頒發精神醫學研究補助金。一九三〇年國際心理衛生委員會在
華盛頓召開第一次國際心理衛生研討會，此組織於一九四八年更
名為「世界心理健康聯盟」（World Federation for Mental Health，
簡稱 WFMH），此後每隔二年召開一次世界心理衛生會議。一
九四六年經過國會通過，由聯邦政府公布了《國民心理健康法
案》（National Mental Health Act），根據此一法案於一九四九年
設立「國立心理健康研究所」（National Institute of Mental Hea-
lth），直屬聯邦政府衛生教育福利署之公共衛生局；該研究所的
工作為心理衛生之調查研究、各州心理衛生專家的訓練及有關心
理衛生研究補助費的分配與撥發等；各地並設立心理衛生療所
（Mental Hygiene Clinics）與兒童輔導診療所。

　　一九五〇年全國心理健康委員會與全國心理健康基金會
（National Mental Health Foundation）、精神醫學基金會（Psy-
chiatric Foundation）合併為「全國心理健康協會」（National As-
sociation for Mental Health），推展全國心理衛生工作。一九五
五年成立「精神病與心理健康協同委員會」（Joint Commission
on Mental Illness and Health），隸屬國會，該會之目的在檢討及
研究當前的心理衛生問題。在此針對美國的心理衛生診療所與
兒童輔導診療所，進一步分別詳細加以說明。

1.心理衛生診療所

　　依據國立心理衛生研究所統計部門巴哈與諾門（Bahn, A. K.
& Norman, V. B.）共編之「美國精神科外來病患診療報告」
（Coleman, 1953）指出，當時在全國設立的心理衛生診療所共
有一千二百三十四所。診療所每週診療時間，在三十五小時以
上者占百分之五十一點四；就診療對象而言，五分之二的診療
所是同時以成人及兒童為對象，五分之二是僅以兒童為對象，
而另有五分之一是僅以成人為對象。由此可知心理衛生診療所
運作之大概情形。

2.兒童輔導診療所

　　兒童輔導診療所是專為兒童心理衛生及精神醫學所設立的
機構，故又名「兒童精神診療所」（Psychiatric Clinic for Child-
ren）。首創於一九〇九年，以診療協同工作方式為其組織型
態，診療所內不僅有精神醫師，並有心理醫學者、社工人員等
結合而成。其主要目的是不良行為傾向兒童之研究，以性格偏

差、問題兒童為處理對象。其功能最初在於對少年法庭提出診療報告，並向問題兒童之父母提出勸告，但因經常會受感情的影響而無法實行，便於一九三〇年改採針對兒童本人施予各種心理治療；除了治療功能之外，兒童輔導診療所可獲得國立心理健康研究所撥發之補助金，以訓練兒童精神科醫師、精神社會工作者等專門人員。有些診療所附屬於大學內，故也具有教育功能，並運用各種方式辦理大眾教育，以達到社會教育的功能。

(二)英國心理衛生工作之演進及其現況

在二次大戰之前，英國國內經由有識之士的努力，先後成立心理衛生審議會（National Council for Mental Hygiene）、中央心理福利協會（Central Association for Mental Welfare）、兒童輔導審議會（Child Guidance Council）等團體；這些團體於戰後合併稱為「心理健康協會」（Association for Mental Health），對於心理衛生運動的推展頗有貢獻。在此針對英國的心理衛生行政機構與兒童輔導診療所的內容，進一步分別加以說明。

1.心理衛生行政機構

由於英國全國實施保險制度，其心理衛生方面的服務，成為國民保健的重要部分。依據一九五三年《心理缺陷條例》（Mental Deficiency Act），在中央設立了一所管理局，專門掌管心理衛生業務，地方業務則由地區醫院局與地方保健局所管轄。地區醫院局負責管理專門的診療所及醫院業務，地方保健局則負責地方社會性的保健，如辦理精神障礙者之醫療與保健

手續、低能者之收容與職業輔導業務，以及精神障礙者的保護工作等（Ross, 1952）。

2.兒童輔導診療所

自十九世紀後半期起，英國開始關心低能或智能不足者的社會問題。一九○八年英國設立最早的少年法庭，一九○九年由保護低能者皇家委員會，提出有關少年犯罪與心理問題之間關係的報告書，藉此激起政府一九一三年公布《智力缺陷條例》，且於同年由各地的有識之士，組織中央心理福利協會，使社會大眾對於智力缺陷者接受特殊教育的關懷更為熱忱。

一九二六年英國蘇利少年法庭的一位法官訪問美國，並參觀其兒童輔導診療所，返國後於一九二九年創立「倫敦兒童輔導診療所及訓練中心」（London Child Guidance Clinic & Training Center），在此正式開始訓練兒童心理衛生的精神科醫生、臨床心理學家與社會工作者，並獲得財團援助，派遣人員赴美接受兒童精神醫學訓練後，在該中心專門負責指導訓練的工作，此後由地方教育當局協助設置兒童輔導診療所。一九四六年《國民健康服務條例》（National Health Service Act）公布後，國民心理衛生工作更受重視，凡是人口在二十五萬人之地區，均設置兒童診療所，屬於地區醫院或地方保健局所管轄。

三、我國心理衛生工作的推展與現況

我國心理衛生運動起源於一九三一年，由當時中央大學吳南軒教授於該校心理系開設「心理衛生」選修課程。並在吳南

軒教授的鼓吹之下，於一九三六年四月十九日在南京宣布成立
中國心理衛生協會，並選出理、監事，不久因抗日戰爭爆發，
僅成立一年的會務便告停頓。抗戰勝利後，中國心理衛生協會
於一九四七年十一月十一日在南京復會，隨後不久大陸失陷，
會務工作又告停頓。一九五五年中國心理衛生協會在台灣復會，
每年定期舉行年會，並出版《心理衛生通訊》一冊，且不定期
舉辦研討會、演講等活動。一九八四年起，為提升學術水準，
改發行《中華心理衛生學刊》。

　　由此可知，我國心理衛生之發展起步頗早，約比鄰國日本
早十四年；雖因抗戰及戡亂有所停頓，但自政府遷台後，其發
展更為迅速。現今在行政上由行政院衛生署負責推行心理衛生
運動，在學術上由中國心理衛生協會領導，且定每年十二月的
第一週為心理衛生週。教育部訓育委員會更經常舉辦各種心理
衛生研習會，是學校心理衛生工作的推動者。

　　目前，我國心理衛生工作主要係由學校、社區與醫院三方
面同時進行，說明如後（王以仁、陳芳玲、林本喬，2005）。

㈠學校方面

　　一九六三年設立於台北市東門國小的心理衛生室，是全國
最早設立之學校方面的心理衛生機構。自一九六八年實施九年
國教開始，在各國中均設有輔導室，在課程上亦安排有指導活
動課。一九七一年修訂高級中學課程標準，將輔導工作增設於
課程總綱中，以強調心理衛生之重要性；並於一九七三年公布
《高中學生評量及輔導實施方案》，一九七九年公布《高級中
學法》，明定各高級中學設立輔導工作委員會，置專任輔導教

師；並自七十三學年度起，各高級中學及職業學校開始設立輔
導室，聘任主任輔導教師或輔導教師。而各大專院校則於六十
五學年度起，由教育部通令設置學生輔導中心或心理衛生中心。
現今，學校心理衛生工作已與學校輔導工作結成一體，各校也
設置輔導中心及輔導人員。所以，我國目前學校方面的心理衛
生工作已具有其普遍性。

(二)社區方面

　　除設立於台北市立療養院之台北市社區心理衛生中心外，
台灣省衛生處另於台北、台中、嘉義三處均設有社區心理衛生
中心，提供心理衛生之門診與諮詢。另外，大成報在一九九三
年一月三日第三版中提到，衛生署決定在台灣人口較稠密地區
廣設社區心理衛生中心，茲摘錄說明如後：

　　　　鑑於目前社會上精神病患眾多，猶如隨時會引爆的不定時
　　炸彈，衛生署決定將在台灣人口較稠密地區，廣設「社區心理
　　衛生中心」，讓民眾能就近接受心理諮商與輔導，減少社會潛
　　藏危機。

　　　　鑑於以往嚴重精神病患者，常因故傷人，釀成社會悲劇，
　　因此衛生署希望在台灣地區，以每五十萬人居住地區為單位，
　　設立社區心理衛生中心，但為照顧偏遠地區民眾，也不排除在
　　宜蘭、澎湖、花蓮及台東等人口較少地區也設立心衛中心。

　　　　衛生署官員指出，這些社區心理衛生中心編制有專業精神
　　科人員，平時主要工作是推廣心理衛生，協助各級學校從事心
　　衛教育，並接受相關問題的諮詢，希望藉專業人員的協助，減

少民眾心理不適。

　　至於其他之民間相關團體還有「張老師」、「生命線」、「宇宙光輔導中心」、「兒童心理衛生中心」等。其中，尤以救國團之「張老師」輔導中心，提供生活、學業、婚姻等多方面的功能，其成效頗為社會各界所肯定。

㈢醫院方面

　　台灣目前各醫院在心理方面較偏重於精神疾病的診治。在預防心理衛生疾病的工作方面，只有台北市立療養院因兼台北社區心理衛生中心之故，而做了不少預防方面的事；若就目前台灣地區人口比例及實際需求而言，這些人員設施就顯得相當不足而亟待補充。

　　同時，依據一九九九年十二月七日公布的《精神衛生法》，其內容共分為六章五十二條。在此，將其中與心理衛生工作有關的條文，分別摘述如下。

　　第一條：為預防及治療精神疾病，保障病人權利，促進病人福利，以增進國民心理健康，維護社會和諧安寧，特制定本法；本法未規定者，適用其他法律之規定。

　　第六條：本法所稱社區復健，係指為協助病人逐步適應社會生活，於社區中提供病人有關工作能力、工作態度、社交技巧、日常生活處理能力等之復健治療。

　　第八條：中央及地方政府為推動精神醫療、精神復健及心理衛生保建工作，應按年編列預算支應。

　　第十條：直轄市及縣（市）衛生主管機關得設社區心理衛

生中心，負責推展心理衛生保健有關工作，並協助教育主管機關推動各級學校心理衛生教育及輔導。

　　第十二條：各級政府應按需要，設立或鼓勵民間設立精神醫療機構、精神復健機構及心理衛生輔導機構。精神醫療機構之設置及管理，依《醫療法》規定；精神復健機構及心理衛生輔導機構之設置、管理及獎勵辦法，由中央衛生主管機關設立。

　　第三十六條：病人之人格與合法權益應受尊重及保障，不得予以歧視、虐待或非法利用。對於已康復之病人，除能證明其無勝任能力，不得以曾罹患精神疾病為由，拒絕入學、應考、僱用或予其他不公平之待遇。

　　第三十八條：住院病人應享有個人隱私、自由通訊及會客之權利；精神醫療機構非依病人病情或醫療需要，不得予以限制。

　　第三十九條：病人或其保護人或家屬，認為精神醫療機構、精神復健機構、心理衛生輔導機構及其工作人員，有侵害本法所定病人權益時，得以書面檢具事實，向各級衛生主管機關申訴。前項申訴案件，各級衛生主管機關應就其申訴內容加以調查、處理，並應於一個月內將辦理情形通知申訴人；申訴人如有異議，得再檢具書面理由，向上級衛生主管機關提出申訴。

　　第四十條：勞工行政主管機關應協助康復之病人，接受職業訓練及輔導推介適當工作。

　　第四十六條：精神醫療機構、精神復健機構及心理衛生輔導機構違反本法有關規定，除依本法第四十三條、第四十四條或第四十五條規定處罰外，對其行為人，亦處以各該條之罰鍰。

　　第四十七條：本法所定之罰鍰，於非財團法人之私立精神

醫療機構、精神復健機構、心理衛生輔導機構，處罰其負責醫師或負責人。

　　第四十八條：本法所定之罰鍰、停業及撤銷開業執照，由直轄市或縣（市）衛生主管機關處罰之。

　　第四十九條：依本法所處之罰鍰，經通知限期繳納後，逾期仍未繳納者，移送法院強制執行。

　　第五十條：依本法應處罰鍰之案件，涉及刑事責任者，應分別處罰。

　　另外，在二○○一年十一月公布《心理師法》，其中與心理衛生及健康有關的條文，亦摘述如下。

　　第十三條：臨床心理師之業務範圍如下：

　　一、一般心理狀態與功能之心理衡鑑。

　　二、精神病或腦部心智功能之心理衡鑑。

　　三、心理發展偏差與障礙之心理諮商與心理治療。

　　四、認知、情緒或行為偏差與障礙之心理諮商與心理治療。

　　五、社會適應偏差與障礙之心理諮商與心理治療。

　　六、精神官能症之心理諮商與心理治療。

　　七、精神病或腦部心智功能之心理治療。

　　八、其他經中央主管機關認可之臨床心理業務。

　　前項第六款與第七款之業務，應依醫師開具之診斷及照會或醫囑為之。

　　第十四條：諮商心理師之業務範圍如下：

　　一、一般心理狀態與功能之心理衡鑑。

　　二、心理發展偏差與障礙之心理諮商與心理治療。

三、認知、情緒或行為偏差與障礙之心理諮商與心理治療。

四、社會適應偏差與障礙之心理諮商與心理治療。

五、精神官能症之心理諮商與心理治療。

六、其他經中央主管機關認可之諮商心理業務。

前項第五款之業務，應依醫師開具之診斷及照會或醫囑為之。

第十五條：心理師執行業務時，應製作紀錄，並載明下列事項：

一、個案當事人之姓名、性別、出生年月日、國民身份證統一編號及地址。

二、執行臨床心理或諮商心理業務之情形及日期。

三、其他依規定應載明之事項。

第十六條：心理師執行業務發現個案當事人疑似罹患精神官能症、精神病或腦部心智功能不全疾病時，應予轉診。

第十七條：心理師或其執業機構之人員，對於因業務而知悉或持有個案當事人之秘密，不得無故洩漏。

第十八條：心理師執行業務時，不得施行手術、電療、使用藥品或其他醫療行為。

第十九條：心理師應謹守專業倫理，維護個案當事人福祉。心理師執行業務時，應尊重個案當事人之文化背景，不得因其性別、族群、社經地位、職業、年齡、語言、宗教或出生地不同而有差別待遇；並應取得個案當事人或其法定代理人之同意，及告知其應有之權益。

由以上所述可知，我國心理衛生工作的推展，在廣度上已

由學校擴大到社區；在內容範圍上，則涵蓋了生活、教育與職業等各方面；在法律上，亦已公布了《精神衛生法》及《心理師法》。這些均足以證明我國近些年來，在心理衛生工作的推展上，已有了部分的進步與成效。

本 章 摘 要

　　生理與心理二方面的健康，都是一個人在生活中所必須同樣重視與追求者。以心理疾病之預防和心理健康的增進為目的，所發展出來的一科學問，即是「心理衛生」。扼要而言，心理衛生是研究心理健康的一門學問，也可說是增進心理健康的一種服務。

　　適應可說是個人與其環境間的互動關係，也可說是個人及其環境雙方要求之間，取得了協調一致的狀態。適應也可說是個人一生的歷程，其中包含如何因應所遭遇的危機與壓力，並實現目標與達成成果，適應既是歷程也是目的。

　　心理衛生與適應之目的，在消極方面而言，係指能糾正對行為失常之偏差觀念，建立對心理疾病的基本認識，並以預防心理方面的疾病為目的；在積極方面，係指在生理、心理與社會三方面保持最佳的狀態與因應，且以心理健康的保持，心理能力的增進為目的。

　　心理衛生的工作範圍，可以社區心理衛生中心的服務內容來加以說明，包括有：一、心理衛生門診及諮詢服務；二、配合精神醫療的家庭輔導服務；三、心理衛生教育及親職教育服務；四、配合相關機構的專業支援服務。

　　今日心理衛生之重要性在於：一、心理病患人數的大量增加；二、心理病患帶給家庭嚴重的困擾；三、心理病患威脅到社會的安寧；四、心理健康者才能發揮其個人潛能。

　　心理衛生運動之源起，與美國的畢爾斯有極密切的關係。

一九〇八年畢爾斯以親身經驗撰寫《我找到了自己》一書，引起世人對精神疾病的關心，也因此展開世界性的心理健康運動，其中尤以美、英二國發展的最為迅速而蓬勃。

我國早在一九三六年即成立了中國心理衛生協會，大力推動這方面的業務，唯隨後對日八年抗戰與退守台灣等之阻礙而暫告停頓。近四十年來台灣的心理衛生工作，在廣度上由學校擴大到社區；在內容範圍上，則涵蓋了生活、教育與職業等方面；在法律上，亦已公布了《精神衛生法》及《心理師法》；這些均足以證明我國近些年來，在心理衛生工作上正從學校、社區與醫院三方面積極地展開中，且已有了部分的成效。

研 討 問 題

一、在學校、社區、醫院三方面，應如何進一步地努力與改善，
以共同促成心理衛生運動在台灣更蓬勃的發展？試分別論述
之。

二、試一一列出你最近一年來，在社會或學校中所接觸、參與過
的心理衛生活動（如這方面的溝通、座談、書刊、影片等）。

三、針對上一題所列出來的各種心理衛生活動加以評量，以選出
你個人認為最有功效及最不具功效者各二項，並進一步分別
說明其原因。

四、在忙錄、競爭與壓力的現代社會之中，應如何來增進個人的
生活適應及心理健康？試暢述己見。

參考文獻

一、中文部分

王以仁、陳芳玲、林本喬（2005）。**教師心理衛生（二版）**。台北：心理。

王鍾和、李勤川、陽琪編譯（1984）。**適應與心理衛生**。台北：大洋。

行政院衛生署（1979）。**心理衛生保健**。

余德慧等譯（1991）。**心理衛生──現代生活的心理適應**。台北：桂冠。

吳武典、洪有義（1990）。**心理衛生**。台北：國立空中大學。

沈如瑩（2001）。**國中小學自尊與自我概念、生活適應關係之研究**。國立成功大學教育研究所碩士論文，未出版，台南市。

柯永河（1980）。**心理衛生學（上冊──理論部份）**。台北：大洋。

彭駕騂（1989）。**教師的心理衛生**。台北：五南。

葉英堃（1984）。台灣地區精神疾病醫療與心理衛生保健工作網之建立。**中華心理衛生學刊**，1（1），1-10。

楊錦登（1999）。生活適應之探討。**國教輔導**，39（2），45-55。

賴保禎、簡仁育（1974）。**心理衛生**。台北：中國行為科學社。

二、英文部分

Calhoun, L. G., Selby, J. W., & King, H. E. (1976). *Dealing with crisis.*

Englewood Cliffs, NJ: Prentice-Hall.

Coleman, J. V. (1953). *Mental health in United States.* The Annals of the American Academy of Political and Social Science.

Corey, G., & Corey, M. S. (2002). *I never knew I had a choice: Explorations in personal grwoth* (7th ed.). Pacific Grove, CA: Brooks/ Cole.

Kaplan, P. S., & Stein, J. (1984). *Psychology of adjustment.* Belmont, CA: Wadsworth.

Ross, J. R. (1952). *The national health service in Great Britain.* UK: Oxford University Press.

第二章

挫折與衝突

　　每個人一樣以一天二十四小時的時間在生活著，有的人過得很快樂，有的人卻過得很沮喪。用心理學的辭彙來界定它時，前者可能是對其環境有較好的適應；後者則可能是對其環境適應的較不好。有學者指出一個人是否能有效的適應，不僅取決於其心理需求是否獲得滿足，更需要考量下列四個因素：一、能忍受需求無法即時獲得滿足的程度；二、在遭遇失敗後能堅持奮力不懈的程度；三、當原來的需求或目標無法如期達成時，能彈性的接受其他取代性的目標，或以其他方式來達到原來目標的程度；四、能以符合社會要求的方式追求目標的滿足，且其目標皆在社會要求標準之內的情形（Goodstein & Lanyo, 1975）。

　　在人生不如意的十之八九事件中，挫折與衝突常是主因之一，且也常會導致人們感受到極大的壓力及緊張。當人們遇到挫折或衝突時，如果能適當的加以處理，則有助於心理的健康及生活的適應。本章將幫助讀者們了解何謂挫折與衝突，並探討其成因及防治之道。

第一節　挫折

　　我們常常在信件的末尾或賀年卡上祝福他人萬事如意，而收信者也很樂意收到這樣的祝福。人生在世，若能萬事如意，實在太美好了，不過這樣的機率卻不高。參加大學聯考時，有人可能因幾分之差而未能進入心儀的學府或學系；寒假春節期間，有人可能因買不到機票而無法到嚮往已久的紐西蘭去渡假。這種因受到阻礙而無法達到預定目標的情形，心理學者稱之為

挫折（frustration），如圖 2-1。定義挫折時通常包括兩層涵義，
一是指追求某個目標的動機受到阻礙的情形；二是指因為受到
阻礙無法達到目標而產生挫折感（feelings of frustration）（Ra-
thus & Nevid, 1986）。

人 ----------▶ 阻礙　　　　目標

圖 2-1　挫折產生的由來

資料來源：參考 Rathus 與 Nevid (1986: 260)。

一、挫折的成因

挫折的來源是來自個體追求某個目標的動機受到阻礙。而
阻礙物可能是來自物理環境的限制、社會環境的限制，也有可
能是來自人們對這障礙環境的主觀解釋。茲分別說明如下。

㈠物理環境的限制

有時候人們感受到挫折是因為生理環境的限制，如未滿十
八歲不能考汽車或摩托車駕照；因長得不夠高不能考軍校等。
有些挫折是來自物理環境的限制，如因天氣不佳，飛機無法如
期起飛；因停車空間有限而無法找到停車位等。

㈡社會環境的限制

有時候人們感受到挫折是因為社會環境的限制，如孩子被
父母規定必須在晚上十點之前回家；應徵某個工作被拒絕等。

㈢心理上的焦慮與害怕

有些學者指出，有時人們心理上對新事物的焦慮與害怕而不敢去嘗試或付諸行動，也是導致挫折感的重要來源（Rathus & Nevid, 1986）。如一個大學畢業生因不熟悉外國的環境，且擔心會有語言適應上的困難，而放棄出國留學的機會，但事後又覺得很懊惱。

㈣人們對障礙情況的主觀解釋

學者指出，人們對阻礙目標達成的障礙物之主觀解釋，是影響其是否產生挫折感的重要決定因素（Goodstein & Lanyon, 1975）。對同樣一個事件，例如考試被當，人們可能有不同方式的解釋，例如可解釋為自己本身能力的不足，或是老師故意把題目出的太難。前者的解釋方式會讓個人強烈的感受到挫折感；反之，後者的解釋方式會讓個人因覺得錯不在自己，而不會有太強烈的挫折感產生。

㈤違反原有預期的情形

對原有已習慣的事物，如郵差固定在每天早上送信到家裡，公車大約十分鐘一班等等；如果有一天突然不再定時出現，如郵差延誤送信時間、公車久候不來，則會讓人產生很大的挫折感。反之，若原來並未形成習慣反應的事物，因期望不高，所以導致挫折的機會也不多。

㈥人們的需要未能獲得滿足

現實治療法的創始者葛拉瑟（Glasser）認為每個人都有五種基本需求：生存、愛與歸屬、權力、自由及享樂等（Corey, 1991）。當人們追求這些需求的過程受到阻礙而無法獲得滿足時，就會有挫折感的產生。

二、對挫折的反應

㈠重覆相同的動作

青年守則的其中一條提醒我們：「有恆為成功之本」；西方的諺語也教導人們：「如果第一次不成功，試試，再試試看」（If at first you don't succeed, try, try again）（取自 Goodstein & Lanyon, 1975: 175）。所以遇到挫折後，人們的第一個反應常是不斷的重覆相同的動作。學者也發現這種固著性的反應（fixation）是當人們或動物遇到挫折情境時經常會出現的一種反應。所謂固著性的反應，是指個體會不斷的重覆相同的反應，而不顧慮後果會如何（Whitman, 1980）。

㈡增加戰鬥力

研究發現，當老鼠在實驗室中遇到挫折的情境時，會跑得更快以期脫離讓其感受到挫折的情境。當實驗室中的孩子們遇到挫折的情境時，會更積極的參與問題解決策略的討論，並用力的推實驗室的門以期能脫離困境（Goodstein & Lanyon, 1975）。解決

挫折的戰鬥力旺盛與否，也會與距離達成目標的遠近有關，當人們離所要達成的目標愈近時，其戰鬥力就愈旺盛。

㈢增加攻擊性

杜拉（Dollar）和他的同事在其所提出挫折及攻擊的假設，指出挫折會導致人們攻擊的行為。而且當挫折的等級越強時，人們反應出來的攻擊性就愈強。下列三個因素會影響挫折的等級，即：1.追求被阻礙的目標的原始驅力強度；2.阻礙物的強度；3.產生阻礙的次數。當驅力愈強，阻礙物的強度愈強且阻礙的次數愈頻繁時，人們因此挫折而產生的攻擊性就愈強；反之就愈弱。不過班都拉（Bandura）對產生攻擊行為的成因提出另一個看法，他發現不是只有個體本身遭到挫折時才會有攻擊行為產生，透過觀察他人攻擊的行為也會導致個體的攻擊行為。學者也發現，人們有時會把這攻擊性發洩到一些無辜的人身上，社會心理學者稱此為替代性的攻擊（displacement of aggression）（引自 Goodstein & Lanyon, 1975）。

㈣產生退化的行為

有些心理學理論指出，當人們遇到挫折時會產生退化的行為，回到孩童早期的行為，例如：哭泣、吸手指頭等。貝氏等人（Barker、Dembo 與 Lewin）針對這個論點進行實驗，他們以一群三至五歲的孩子為研究對象，先讓他們玩一些標準配備的遊戲，之後呈現一組相當吸引人的玩具，最後再把這組吸引人的玩具收起來，讓孩子只能玩原來標準配備的玩具。這研究發現，當孩子發現他們不能再玩那些好玩及吸引人的玩具時，的

確會顯現出退化的行為。不過這研究也發現孩子不僅消極的顯現出退化行為，他們同時也會表現前述的三種反應，如反覆的在某一定點尋找被收起來的玩具，對障礙物表現攻擊性且攻擊性愈來愈強等（引自 Goodstein & Lanyon, 1975）。

三、影響挫折容忍力的因素

同樣遇到挫折的情境，有的人能坦然的面對，有的人則一蹶不振。心理學者稱這種能容忍需求的延宕滿足，且當阻礙來臨時能有足夠的自制力去面對的能力，為「挫折容忍力」（tolerance for frustration）（Rathus & Nevid, 1986）。陳芳玲（2005）則定義為是個人經得起打擊或挫折的能力。

為何不同的人會有不同的挫折容忍力呢？經學者研究，大概可歸納為下列三種因素。

(一)個體同時遭遇挫折的多寡

學者指出，當個體同時面臨多方面的壓力時，會減弱其挫折容忍力（Rathus & Nevid, 1986）。例如在好天氣裡遇到自己車子的輪胎爆胎，人們可能會嘲笑自己的倒霉；但若在一個陰雨綿綿的冷天遇著相同的情況，人們可能會很生氣的咒詛哪個人缺德把有刺的東西亂丟在路上。

(二)個體是否曾有挫折的經驗

學者指出，當個體曾有過類似的挫折經驗，而且已從挫折中學到可用其他替代方法達到目標的經驗；之後，個體的挫折

容忍力會增加，且會比從來沒有此經驗者有較高的挫折容忍力（Rathus & Nevid, 1986）。

(三)人們對挫折情況的主觀解釋

合理情緒治療學派的創始人艾里斯（Ellis），在他著名的A-B-C理論中指出，事件本身並非造成結果的重要因素，人們對該事件的解釋與信念，才是影響結果的重要因素。前文中曾述及當人們將挫折的來源解釋為是自己本身能力的不足時，其挫折感會比當人們認為是來自外在的因素時來得重。相同的，人們對挫折情況的主觀解釋，也會影響個體對於挫折容忍的情形。

第二節　衝突

除了挫折以外，衝突（conflict）也是在個人生活的周遭及自我的發展上經常會遇到的。所以不管經濟、政治、社會、心理或歷史學者，都致力於探討該學門特有的衝突狀況。如經濟學者探討不同公司或經濟體制間的衝突；政治學者探討不同政黨或兩國間政治意識型態的衝突；社會學者探討家庭、種族及宗教間的衝突；心理學者則探討個人心理的衝突；歷史學者主要是在記錄衝突的事件。鮑丁（Boulding, 1962）指出，不管何種領域的衝突事件，都會涵蓋下列諸要素：

- 至少有兩個不同的族群（party）、事件或選擇等。
- 不同的族群、事件或選擇都有它各自的存在空間，且有它們各自的價值。

- 不同的族群、事件或選擇間，彼此是互相競爭且互不相容的。
- 不同的族群、事件或選擇間因彼此不相容而導致衝突。

　　衝突與挫折一樣，都被認為是人們感受到壓力（Rathus & Nevid, 1986）或焦慮（Derlega & Janda, 1986）的主要來源。當人們因同時有著兩個極端不同的需求或目標而導致左右為難的情況，稱之為衝突（Derlega & Janda, 1986）。例如有兩部自己喜歡看的電影，都只剩最後一場，且又不在同一家電影院放映，在只能擇一的情況下，內心就會有衝突產生。心理分析學者認為，人們所以感到衝突是因為本我（id）與自我（ego）間的衝突而導致的（Whitman, 1980）。實驗心理學者對人們的衝突心理有長期的研究，其中較著名的有兩位，一位是社會心理學家勒溫（Kurt Lewin），以質量的方式研究；另一位是學習理論學家米勒（Miller）所作的數量研究。本節將分別介紹勒溫和米勒對衝突的定義與假設，並探討人們遇到衝突時常有的反應。

一、勒溫對衝突的定義與假設

　　社會心理學家勒溫在他的人格理論中談到衝突，他將衝突分為四類，即雙趨衝突、雙避衝突、趨避衝突及雙重趨避衝突（Derlega & Janda, 1986; Whitman, 1980; 駱芳美，1985）。

(一)雙趨衝突（Approach-Approach Conflict）

　　雙趨衝突是指，個體正處於兩個同時具有吸引力的目標之間，因兩者不能兼得，而又難以取捨的心理狀態。例如坐飛機

旅行時，空中小姐常會問要喝咖啡或是茶。如果你兩樣都喜歡，就會產生雙趨衝突（如圖 2-2）。

```
正向的目標 ◄------- 人 -------► 正向的目標
            趨近        趨近
```

圖 2-2　雙趨衝突

(二)雙避衝突（Avoidance-Avoidance Conflict）

雙避衝突是指個體處於兩個同時嫌惡的目標之間，可是卻無法逃避，一定要從中擇一的一種進退維谷的心理狀態。例如司機違警被判拘役或以罰金代替，兩樣都不利己，但需從中擇一（如圖 2-3）。

```
負向的目標 -------► 人 ◄------- 負向的目標
            逃避        逃避
```

圖 2-3　雙避衝突

(三)趨避衝突（Approach-Avoidance Conflict）

趨避衝突是指個體對某一目標想趨之又想避之，一種期待又怕受傷害的矛盾心理。例如學生想打工賺錢但又擔心會影響功課（如圖 2-4）。

```
            趨近
    人 -------► 正向的目標
      ◄------- 負向的目標
    逃避
```

圖 2-4　趨避衝突

㈣雙重趨避衝突
（Double Approach Avoiance Conflict）

雙重趨避衝突是指，個體處在兩個同時具有吸引力但卻又有驅斥作用的目標下，而卻必須從二者作一抉擇的情況。例如同時在工作又在讀書的在職學生，一方面想要在工作上好好表現以爭取升遷的機會，但這同時會擔心因未顧及學校課業而被當掉；另一方面想要在課業上好好下功夫，以期順利拿到學位，但同時卻又擔心會因為未能顧及工作上的要求而被解雇（如圖 2-5）。

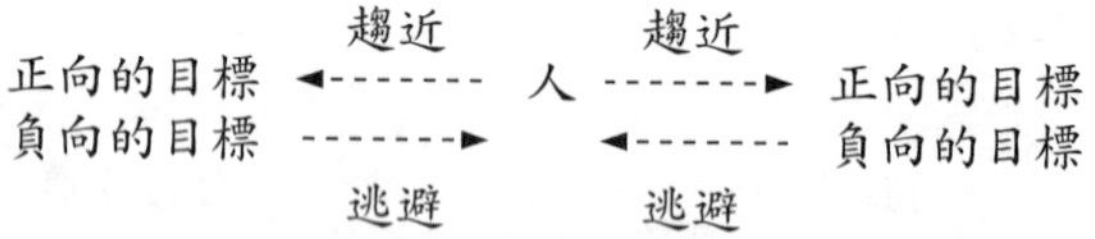

圖 2-5　雙重趨避衝突

二、米勒對衝突的定義與假設

心理學者米勒（Miller）對衝突理論的貢獻是提出「目標梯度」（goal gradient）概念。目標梯度是指，當個體身處在離目標物遠近不同距離時，其想趨近或逃避該目標物的動機強度就會不一樣。伯朗（Brown）於一九四八年以老鼠作實驗，當老鼠趨近目標時可能會得到食物（正目標），或也可能會經驗到電擊（負目標）（結果如圖 2-6 所示）。此理論最適合解釋趨避衝突的情境。針對此，米勒提出三個假設：

㈠個體在趨近一個原所期待的目標（如食物）時，當愈接近目標其趨近的傾向就愈強，此稱為趨近梯度（gradient of approach）。

㈡個體在逃離一個原所不期待的目標（如電擊）時，當離此目標物愈近其逃離的傾向就愈強，此稱為避離梯度（gradient of avoidance）。

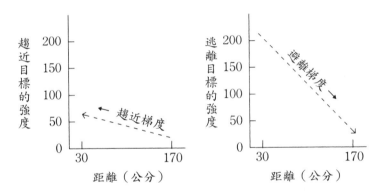

圖 2-6　趨近梯度與避離梯度（根據伯朗的發現）

資料來源：引自 Goodstein 與 Lanyon（1975: 186）。

㈢個體在接近目標物時，其逃避傾向大於趨近傾向。即避離梯度較趨近梯度陡峭（Derlega & Janda, 1986; Goodstein & Lanyon, 1975）。

而後，學者又指出，個體本身的動機及當個體對同一個目標物同時具有期待與不期待衝突時，其目標梯度又會有所不同（如圖 2-7、圖 2-8 所示）。針對此，米勒的衝突理論又增加了下列四點假設：

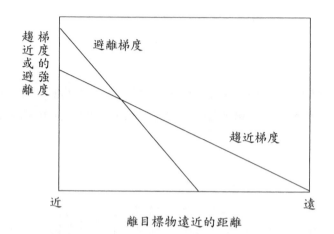

圖 2-7　趨近梯度與避離梯度圖示

資料來源：引自 Derlega 與 Janda (1986: 149)。

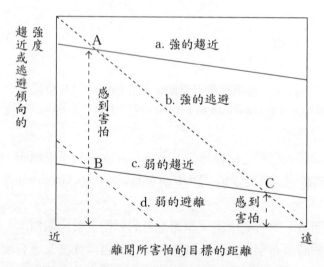

圖 2-8　趨避衝突與趨避動機強弱的關係圖

資料來源：引自 Hall 與 Lindzey (1970: 594)。

　　㈠人們本身對趨近或逃離目標物的動機或驅力的強弱，會影響梯度的高低。當趨力愈強，其梯度愈陡（Lamberth & Rappaport, 1978）。

　　㈡當兩個彼此競爭的驅力同時存在時，較強的驅力將壓倒較弱的驅力而表現出來。

　　㈢當人們逃離目標至一段距離時，其趨近目標的動機就會加強。

　　㈣當趨近梯度與避離梯度相交時，則是人們心理衝突最強的時候（Derlega & Janda, 1986; Hall & Lindzey, 1978; 駱芳美，1985）。

　　下面的的例子可讓讀者更了解上述論點：

　　一個男孩愛上一個女孩，可是每當這女孩出現時，他就感到困窘、緊張，甚至想逃開（如假設㈠和㈡所提）；但是當對方離去後，他就會想要打電話或寫信與對方約下次見面的時間（如假設㈢所提）；若兩人處於同一個房間內，因想接近與想逃離的驅力相等，所以很難下決定應作何種反應（如假設㈣所提）。

　　圖 2-8 清楚的圖示上述的七點假設。由圖 2-8 中各條趨線的傾斜狀況可看出趨避傾向愈強，則衝突的強度愈強，如A、B、C三點皆處於接近與逃避的最大衝突點，但其衝突的強度卻有所不同；當人們接近目標的傾向很強時，則避離傾向就弱，如a、d；如上例的男孩若能盡量克服內心的困窘、害怕，盡量拉近與對方的距離，則能克服內心的衝突而與對方順利的約會。反之，若避離的傾向比接近的傾向強，則永遠也無法達到目標，如b、c（Hall & Lindzey, 1970）。

　　學者（Lamberth & Rappaport, 1978）將圖 2-8 再加以剖析如圖 2-9，而得到下述三點結論：

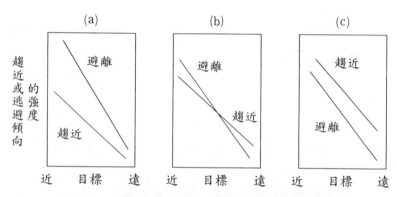

圖 2-9　趨避衝突與趨避動機強弱關係的解剖圖
資料來源：引自 Lambert 與 Rappaport (1978: 105)。

　　㈠逃避趨勢比接近趨勢強，將永遠難到達目標〔如圖(a)〕。
　　㈡兩驅力相等（相交）時，因避離坡度較陡，所以個體愈遠離目標時愈想接近，愈接近目標時愈想遠離〔如圖(b)〕。
　　㈢當接近傾向比避離傾向強時，人們將會達到其目標〔如圖(c)〕。

三、對衝突的反應

　　當個體遇到衝突的情境時，通常會產生下列幾種反應。

㈠逃避（avoidance）

　　逃避是個體遇到衝突情境時，可能會有的一種反應，特別

當面臨雙避衝突的選擇時（Porter & Taplin, 1985）。陳芳玲（1992）指出，逃避包括心理逃避與身體逃避。身體逃避是指遠離必須做決定的現場；心理逃避則是暫時不去想與做這項決定有關的事情。在心理學有關遺忘的理論中提到，動機性的遺忘是造成人們忘記某事的原因之一。心理逃避者有時也會透過動機性的遺忘來暫時逃避需做決定的兩難情況。

　　不過，逃避衝突時須考量兩個情況：1.逃避的結果可使衝突消失或增加下次面對時衝突的強度？2.除了逃避之外，是否有其他更有效的方式來解決此衝突狀況？如果逃避的結果會導致衝突強度的增加，而且逃避對該情境並非最有效的解決方式，則筆者會建議，面對衝突情境可能是較明智的做法。

(二)消除意念（conquest）

　　學者（Porter & Taplin, 1985）指出，消除意念是減除衝突最根本的方法，不過並非最健康的方法。因為要完全消除意念並非易事，而且從心理衛生的觀點，過度壓抑心理的意念並不符合心理衛生的原則。

(三)面對（contact）

　　當遇到衝突的情境時，如果希望能解決這個衝突並期望能達到目標時，則面對它是需要的。當決定面對衝突時，有幾個步驟需循環：

1.事前的考量

　　在界定衝突時，請先考慮三個問題：

(1)它對你重要嗎？

(2)它是否會引起你強烈的情緒，如生氣、憤怒、害怕、挫折或焦慮？

(3)它是否可獲致解決？

2. 界定衝突

經過前述三個問題的考量後，則要開始界定衝突，其原則如下：

(1)盡量縮小衝突的範圍，並以最具體的方式將其界定出來。

(2)清楚描述你的感覺、反應及需要採取的行動。

(3)清楚描述在衝突解決時，有哪些行動是需透過他人協助的？有些什麼管道可提供這些協助？

(4)清楚在解決衝突的行動中，可能會造成衝突或助長衝突的關鍵行動（你作了什麼？你忽略了什麼？）

3. 增加解決衝突的動機

解決衝突的動機之強弱，常是以人們對衝突之繼續存在，是否會影響到其生活之得失的知覺為基礎。所以藉著思索下面的問題可以幫助你澄清自己解決衝突的動機：

(1)如果衝突繼續下去，自己或他人獲得什麼利益？

(2)如果衝突繼續下去，自己或他人付出了什麼代價？

藉著評估衝突繼續下去所需付出的代價或解決衝突可獲得的利益，可強化問題解決的動機。

4.付諸行動

有了上面的步驟之後,一定要付諸行動,衝突才可能解決。當然在付諸行動時,還是可能會遇到困難,此時可回到前面的步驟,再重新考量,重新出發(Johnson, 1981; 駱芳美,1987)。

第三節 如何克服因挫折與衝突所產生的焦慮與壓力

前文中雖然將挫折與衝突的原因與種類作出清楚的歸類,但事實上,人們每天遇到的情況或者人們的心態,是無法如此簡單的分類;這也可能是人們常會感到焦慮與壓力的原因之一吧!當人們遇到因挫折與衝突所產生的焦慮與壓力時,常採用的克服方法可分為防衛性與主動性兩種,以下將分別加以討論。

一、防衛性的克服方式

學者們(Rathus & Nevid, 1986)指出,人們常會採用酗酒和藥物、攻擊、退縮、幻想及防衛機轉的方式克服壓力與焦慮。

㈠酗酒和藥物

由於酒精及一些藥物對中樞神經系統的運作有鎮靜作用,可以直接減緩對緊張、焦慮與挫折的感覺,及減低自我覺察力(self-awareness),所以當面臨挫折與焦慮的壓力情況下,有些

人會以酗酒及一些藥物來麻醉自己,逃避面對焦慮及壓力。但由於飲用酒類及服用藥物亦會降低人們的道德感及違害身體健康,所以並非一種好的解決方法。

(二)攻擊

當人們遇挫折或衝突等威脅情境時,有時會以攻擊行為來保護自己,這在某些情況下是可以被接受的。不過多數情況下,攻擊行為所產生的威脅性會大於對壓力或焦慮感的減輕,所以並非很好的解決方法。

(三)退縮

當人們感到無助及不知如何下決定時,有時也會採用退縮的方法,可能是情緒方面的退縮,如失去興趣;或身體上的退縮,如搬家。短暫的退縮可能是健康的,因為可以讓人們有機會想出更好的方法。所以如果實在沒有更好的方法可以處理該壓力的情境,短暫的退縮可能是可行之道。

(四)使用防衛機轉

所謂防衛機轉(defense mechanism)是指,人們有時會無意識(unconscious)的使用一些心理防衛的方法來保護他們自己,讓自己暫時不用去面對挫折或衝突所帶來的緊張與壓力情境,同時仍能保有自己的價值感。心理分析理論指出,一般人們常用到的防衛機轉約有下列十種,茲分別說明於后。

1.無意識性的壓抑（repression）

　　無意識性的壓抑是指人們常在無意識中，將一些其意識的自我所不能接受的內在衝動、想法及感覺壓到潛意識中。學者指出，壓抑作用會像滾雪球一樣，愈滾愈大。人們因為曾將會導致其焦慮、挫折及衝突的情境壓抑下去，所以往後每當面臨新事物時，個體常在未嘗試去適應之前就急著壓抑那些可能會導致其焦慮、挫折及衝突的情境。這種自我壓抑防衛的過程，會使人們變得遲鈍且缺乏生氣；他們無法與他人分享自己的想法與興趣，對其人際關係的發展亦有極大的影響。

　　雖然人們無法覺察到那些被無意識壓抑下去的思想或感覺，但仍會受其影響。例如：作某種夢、喜歡某種幽默的表現方式或講話說溜了嘴。心理分析認為這些都是與被無意識壓抑下去的思想或感覺有關。

2.意識性的壓抑（suppression）

　　意識性的壓抑與無意識性的壓抑類似，只是它是由意識層面控制。人們有意的將一些造成不快樂的內在衝動、想法及感覺推出其意識之外。例如：人們因某個事件對其傷害太大，而拒絕再去想該件事情；某人被其好友嚴厲指正而感到深受傷害，因而試圖忘記此好友對其指正的言詞。不過，要試圖忘記事情並非易事，所以學者指出，意識性的壓抑其實是非常短暫性的防衛機轉。

3.合理化（rationalization）

　　合理化是人們有時會將他的感受或想法理由化，以符合社

會的標準，並能被他人所接受。最典型的例子就是我們常說的
「酸葡萄心理」。其典故是如此的：一隻狐狸很想吃葡萄，牠
嘗試了很多方法卻都沒有成功，所以牠就以「反正葡萄一定是
酸的，吃不到就算了」來安慰自己。人們也常以這種「酸葡萄
心理」來安慰自己的失敗，例如未能如願考上醫學院時，會安
慰自己說：「幸好自己沒考上，當醫生太辛苦了。」

　　除了「酸葡萄心理」外，另一種合理化的方式是「甜檸檬
心理」。即企圖去說服他人及自己，自己目前擁有的就是最好
的。例如一個生活貧困的學生，可能會告訴自己，還好自己沒
有錢，否則可能他會只顧著玩，而無法專心讀書。

　　合理化的防衛方式很容易被接受，因為聽起來很有道理。
不過它只能幫助人們去適應目前已發生的事情，而非藉著邏輯
推理的方式去做新的決定或採行新的策略。當人們做了某些不
為他人接受的決定或行動時，這種合理化的防衛方式可能是減
除焦慮的一個很好的方式。

4.認同作用（identification）

　　認同作用是指人們有時會傾向於去模仿、認同那些挫折他
們、引發他們焦慮的人（Whitman, 1980）。戴爾加等人（Der-
lega & Janda, 1986）指出，人們會傾向於去模仿在高位上的人，
以減少自己因未能達到預期的目標而產生的焦慮感。從心理分
析論的觀點，認同作用在每個孩子的發展上都占了一個重要的
角色。此論點指出當孩子處在性器期時，為了減除由於戀親情
結所產生的焦慮，因而傾向於向自己同性別的父母認同。

　　人們會傾向於去認同模仿在高位上的人，甚至其穿著打扮

及說話口氣都維妙維肖,藉此去滿足其原本無法達到的自尊感。例如一個因自卑於自己未完成高中學歷的人,可能會去認同並支持某個大學的球隊,藉著歸屬於該大學球隊的支持者,而提昇自己的自尊感。

5. 反向作用(reaction formation)

反向作用是指人們故意壓抑原有的感覺或衝動,而誇張的表現出與原來完全相反的反應以減除內心的焦慮。例如,有些父母雖然深愛其孩子,但有時卻不免會想到為了撫養孩子自己所作的奉獻與犧牲。但想到此的同時,他們卻又怪罪自己怎麼可以有此想法,因而加倍的去疼愛自己的孩子。又例如有些急於要搬離家門的青年,在順利得到父母的允許而搬出去後,反而與父母親的感情比原來更好。

6. 投射作用(projection)

投射作用是指人們會將自己的想法、感覺及期望歸咎於是他人的想法、感覺與期望。例如一個挺自私的人會說其實每個人都是自私的,因為每個人都希望能保有自己所愛的。一個正在悶悶不樂的人可能會批評說別人的攻擊性很強。人們藉著將自己不希望擁有但卻擁有的感覺歸咎於他人,如此可減少其焦慮並保留其自尊感。

7. 補償作用(compensation)

補償作用是指人們藉著過度的表現,來彌補其原有的自卑感。例如一個非常害羞的人卻故意去威脅、恐嚇人,以證明他

並不害羞。一個幼時失學的人，可能會努力於開創他的事業，以成功的事業來彌補其因失學而造成的自卑感。

8.代替性的作用（displacement）

代替性的作用是指，當人們在遇到挫折或面臨衝突時，常會將心理上因焦慮而引發的情緒發洩在無辜的人或物身上，如家裡的狗、孩子、玩具或家具等。這種人因擔心若將其情緒發洩在有關的人或物身上會引發對方的報復，如對老板回嘴後可能會被革職，因而將引發的情緒發洩在無辜的人或物身上。

9.幻想（fantasy）

當人們遇壓力情境，有時會以白日夢等方式來暫時紓發心理上因衝突與挫折所產生的壓力與焦慮。如同退縮一樣，短暫的使用可能是健康的，只要不長期使用變成沉溺於其中而導致無法面對現實即可。

10.取代性的作用（substitution）

取代性的作用是指，當某些期待和願望無法獲得滿足時，人們會傾向於尋找替代品，以期從其身上獲得替代性的滿足。例如當青少年得不到父母關愛時，可能會以性愛來滿足其愛的需要；當夫妻的關係不和睦時，可能會以過度關愛子女的方式，以企求獲得情感上取代性的滿足（取自 Derlega & Janda, 1986; Whitman, 1980）。

二、主動性的克服方式

適當的使用上述的方法雖可幫助人們暫時的消除因挫折或衝突而導致的緊張與焦慮，但是過度的使用卻會使人脫離現實（Whitman, 1980）。既然知道人生在世，挫折與衝突是免不了的，與其消極的逃避，不如積極的面對。

㈠覺知自己的能力及內外控傾向，為自己的行為負責任

每個人對自己的能力有不同的覺知，這種認為自己有能力去幫助自己改變的覺知，心理學上稱為自我效能（self-efficacy）。當人們的自我效能程度愈高時，其解決問題的能力愈強；反之，則愈低（Rathus & Nevid, 1986）。

心理學者（Rotter）另外提出一個內控與外控的概念（locus of control）。內控型的人（internal control）相信自己就能夠掌握行為的結果，而較不在乎行為結果是否會獲致外在的增強或酬賞[*]。外控型的人（external control）相信自己的命運是掌握在他人的手中。研究發現，內控型的人較能有效的處理新的挑戰。而且當面對無法逃避的壓力事件時，內控型的人較外控型的人顯得沉穩，且較少表現出焦慮不安的樣子（Rathus & Nevid, 1986）。所以人們應該敏感的覺知自己的能力及內外控傾向，增進自己的自我效能，為自己的行為負責任。

㈡控制不合理及悲觀的想法

如同前述，人們對挫折與衝突情境的主觀解決會影響他們對該情境的感受。艾里斯指出人們常會有不合理的想法，而導致人們的沮喪與悲觀。所以認知心理學家米欽堡（Meichenbaum）提出三個步驟以幫助讀者控制那些伴隨挫折與衝突而來的不合理與悲觀的想法：

1.透過仔細的自我檢查增進對自己想法的敏感性

請閱讀表 2-1，看是否與你的情況相符。當你遇到挫折或衝突的情境時，留意你的想法，並檢查這些想法是幫助你解決問題，或是讓你的問題更加複雜化。

2.以合理、樂觀的想法去對抗原有不合理的想法

列出與原有不合理想法不相容的想法，並不斷自我練習。

表 2-1　不合理與合理想法對照表

不合理及悲觀的想法	合理與樂觀的想法
天啊！我想我要失去控制了！	這雖然是很痛苦及難過的經驗，但我是不會被打倒的。
我想這件事一定是沒完沒了的！	我想這件事會過去的，雖然現在看起來似乎是很困難的樣子。
我能怎麼作呢？我想我是無路可走了！	放輕鬆點！不要這麼想！休息深呼吸一下。雖然目前還沒想出較好的方法，但這不表示自己就沒路可走了。

3.給與自己獎賞

　　當你能夠有效的改變原有不合理及悲觀的想法時，適時的給自己一些獎賞（Rathus & Nevid, 1986）。

㈢學習放鬆，降低焦慮與壓力的等級

　　挫折與衝突情境之所以引發人們的焦慮或壓力，除了是受人們不合理或悲觀想法的影響外，身體肌肉的緊張也是另外一個因素。所以學習放鬆肌肉，也是降低焦慮與壓力等級的方法之一。

　　賈克桑（Jacobson）提出漸進式的肌肉鬆弛法（progressive relaxation），教導人們遵循下列步驟放鬆其肌肉：

　　1.增進對肌肉的放鬆情況的敏感度。

　　2.區別肌肉緊張與放鬆的情況。

　　3.依次從一組肌肉進到另一組肌肉。如練習手部肌肉放鬆完再進到練習腳部肌肉的放鬆（Rathus & Nevid, 1986）。

　　另外有學者（Harvey）提出腹式呼吸法（diaphragmatic breathing）。這方法是試著以減緩呼吸的速度來降低焦慮或緊張。所以此法建議當你緊張時，讓自己躺下來，將手放在肚子上，當你吸氣時可感覺到肚子鼓起來，呼氣時可以感覺肚子扁下去。下列的步驟可幫助你緩和及平順你的呼吸速度：

　　1.僅能透過鼻子吸氣。

　　2.用相同的時間吸氣及呼氣。

　　3.讓這樣的動作在悠閒中持續著。當你吸氣與呼氣時你可以在心裡數數。

4.當你坐在椅子上作此呼吸練習時，一手放在胸部測量看呼吸是否平順，另一手放在肚子以感覺肚子的鼓起與變平。

學者建議此法透過心算的方式來指揮自己的呼吸頻率，且讓手部來感覺肚子的律動，如此有助於禁止不合理或悲觀的想法進到腦中（取自 Rathus & Nevid, 1986）。

㈣做決定

解決因挫折或衝突所帶來的焦慮或壓力情境，最有效的方法是不要逃避，面對它下個決定。當然在下決定時首先要先了解，這些阻礙物是否可以克服？如何可以克服？要如何克服？如果不能克服，是否有其他方法可以代替？當我們遇到衝突時，必須仔細評量各種行動的可能後果，然後再下決定。

學者建議可用平衡單（the balance sheet）來幫助人們更具體的了解自己在趨避間的價值輕重，以期能更有效的做決定（Rathus & David, 1986）。所謂平衡單是指將某一個行動其正向與負向的預期後果列出來，然後針對每個可能後果標示出其正負值，將正向預期後果與負向預期後果的值各加總後，再加以比較和分析。

筆者在進行大學生的心理輔導時，常常鼓勵學生先列出其十（或五）年後希望達到的目標，然後再幫助他們衡量其目前所遇到的挫折對其預期達到的目標是否重要，如果很重要，要如何克服？是否有任何替代的管道可以使其達到同樣的目標？另外對其面臨的衝突，可幫助學生衡量哪一個方向與其所期望達成的目標較有關連，並預期在追求該目標達成的路上，可能會在遭遇到的衝突事先加以考量。此法是強調當人們愈能覺察

自己較長遠的目標時，就愈能客觀的衡量目前的處境。

㈤定出計畫並付諸行動

　　當你下了決定要面對困難時，下一個步驟就是要訂出計畫並付諸行動。現實治療法的創始者葛拉瑟（Glasser）建議四個重要的步驟：首先要清楚自己的需要，然後再審視自己目前的行動，接下來是評估目前自己選擇的行動是否有助於自己需要的滿足，最後再訂出計畫並付諸行動（Corey, 1991）。訂計畫時不要太籠統，一個有效的計畫必須是：

1. 立即性的：很多人的計畫是為明天訂定的，缺乏立即性的計畫很容易落入空談。
2. 簡單可行的：所訂的計畫愈簡單易行，其實施及成功的可能性就愈高。
3. 一致性的：一個有效的計畫，各步驟間必須是環環相扣，朝向一致性的目標的。
4. 計劃者自己能掌控的：計劃者須清楚自己的能力及限制，訂一個自己能掌控的計畫，才有實施及實現的可能性。
5. 計劃者願意承諾去執行的：計劃者對計畫的承諾與願意委身去執行是非常重要的。
6. 具有可具體測量的目標：若能清楚的看出或測量出目標達成的程度，會提供給計劃者很大的鼓勵作用。

本 章 摘 要

　　挫折或衝突常是人生在世無法避免的遭遇，心理學者亦指出挫折或衝突是壓力與緊張的來源。挫折是指因受到阻礙而無法達到預定目標的情形，其包括兩層涵義，一是指想追求某個目標的動機受到阻礙；另一個是指因為受到阻礙無法達到目標而產生挫折感。挫折的成因包括：物理環境的限制、社會環境的限制、心理上的焦慮與害怕、人們對障礙情況的主觀解釋、違反原有預期的情形及人們的需要未能獲得滿足。人們對挫折的反應是：重覆相同的動作、增加戰鬥力、增加攻擊性、產生退化的行為。而人們對挫折有不同程度的容忍能力，影響此挫折容忍力的因素包括：個體同時遭遇挫折的多寡、是否曾有挫折的經驗、對挫折情況的主觀解釋。

　　衝突是指當人們因同時有著兩個極端不同的需求或目標而導致左右為難的情況。社會心理學家勒溫在他的人格理論中談到衝突並將衝突分為四類，即雙趨衝突，雙避衝突，趨避衝突及雙重趨避衝突。心理學者米勒對衝突理論的貢獻是提出目標梯度的概念。目標梯度是指當個體身處在離目標物遠近不同距離時，其想趨近或逃避該目標物的動機強度就會不一樣，此概念最適用於解決面臨趨避衝突的情況。當人們遇到衝突情境時常有的反應可能是：逃避、消除意念或面對它。

　　既然挫折與衝突是造成人們焦慮或壓力的可能來源，人們常會採用下列方法來克服它：一是防衛性的克服方式，包括酗酒和藥物、攻擊、退縮及一些防衛機轉的方法；另一是主動性

的克服方式，包括覺知自己的能力及內外控傾向並為自己的行
為負責任、控制不合理及悲觀的想法、學習放鬆並降低焦慮與
壓力的等級、做決定及訂出計畫並付諸行動。主動性的克服方
式較之於防衛性的克服方式積極且有效。

研 討 問 題

一、何謂挫折？請從你的日常生活中列出一個挫折的經驗，試分析其成因及你個人對此挫折的反應。

二、請從上題你所列的挫折經驗中，試分析你個人的挫折容忍力如何？並探討造成你挫折容忍力高（或低）的原因為何？

三、何謂衝突？並請各舉一例說明何謂雙趨衝突、雙避衝突、趨避衝突及雙重趨避衝突。

四、請從你的生活經驗中列出一個因挫折或衝突所產生的緊張或壓力事件，並分析你所採用的因應策略及其成效。

參 考 文 獻

一、中文部分

陳芳玲（2005）。挫折與衝突。載於王以仁、陳芳玲、林本喬
　　著，教師心理衛生（二版）（127-156頁）。台北：心理。
駱芳美（1985）。杜拉與米勒之生平介紹及其人格理論探討。社
　　會發展，9，152-160。
駱芳美（1987）。如何處理衝突的情境。社會發展，11，25-31。

二、英文部分

Boulding, K. E. (1962). *Conflict and defense: A general theory.* New York: Harper & Brothers.

Corey, G. (1991). *Theory and practice of counseling and psycho-therapy.* Pacific Grove, CA: Brooks/Cole.

Derlega, V. J., & Janda, L. H. (1986). Stress and anxiety. In V. J. Derlega & L. H. Janda (Eds.), *Personal adjustment: The psychology of everyday life* (pp. 138-177). Glenview, Illinois: Scott, Foresman and Company.

Goodstein, L. D., & Lanyon, R. I. (1975). The process of adjustment. In L. D. Goodstein & R. I. Lanyon (Eds.), *Adjustment, behavior, and personality* (pp. 155-189). CA: Addison Wesley.

Hall, C. S., & Lindzey, G. (1970). *Theories of personality.* New York: Wiley.

Johnson, D. W.(1981). *Reaching out-interpersonal effectiveness and self-actualization.* Englewood Cliffs, NJ: Prentice-Hall.

Lamberth, J., & Rappaport, M (1978). *Personality: An introduction.* New York: Alford A. Knopf.

Porter, J. N., & Taplin, R. (1987). *Conflict and conflict resolution: A sociological introduction with updated biolography and theroy section.* New York: Unviersity Press of America.

Rathus, S. A., & Nevid, J. S. (1986). Stress and adjustment. In S. A. Rathus & J. S. Nevid (Eds.), *Adjustment and growth: The challenges of life* (pp. 256-289). New York: Holt, Rinehart and Winston.

Whitman, R. D. (1980). Conflict. In R. D. Whitman (Ed.), *Adjustment: The development and organization of human behavior* (pp. 139-167). Oxford: Oxford University Press.

第三章

角色、壓力及其調適

　　中國人有一句常說的俗話——人生如戲，戲如人生。事實上也正是如此，每個人生活在這複雜的社會舞台上，經常扮演各種不同的人物，演出不同的劇情和戲碼。不過，戲是假的，是由編劇者依其好惡與想像，任其意思安排設計而來，時有意想不到之結果。同時，在戲劇中每個演員都根據腳本來扮演，故演員的行為表現都是明確且可預期者。然而在人生的實際發展中，雖偶爾也會有些戲劇般之情事產生；但更多時候，卻是因果循環——要怎麼收、先怎麼種，再加上天時、地利、人和等因素相乘而得。

　　同時，當一個人擁有的身份愈多，角色也隨著增加，生活的壓力必然加重許多；如壓力過大又不懂得如何紓解時，則會帶給個體相當程度的傷害。然而，壓力是現代社會普遍存在的問題，且壓力並不全然是不好的際遇，未必都會帶來負面的影響；因適當的壓力可以激發人的潛力，提昇挑戰力及成就感，只要因應得當也能有建設性的效果。但若是承受過度的壓力，則有研究發現高壓力的經驗常帶給個體不愉快的身心反應，如：害怕、焦慮、流汗和疲勞。

　　本章即是針對個人生活中所扮演的角色及其功能、生活壓力的來源與影響，以及壓力的因應方式等方面，一一加以探討如後。

第一節　角色及其對個人的影響

一、角色的定義

　　角色理論的起源可回溯自舞台之表演。演出者將其表演角色的義務與權力表現在其實際的態度和行為中,則為角色的扮演。角色的定義頗為複雜,較缺乏研究者共同接受的一致性定義。其中最常見的說法,是將「角色」視為具有社會承認的功能和可接受常模規範的任何一套行為(Biddle, 1979);亦即是一個人努力地扮演他自己擁有之特別身分時,所應表現的一套行為。李美枝(1979)指出:團體內皆有職位(position)的分化,職位的區別是由一組配合該職位之特定行為加以界定,而配合職位的一組行為型態則稱為「角色」。一個人通常歸屬於好幾個團體,因而擁有好幾種不同的角色;即使在同一個團體內,角色也可能會隨著時空的轉變而變遷。也有學者將「角色」定義為組織系統內、外之有關人員,對某一職位者所賦與的諸多期望(Banton, 1965)。而所謂的有關人員,乃指被期望者的上司、下屬、同事、顧客等人,要求一系列與被期望者有關連的角色行為,此即所謂的「角色組合」(role set)。

　　在此,將角色理論中包含的幾個基本觀念扼要說明如下,以便進一步釐清「角色」之概念。

(一)角色規範（role norms）

係指團體或個人對某種角色的想法。

(二)角色知覺（role perception）

是指個人對所託付的角色之想法。

(三)角色接受（role acceptance）

即指角色的實際執行，亦可說是個人確實行使其角色義務與角色權力的行動。

(四)角色期待（role expectation）

此為角色觀點中最重要者。係指在角色意識內，對個人代表著一套固定的行為模式，是其置身於社會生活中應表現的行為，也同時為社會大眾所期待者。

因此，綜合上述諸觀點，吾人可簡要地將「角色」看成是個人具有某一特定身分時，伴隨該身分表現出應有之期待行為。

二、性別角色

一般而言，性別（gender）係指當受孕時就決定之生理上的性別，亦即是男（male）或女（female）。一個人的性別，無論是男還是女，對其生活經驗的整體有著極重要的影響。但性別角色（sex role）是一種理論性結構，是指與性別間表現區分有關——正常的期望以及與性別相連繫、存在於一個特定文化與

歷史情境中,有關各種社會交往的規則(Spence, Deaux, & Helmreich, 1985)。亦可將其視為是用來描述在某一特定社會文化下,被認定適合某種性別(男或女)所應表現的態度、行為、功能及權利、義務等。如:中國傳統所說「男主外、女主內」的分工,或認定男性好動而獨立,女性溫柔且依賴等觀點。

談到性別角色,通常包括以下二個概念,如下。

(一)性別角色刻板印象

是指一群被大多數社會成員,將各種概括化的特徵,以語文標記方式來期許、賦與兩性的團體行為。亦即將男、女分派到他和她被視為應該歸屬的類別中,而完全不考慮其個人的特質,如:女人是情緒化而男人則不會。其實有些女性不會情緒化,而有些男性則很容易顯現出情緒。

(二)性別角色分化及期望行為

是指在每一個孩子的成長過程中,表現出來的實際行為符合其性別角色期望的程度。通常,一個人的性別角色如與其生理性別不相符,將會受到社會上頗多有形和無形之壓力。故在傳統的觀念中,性別角色與生理性別是否吻合,是影響個人心理健康及社會適應的重要因素。然而,Bem(1974, 1975)曾對這種說法提出質疑,認為在一個複雜的社會裡,個人如果執著於某一特定性別角色,將使其對環境之反應受到相當的限制。因此,男、女理想的性別角色,已不是具有高度男性特質的男性化(masculinity)角色,或高度女性特質的女性化(feminity)角色,而是兼具男性特質和女性特質心理上之剛柔並濟

（psychological androgyny）。根據 Bem 的理論，剛柔並濟者由於較少受傳統性別角色的拘束，其個人行為較有彈性，亦能隨情境的需要產生各種不同的反應，故其社會適應情形較佳。

三、角色問題在生活中所造成的困擾

(一)角色壓力（role stress）

　　從社會結構來看，當一個人進入組織後，若能認同其所屬的組織，遵行組織規範和實踐其要求，將個人的角色能力貢獻給組織，且能進一步與組織環境取得協調，就可稱得上是成功的角色扮演。反之，若個人加入組織後，對其所屬的組織不能認同，或其能力不足以勝任，或其表現與組織要求不一致，或有某些不利因素干擾角色任務之運作，致使個人陷於無所適從之困境，因此就會產生角色壓力的問題。

　　一般會將角色壓力分為主觀經驗與客觀事實二種型態（Kahn, Wolfe, Quinn, Snoek, & Rosenthal, 1964; 王青祥，1985）。其中，客觀角色壓力是一種環境狀態，即指組織中的社會與環境特質，確實具有某些不利角色活動的因素，因而造成了不良的角色特性；而在主觀經驗的角色壓力則是個人受環境狀態所引起的心理歷程，即指經由客觀的不利因素，而影響到個人對角色的不良覺察與認知，進而產生的角色壓力。

(二)角色模糊（role ambiguity）

　　角色模糊是指個人缺乏足夠的訊息，不足以決定如何扮演

適當的角色。Kahn、Wolfe、Quinn、Snoek 與 Rosenthal（1964）將此情況分為以下三種：1.角色期望的訊息不充足；2.完成角色期望的方法不夠明確；3.角色行為的後果不明顯。而導致角色模糊的主要原因亦有以下三點：1.現代組織趨向於龐大與複雜化；2.組織成長與改變的腳步加速；3.錯誤的管理哲學導致溝通不足，使個人不知如何去完成角色期望。

(三)角色衝突（role conflict）

因個人經常被要求扮演與其價值系統不一致的角色，或同時扮演二種以上相互抗衡的角色時，則產生了「角色衝突」。研究角色理論的學者，通常將角色衝突區分為以下四種類型（Kahn, Wolfe, Quinn, Snoek, & Rosenthal, 1964）：

1.角色傳送者本身的衝突（intra-sender role conflict）

此一情況係指角色傳送者自己對其本身角色期望不一致時，所產生之衝突。

2.角色傳送者之間的衝突（inter-sender role conflict）

當角色接受者同時接到不同角色傳送者，相互矛盾之角色期望，使其無法滿足各傳送者的期望時，所產生之角色衝突。

3.角色間衝突（inter-role conflict）

個人不僅是某個組織的成員，他也可能是其他組織的成員，當不同組織成員對他傳送各種角色期望時，若其無法同時達成，亦會產生的角色衝突。

4.個人角色衝突（person-role conflict）

指的是個人外在角色期望和內在自我需求之間，價值不一致所產生的衝突。

㈣角色過度負荷（role overload）

角色過度負荷係指，角色傳送者基於合法的地位，對個人提出工作方面的要求，使其個人必須完成許多工作角色，若他個人無法完成所有角色要求，則將承受超過其能力的心理負荷。其中又可分為二類（Van Sell, Brief, & Schuler, 1981）：1.若對角色行為的要求過多，使角色表現者無法在一定時限內完成，則會造成量方面的角色負荷；2.若對角色的要求水準過高，超過了個人的能力、技術及知識範圍，則會造成質方面的角色負荷。

第二節　生活的改變與壓力

一、壓力的定義

「壓力」一詞是物理學、生物學、心理學、社會學、醫學等領域中的重要概念，也經常出現在傳播媒體與一般人的言談中。壓力最早的概念是取自物理和工程學，係指將充分的力量用到一種物體或系統上，使其扭曲變形。而在心理學及個人適應方面，最初由 Canon 於一九三五年提出壓力觀念和個體回復

平衡的關係，而後由其學生 Selye 於一九五六年繼承他的理論，將壓力引入社會科學領域加以探討。在此就筆者蒐集到有關壓力的重要定義，依其年代先後順序分述於後。

㈠壓力為一種涉及到有機體，使其無法有效應付某些刺激之心理狀態（Lazarus, 1966）。

㈡壓力是一種需要以異常的反應，克服其負面情緒、目標障礙及壓迫感，而妨害了正常功能之情況（Arnold, 1967）。

㈢壓力是身體為滿足需要，所產生的一種非特定的反應（Selye, 1976）。

㈣壓力為以個人特質和心理歷程為中介的適應反應（Ivancevich & Mattson, 1980）。

㈤壓力是一種由個體知覺環境要求具有威脅性，所引發生理及心理緊張的狀態，亦即是個體被迫要去處理的任何情況（Kaplan & Stein, 1984）。

㈥壓力是個體生理和心理上感受到威脅時的緊張狀態（張春興，1989）。

㈦壓力是一種變動，任何的生活適應都會造成壓力（Brannon & Feist, 1996; Taylor, 1995）。

㈧壓力為外在有威脅事件的自動化生理反應（Ogdan, 1996）。

㈨壓力是指個人對外界的一種反應，舉凡外界的人、事、物都能造成個人生理與心理的反應（藍采風，2000）。

壓力可以說是生活中不可避免的一部分，為了要使生活過得更好，每個人都必須面對來自環境或其本身的挑戰，使其生活中充滿著壓力。多數學者對壓力缺乏一致性的看法，但大致

可將其整理成以下三類（林玟玟，1987）：

　　㈠視壓力為對情境的整體性反應。

　　㈡視壓力為生活情境的變動。

　　㈢視壓力為個人迎合環境要求的某種關係型式。

二、壓力的來源

　　壓力是生活中經常存在的問題，若要求人們去回想過去最有壓力的經驗，他們的回答可能包含下面這些負面事件——家人的死亡、嚴重的疾病或車禍、個人遭受的拒絕與挫敗等；這些不幸事件固然都可能是壓力之來源，但即使某些正面的生活經驗（如：功成名就、升官發財等），有時也同樣會帶來各種不同的壓力。可見壓力的來源，除了受個人內、外在環境變遷所帶來的影響外，個人的差異也是相當重要之因素，以下筆者將一一探討這些壓力來源。

㈠生活的改變

　　任何生活中之改變，都會破壞個人原本平衡的生活，而形成一種壓力的來源。同時，個體對於突然而來之重大變動，常無法作出有效的適應，甚而造成身體的不適或疾病。這方面最早進行研究的 Holmes 與 Rahe，於一九六七年編定完成「社會再適應量表」（Social Readjustment Rating Scale，簡稱為 SRRS）。在此量表中，列出了四十三項人們所經歷的生活變動事件（包括愉快與不愉快的改變），請參閱表 3-1。表中每一事件由於影響程度的不同而給與不同之指數，可讓當事人勾選一段時間內

表 3-1　社會再適應量表

生活事件	衝擊程度	生活事件	衝擊程度
配偶死亡	100	子女離開家	29
離婚	73	與姻親相處上有困擾	29
夫妻的分居	65	個人有傑出成就	28
牢獄之災	63	配偶開始或停止工作	26
家族近親死亡	63	開始或停止上學	26
個人身體有重傷害疾病	53	生活情況的改變	25
結婚	50	個人習慣的改變	24
被解僱	47	與上司有所不和	23
夫妻間的調停和解	45	工作時數的變動	20
退休	45	居住處所的變動	20
家庭成員健康情形不好	44	就讀學校的變動	20
懷孕	40	娛樂消遣活動的變動	19
性困擾	39	教堂活動的變動	19
家中有新嬰兒誕生	39	社交活動的變動	18
職業的更換與再適應	39	輕微的財物借貸	17
財務狀況的大變動	38	睡眠習慣的改變	16
好友死亡	37	家庭成員人數的改變	15
轉變行業	36	進食習慣的改變	15
與配偶爭吵次數有增加	35	放假	13
抵押貸款超過美金一萬	31	聖誕節	12
負債未還抵押物被沒收	30	輕微的違法行為	11
工作責任的變動	29		

資料來源：取自 Holmes 與 Rahe (1967)。

他個人所經驗的變動事件,再累加其所選事件指數,便可以知道他所承受壓力之強度。

根據進一步研究顯示(Holmes & Masuda, 1972),若一個人一年內在 SRRS 量表上壓力分數評量為三百點,則此人有百分之八十的可能,會轉變為某些嚴重的慢性疾病;若壓力得分在一百五十至三百之間,也很可能會導致罹患某些疾病。

國內的研究者蘇東平、卓良珍(1981)根據 SRRS,改編成適用於國內人們的社會再適應量表,其內容請參閱表 3-2。

(二)工作的壓力源

在頗多的研究中,都在探討工作環境下的壓力來源及其對員工之影響。是否工作中一定必須要有壓力?有些人會回答,之所以會被稱為「工作」,就是因它會有壓力存在。而在工作的場合內,到底多少的壓力是必須被考慮者?在此方面分為以下三點來加以討論。

1.多少分量的工作就嫌太多

一般人處於某些壓力之下,在工作上會有較佳的表現。但有研究顯示(Poulton, 1971),過度的壓力對某些工作質與量二方面,都會帶來負面的效果。換言之,隨著工作本身性質不同,承受壓力的程度也不一樣。

雖然,適度的壓力可使員工集中注意力於其手上之工作;但在人們學習一項新的複雜工作技術時,壓力可能往往會阻礙其成效。因此,主管對其部屬的工作要求,切不可施以過大的壓力,以致於員工無法自我控制。

表3-2　國內社會再適應量表

排次	生活事件	指數	排次	生活事件	指數
1	配偶死亡	86	13	家庭人數有重大改變	45
2	家族近親死亡	77	14	個人有傑出成就	45
3	牢獄之災	72	15	兒女離家了	44
4	離婚	68	16	負債超過四十萬元	44
5	個人身體有重傷害疾病	61	17	好友死亡	43
6	事業上有重大改變	60	18	性行為困難	43
7	分居	56	19	懷孕	42
8	家屬健康重大改變	55	20	與配偶言歸於好	41
9	負債沒還抵押被沒收	53	21	改變行業	40
10	工作被開革	53	22	與配偶發生重大吵架	40
11	財務狀況重大改變	51	23	家中有新成員產生	40
12	結婚	50	24	職務上責任有重大改變	38

資料來源：取自蘇東平、卓良珍（1981）。

　　同時，過度的工作壓力亦會造成「burnout 現象」，從國內研究中發現「burnout」一詞的譯名有：工作倦怠、職業倦怠、專業倦怠等名稱，而大部分的學者多採職業倦怠為其譯名。職業倦怠是壓力引發的問題，常發生在教書、社會工作、人力資源、護理工作及執法人員身上，它並不是某個時候才出現的特殊情緒、態度或心理反應，而是長期存在於情緒上之疲憊，並

且夾雜著負面的態度（Robert & Angelo, 2001）。從一九七四年Freudenberger 首次提出職業倦怠（burnout）的名詞後，相關的研究在質量上都快速地增長。通常，職業倦怠是指負面反應或壓力的綜合症狀，包含無人性化、情緒耗竭、低成就感等三方面，它可以視為個人心理和情感上健康的指標（Cheuk & Wong, 1995）。

2.適當地設計安排壓力

　　多數人都會同意，某些工作確實較其他工作壓力來得大些。就如機場塔台負責空中交通的雷達導航員，在工作中遭遇的壓力頗大，因他們了解一次錯誤的判斷與決定，可能帶來嚴重的後果！任何一項工作其結果若可能會帶來挫折、焦慮或衝突時，即是一份有壓力的工作。其實，只要在工作訂定之初，針對其內容、性質與人員分配上善加調整，且盡可能減少工作中個人的角色曖昧、衝突及過度負荷，則社會中任何一種工作的壓力都可以設法加以降低。

3.工作環境之氣氛

　　在工作中人際之間相處是否和諧，也會造成不同程度的壓力；每當同事間意見相左或發生爭執，都會引發緊張和壓力。在你要認真工作時，辦公室內卻有人想找你聊天，或是上司盯著看你較弱部分能力的表現，都會產生相當的工作壓力，並妨害你正常工作效率之發揮。

　　每一種工作環境都有屬於其自己的工作氣氛，有些是輕鬆、愉快且和善的，另外一些則會令人覺得沒有任何支持與歸屬感。

根據研究發現（Lowenthal & Weiss, 1976）：一個具有良好人際往來且十分友善的工作氣氛，確實有助於工作壓力之紓緩。因此，如何營造一種較佳環境氣氛，是工作場所中每位成員需要共同努力者。

(三)家庭的壓力源

　　只要二人以上住在一起，難免會有一些看法不同、意見相左之處，這是必然的情形。同樣的，在家庭中每位成員都有其各自不同的需求和欲望，這些需要往往會與其他家人之所需發生衝突，由此亦可知家庭內夫妻、親子、手足之間良好關係維持之不易。

　　人際間關係的維繫，需靠當事人能適度的自我犧牲（self-sacrifice），至少也得具有延遲滿足（delay gratification）的能力。當下班後夫妻二人由工作場所回到家，因工作所帶來的挫折、不滿或疲憊，使得他（她）只想脫掉鞋子，縮身捲曲在沙發或床上看點休閒書刊，以調整個人低盪的情緒；這時，可能會有其他的家人想在晚上十點開舞會，或是清晨六點大聽流行音樂，家人間的爭吵必然會因此而發生。

　　事實上，要想維持全家的和諧，就不能夠在每件事情上都隨自己的高興來做，個人不單要顧自己的事，也得同時顧念到其他家人的需要。夫妻之間應彼此支持、體諒，家中若有了孩子，又得加上雙親角色的扮演，個人原本的喜好、需求與計畫，都得另做一番調整或妥協，否則必會帶來頗大的家庭壓力。

　　不同人家之間所具有的家庭壓力自然不同，舉凡家中吵雜、潮濕、過於擁擠等不佳情形，或是夫妻、父母、手足之間的角

色衝突，都會帶來較大之家庭壓力。在表 3-3 家庭壓力檢核表
（Home Stress Checklist）中，列出了家庭內具體之壓力源（Ka-

表 3-3　家庭壓力檢核表

作答說明：此一檢核表將大略地評估您目前的家庭壓力，針對以下
各項描述，請在符合您現況的項目旁打「∨」。

一、角色：您個人在家中戴了哪些角色行為的帽子？
　　1. 負擔家庭生計者　　　　　　　　　　　　　＿＿＿
　　2. 母親／父親　　　　　　　　　　　　　　　＿＿＿
　　3. 丈夫／妻子　　　　　　　　　　　　　　　＿＿＿
　　4. 付帳者　　　　　　　　　　　　　　　　　＿＿＿
　　5. 園丁　　　　　　　　　　　　　　　　　　＿＿＿
　　6. 管家　　　　　　　　　　　　　　　　　　＿＿＿
　　7. 菜單調理者　　　　　　　　　　　　　　　＿＿＿
　　8. 廚師　　　　　　　　　　　　　　　　　　＿＿＿
　　9. 清洗碗盤者　　　　　　　　　　　　　　　＿＿＿
　　10. 家中修理專家　　　　　　　　　　　　　　＿＿＿
　　11. 其他＿＿＿＿＿＿　　　　　　　　　　　　＿＿＿
二、家庭環境壓力：在您家中是否會有這些物理因素來打擾？
　　1. 噪音　　　　　　　　　　　　　　　　　　＿＿＿
　　2. 擁擠　　　　　　　　　　　　　　　　　　＿＿＿
　　3. 凌亂污穢　　　　　　　　　　　　　　　　＿＿＿
　　4. 漏水破爛　　　　　　　　　　　　　　　　＿＿＿
　　5. 缺乏儲藏空間　　　　　　　　　　　　　　＿＿＿
　　6. 其他　　　　　　　　　　　　　　　　　　＿＿＿
三、休息：多久您能自己獨自做些有趣且讓自我鬆弛的事？
　　1. 每天都有　　　　　　　　　　　　　　　　＿＿＿
　　2. 每週可有好幾次　　　　　　　　　　　　　＿＿＿
　　3. 每週只有一、二次　　　　　　　　　　　　＿＿＿
　　4. 很少有　　　　　　　　　　　　　　　　　＿＿＿

資料來源：取自 Kaplan 與 Stein (1984)。

plan & Stein, 1984），當事人可藉檢核表，大致評量出個人在家庭生活中實際的壓力如何。

㈣個人本身的特殊因素

　　面對各種壓力情境時，個人自己本身也是一個非常重要的因素。就如公開演講來說，有些人面對廣大群眾特別興奮而積極，另有些人則緊張的一直發抖，甚至無法言語；有些人特別喜歡嬰兒，另有些人就會不知所措。

　　同樣的，一個人若接受過急救訓練，當面臨有關之危險情境時，其所承受的壓力會比一般人輕些。因此，每個人接受過的訓練、自我概念與期許、過去的相關經驗等因素之不同，在我們面對相同壓力情境時，所感受到的壓力程度，必然會有所差別。

三、面對壓力時個體的反應

　　每個人在遭到外在威脅及面對緊急情況時，其本身在生理和心理方面，必定會做出有關的反應與行動，以因應當時個體之所需。也就是說，因應就是個人在遇到超過或耗費個人資源的要求時，所採取的認知、行為的改變，改變個體和環境的關係，以期降低、減少對個體的衝擊和影響。因此，壓力因應過程，也就是將不可控的因素轉為個人可控制因素（李隆祥，1994）。以下將分為面對壓力之生理、心理二部分，來分別加以探討。

㈠面對壓力的生理性反應

面對壓力情境，個體很快會覺知到外在威脅的嚴重性，為了本身生存所需必會做些立即之反應；若需要額外的力量和支援，身體內的自主神經系統等，亦會根據需要而做適當的因應，以使個體能維持本身之穩定與平衡。其詳細內容說明於後。

1.對外在威脅的緊急生理反應

人類大腦的下視丘被稱為個人的「壓力中心」（stress center），因它在遇到緊急狀況時，會有下列二項反應功能：

(1)自律性反應

個體內的自主神經系統（automatic nervous system）在自認為面對壓力時，會使個體呼吸加快、心跳加速、血管收縮、血壓上升，同時喉嚨與鼻腔的肌肉會放鬆，使更多的空氣可以進入肺部，且使內臟的平滑肌停止活動（如胃的蠕動）；這一連串生理反應活動，都是為了使個體能產生充分的能力，來對抗外來的危險或是逃離危險。

(2)促進腦下腺分泌

在緊急情況時，腦下腺自下視丘獲得有關訊號後，隨即分泌以下二種激素以因應壓力。一為甲狀腺刺激激素，它可刺激甲狀腺製造更多的能量，以因應身體之所需；另一為腎上腺皮質激素，它可分泌三十多種荷爾蒙，使身體各器官都能進入最佳「備戰狀態」，以因應各種的壓力。

2.一般性適應症候群

　　曾有心理學家研究長期持續壓力對身體之影響，發現除了對特定壓力來源會有特定反應外，若長期處於高度壓力之下，會使身體產生一種非特定之生理反應，被稱之為「一般性適應症候群」（general adaptation syndrome）。其對壓力的適應狀態分為：警戒反應階段（stage of alarm reaction）、抗拒階段（stage of resistance）與耗竭階段（stage of exhaustion）等三個階段。在最初警戒階段時，個體的消化作用與其他生化改變，都會通知身體情況不妙；而抗拒階段，身體會繼續做生化性的防禦，以對抗持續壓力的產生；若防禦已盡了最大力量，個人即進入耗竭階段，最終可能會導致生理或心理的嚴重疾病，甚至趨近死亡。

3.長期過大壓力產生之疾病

　　最初理論上強調，各種壓力源會造成個體對壓力的因應反應；然而長期的壓力情境，對個體會產生疾病，且一般相信所有疾病中，有一半以上與壓力有關（Pelletier & Peper, 1977）。這些與壓力有關的疾病症狀，最常發生在以下四種身體系統——呼吸、心肺、神經與消化等方面。長期壓力來源所以會導致身心失調，必是身體上有弱點、處理壓力方式不當、身處長期壓力之下而不自知。每個人都有一定限量之能量來適應壓力源，若此一適應能量耗盡，則個體將無法抗拒壓力，最後終為疾病所吞噬。同時，長期高度的壓力會加速個人的老化，倘能降低壓力程度，必會使人活得更久、更為健康。

㈡面對壓力的心理性反應

　　壓力的心理性反應，與個體對外界環境的知覺，及其處理壓力之能力有關，可經由學習來獲得。這些心理性反應可歸納為認知、情緒與行為三個層面，以下分別說明之。

1.認知方面

　　當個體確認某一壓力源對其具有威脅時，在個人智力方面之功能就會受到負面影響。通常壓力愈大，認知效能愈低，思考的變通性也愈差。壓力會影響個體的記憶，干擾問題的解決、判斷和決策能力，這是因為壓力會窄化知覺的範圍，而以刻板、僵直的思考方式取代較有創意思考的緣故。

2.情緒方面

　　壓力的情緒反應通常是多樣化的，從較正面的精神振奮、積極努力，到普遍負面的暴躁、憂鬱、焦慮、沮喪及倦怠等。一般說來，壓力所帶來的大多數為負面的情緒反應；尤其是創傷後心理調適所面對的壓力，更會使人產生失眠、注意力無法集中等現象，且會有誇張的驚嚇反應。

3.行為方面

　　面對壓力時個體會有各種行為變化，而這些變化決定於壓力的程度、個體的特質及環境的可能性。輕度壓力會增強一些生物性行為，如進食、攻擊和性行為；同時，輕度壓力也可導致正向之行為適應，如警覺性較高、對環境線索較敏感、學得

較適當之態度及處理技巧。壓力問題若長久不能解決，則會隨時間之累積成為中、重度的壓力，此種壓力會妨礙需要身體各部位協調的複雜行為，減低個體在環境中的敏感性，甚而會有對環境無法適應之行為表現。

第三節　壓力的因應之道

　　個體在強大的壓力情境下，倘能成功地因應與適應，可使其重新恢復到生理與心理的平衡狀態，感到非常舒適和滿足。反之，則會使個人持續消耗其身心能量，甚而罹患嚴重之疾病。

　　通常，壓力的因應行為可有兩種功能（Lazarus, 1966）：一、改變的功能。此為改變壓力或危機的情境，可藉改變情境之本身而達成，亦可藉著個人對情境之反應來達成；二、處理的功能。這是在壓力或危機情況下，試著去處理或安排個人的思想、感情和身體反應，而不需以任何方法去改變個人或情境。在此種說法中，個人可用某種因應方法來處理某範圍內的生活困境時，並不等於該因應方法亦適用於另一範圍中的危機；而因應行為僅表示個人企圖去改變或處理情境，並不意味如此做就一定成功。

　　國內，有學者研究有關台灣成年人對生活壓力的因應對策（黃光國，1977），可以分為以下六種：一、靠自己奮鬥向上或他人互相幫忙；二、克服困難或順其自然；三、面對現實採取行動或忍耐等待靜觀變化；四、有信心或沒有信心；五、與人和好相處或獨斷獨行；六、力爭上游爭取光榮或安分守己。

由此可見：有人面對困境採取比較有效的合理反應，注意問題的解決；另有些人面對困境採取比較消極的防衛性反應，注意問題本身而非問題的解決。而林瑟如（1994）則將壓力因應策略分為正向因應策略和負向因應策略，其中正向因應即是積極求解的態度，將現況值往理想值方向拉近，此方式通常可以獲得較大、較多的心理需求的滿足，並且個人在壓力因應過程中會不斷地調適、學習、挫敗、再調適、成長、成熟……，進而使自己擁有更寬廣的空間與更多的社會資源；但負向因應是採用退卻、合理化的態度來自圓其說，將理想值拉下以便接近現況值，且易出現焦慮、生氣、憂鬱等的負面情緒，久而久之容易造成自己生活的適應問題，亦可能有身心症的狀況出現。

　　在此，針對有效的壓力因應策略，提供以下三個方向（吳武典、洪有義，1987；Nikelly, 1977）：一、沖淡壓力（how to neutralize stress）：包括容忍、讓步、重新結構、轉移注意力、改變自己的態度、採取某種態度及表現某種行為，以阻塞或改變壓力的來源；二、放鬆情緒（how to achieve emotional release）：設法去達成心理的平衡，包括大哭一場、大睡一場、大笑一場、主動克服障礙、與值得信賴的人談話，以及透過思考及自我檢驗，分析曾經傷害過我們的情境，將其解開或找出使我們痛苦的原因；三、保持希望（how to maintain hope）：希望雖然只是預期理想能實現，卻可幫助人們戰勝壓力及不愉快的經驗，且可避免個人絕望。希望要有真實的基礎，而非孩童式的夢幻，或是空想的願望及虛偽的承諾，乃是憑邏輯推理產生的信心，可以阻止驚慌、疏離和冷漠。

　　最後，筆者願意參酌整理相關資料（王以仁、陳芳玲、林

本喬，2005；Kaplan & Stein, 1984），以及就個人的經驗所知，
扼要提出以下五項紓解壓力的步驟與方法供大家參考運用。

一、了解自己並建立合理的期待

　　常言道：天生我才必有用；又說：人貴自知。在面對生活
的各種挑戰與壓力下，吾人應先了解自己是怎樣的人、自己能
做些什麼、什麼是個人能發展者、哪些屬於我的限制；真實地
面對我自己，剖析、改進或接納自己的缺點，截長補短發展一
己之長，依照個人的能力與環境，建立一個合理的期待，並按
部就班的努力去實現。

二、修正自己的認知觀念

　　處理壓力相當有效的方法之一，是改變我們對壓力事物的評
價，且改變對壓力自我挫敗的想法。因個人對事件的解釋，會影
響壓力形成；過於執著以個人經驗、認知角度去解釋事情，往往
是壓力形成的重大因素。何妨換一個角度重新定義認知層面，以
減低壓力強度。所謂「塞翁失馬，焉知非福」，譬如大學聯考高
分落榜，固然是不幸因幾分之差未上大學，然經過一年的充分加
強準備，來年再參加聯招，也許能考入大學前三志願。

三、學習自我鬆弛的技巧

　　當人在面對強大壓力而感到驚恐莫名時，可多作幾次深呼

吸使情緒能穩定下來；亦可藉肌肉鬆弛或冥想等方法，來紓解個人緊繃的精神。其中，肌肉鬆弛法主要係以極度緊張後瞬間完全放鬆，來達到真正的鬆弛效果；鬆弛之練習可從雙眼、嘴唇、臉頰、雙肩、手肘、手掌、胸腹、臀部、大腿、小腿、腳掌等部位，依次進行或同時整體緊張收縮而後同時放鬆。在冥想鬆弛方面，需要注意四個要素，分別是安靜的環境、放鬆閉上眼睛、舒適的姿勢及重複性的腦力活動。

四、建立並妥善運用人際支持網路

　　在每一個人的生活適應過程中，家人、親友、同學、同事、師長、輔導人員及專業醫生等，均能給與精神支持，以協助個人渡過難關。人若想有效的應付壓力，使個人成功的生活，便需將自己納入社會支援網路系統（social support network）的一部分。社會支援愈少的人，對壓力因應之道也較差；孤立的人表現不適應行為，永遠比喜歡與別人相處的人多。曾有研究顯示：缺乏社會支援的人們，無法妥善應付壓力，且有較多不良適應之思考與行為表現。

五、減低壓力來源之影響

　　每個人的能力、體力、時間及精神，都有其最大的限制。就如社會再適應量表中所描述的，吾人應於日常生活諸多之事件中，排列出優先順序（establishing priorities），針對次要的生活事件部分可先加以擱置或暫時放棄，亦可降低自我預期的目

標水準，如此方能降低個人每日生活中感受到之壓力強度或減少其壓力來源。

本章摘要

　　角色理論的起源可回溯自舞台之表演，演出者將其表演角色的義務與權力表現在其實際的態度和行為中，則為角色的扮演。角色理論中包含的幾個基本觀念：一、角色規範；二、角色知覺；三、角色接受；四、角色期待。吾人可簡要地將「角色」看成是個人具有某一特定身分時，伴隨該身分表現出應有之期待行為。

　　談到性別角色，通常包括二個概念：一、性別角色刻板印象；二、性別角色分化及期望行為。一個人的性別角色如與其生理性別不相符，將會受到社會上頗多有形和無形之壓力。故在傳統的觀念中，性別角色與生理性別是否吻合，是影響個人心理健康及社會適應的重要因素。然而，男、女性理想的性別角色，已不是具有高度男性特質的男性化角色，或高度女性特質的女性化角色，而是兼具男性特質和女性特質心理上之剛柔並濟。其次，角色問題在生活中所造成的困擾有：一、角色壓力；二、角色模糊；三、角色衝突；四、角色過度負荷。

　　壓力最早的概念是取自物理和工程學，係指將充分的力量用到一種物體或系統上，使其扭曲變形。學者對壓力缺乏一致性的看法，一般可分為三類：一、視壓力為對情境的整體性反應；二、視壓力為生活情境的變動；三、視壓力為個人迎合環境要求的某種關係型式。筆者將「壓力」歸納成：個體基於其內外周遭要求或特定事件刺激，所帶來身體或心理緊張之反應狀態；此種反應是以個人過去經驗、人格特質與認知歷程做為

媒介。

　　壓力的來源，除了受個人內、外在環境變遷所帶來的影響
外，個人的差異也是相當重要之因素。壓力來源可分為：一、
生活的改變；二、工作的壓力源；三、家庭的壓力源；四、個
人本身的特殊因素。

　　面對壓力時個體的反應，可分為生理、心理二方面來論。
面對壓力的生理性反應可分：一、對外在威脅的緊急生理反應；
二、一般性適應症候群；三、長期過大壓力產生之疾病。長期
的壓力情境，對個體會產生疾病，且一般相信所有疾病中，有
一半以上與壓力有關。面對壓力的心理性反應可歸納為認知、
情緒與行為三個層面來分析。

　　個體在強大的壓力情境下，倘能成功的因應與調適，可使
其重新恢復到生理與心理的平衡狀態，感到非常舒適和滿足。
反之，則會使個人持續消耗其身心能量，甚而罹患嚴重之疾病。
通常，壓力的因應行為可有兩種功能：一、改變的功能；二、
處理的功能。

　　針對有效的壓力因應策略，提供以下三個方向：一、沖淡
壓力；二、放鬆情緒；三、保持希望。最後，筆者願意扼要提
出以下五項紓解壓力的步驟與方法供參考：一、了解自己並建
立合理的期待；二、修正自己的認知觀念；三、學習自我鬆弛
的技巧；四、建立並妥善運用人際支持網路；五、減低壓力來
源之影響。

研 討 問 題

一、你個人在日常生活中最容易發生的角色衝突為何？面對此一
　　情況你是如何解決的？試分別說明之。

二、你個人在學校與家庭中，各扮演著哪些角色？試一一列出並
　　扼要加以說明之。

三、試依據社會再適應量表之內容，評量你個人近一年內的壓力
　　分數為何？若壓力過大，想想應如何加以紓解之。

四、當面對壓力情境時，你通常使用的因應策略有哪些？這些策
　　略是否都有效？同時亦請考慮將其修正、補充之可行性。

參 考 文 獻

一、中文部分

王以仁、陳芳玲、林本喬（2005）。**教師心理衛生**（二版）。台北：心理。

王青祥（1985）。**組織溝通、決策參與、個人特質、角色壓力與工作態度之關係**。國立政治大學心理研究所碩士論文，未出版，台北市。

李美枝（1979）。**社會心理學**。台北：大洋。

李隆祥（1994）。壓力與因應。**學生輔導**，34，50-53。

吳武典、洪有義（1987）。**心理衛生**。台北：國立空中大學。

林玟玟（1987）。**教師Ａ型行為特質、社會支持與工作壓力之研究**。國立政治大學教育研究所碩士論文，未出版，台北市。

林瑟如（1994）。如何面對壓力——壓力因應策略的解析。**學生輔導**，34，54-57。

張春興（1989）。**張氏心理學辭典**。台北：東華。

黃光國（1977）。中國社會得因應策略方式。**中華心理學刊**，19，61-73。

藍采風（2000）。**壓力與適應**。台北：幼獅。

蘇東平、卓良珍（1981）。生活改變之壓力量化研究。**中華雜誌**，8，405-414。

二、英文部分

Arnold, M. B. (1967). Stress and emotion. In M. H. Appley & R. Trumbull (Eds.), *Psychological stress: Issue in research.* New York: Appley-Century-Crofts.

Banton, M. (1965). *Roles: An introduction to the study of social relations.* New York: Basic Books.

Bem, S. L. (1974). The measurement of psychological androgyny. *Journal of Cousulting and Clinical Psychology, 42,* 155-162.

Bem, S. L. (1975). Sex role adaptability: One consequence of psychological androgyny. *Journal of Personality and Social Psychology, 31,* 634-643.

Biddle, B. J. (1979). *Role theory: Expectations, identities, and behaviors.* New York: Braziller.

Brannon, L., & Feist, J. (1996). *Health psychology: An introduction to behavior and health* (3rd ed.). Pacific Grove: Brook/ Cole.

Cheuk, W. H., & Wong, K. S. (1995). Stress, social support, and teacher burnout in Macau. *Current Psychology, 14,* 42-46.

Holmes, T. H., & Rahe, R. H. (1967). The social readjustment rating scale. *Journal of Psychosomatic Research, 11,* 213-218.

Holmes, T. H., & Masuda, M. (1972). Psychosomatic syndrome. *Psychology Today, April,* 71-72.

Ivancevich, J. M., & Mattson, M. T. (1980). *Stress and work a managerial perspective.* New York: Scoot, Foresman.

Kahn, R. L., Wolfe, D. M., Quinn, R. P., Snoek, J. D., & Rosenthal, R.

A. (1964). *Organizational stress: Studies in role conflict & ambiguity.* New York: Wiley.

Kaplan, P. S., & Stein, J. (1984). *Psychology of adjustment.* Belmont, CA: Wadsworth.

Lazarus, R. S. (1966). *Psychological stress and the coping process.* New York: McGraw-Hill.

Lowenthal, M., & Weiss, L. (1976). Intimacy and crisis in adulthood. *The Counseling Psychologist, 6,* 10-15.

Nikelly, A. G. (1977). *Achieving comprtrnce and fulfillment.* Belmont, CA: Wadsworth.

Ogdan, J. (1996). *Health psychology: A textbook.* Trowbridge: Reswood Books.

Pelletier, K. R., & Peper, E. (1997). Alpha EEG feedback as a means for pain control. *Journal of Clinical and Experimental Hypnosis, 25* (41), 361-371.

Poulton, E. C. (1971). Skilled performance and stress. In P. Warr (Ed.), *Psychology at work* (pp. 55-75). Baltimore, MD: Penguin.

Robert, K., & Angelo, K. (2001). *Organizational Behavior* (5th ed.). New York: McGraw-Hill.

Selye, H. (1976). *The stress of life* (revised ed.). New York: McGraw-Hill.

Spence, J. T., Deaux, K., & Helmreich, R. L. (1985). Sex roles in contemporary American society. In G. Lindzey & E. Aronson (Eds.), *Handbook of social psychology.* New York: Random House.

Taylor, S. E. (1995). *Health psychology* (3rd ed.). New York: McGraw-

Hill.

Van Sell, M., Brief, A. P., & Schuler, R. S. (1981). Role conflict and role ambiguity: Integration of the literature and directions for future research. *Human Relations, 34,* 43-71.

第四章

焦慮與憂鬱

　　二次世界大戰結束後，精神醫學及心理學界認為那是個「焦慮的年代」（朱侃如譯，2004）；也有人認為二十世紀八○年代是「憂鬱與寂寞」的年代，事實上，世界衛生組織（World Health Organization, WHO）指出，二○二○年以前，憂鬱將是心血管疾病之外，造成人類失能的第二大原因。這個問題的嚴重程度，已經讓學者專家視之為「二十一世紀的癌症」、「新世紀的黑死病」。焦慮與憂鬱究竟對現代人的生活品質以及心理健康有何影響？當人與人之間的疏離日漸嚴重，自殺率居高不下，如何才能安頓現代人的身心，實有必要進一步探討。

第一節　焦慮與憂鬱的定義

　　焦慮（anxiety）與憂鬱（depression）都是用來描述情緒的名詞。它可以表示生理或心理的狀態、症狀、症候群，也可以是一種疾病的名稱。應用的範圍從日常生活中的對話，到精神醫學的診療都有。正因為如此，學者很難對焦慮與憂鬱下一個為各界所接受的定義，通常是從焦慮與憂鬱所引發的症狀或症候著手加以說明。

一、焦慮的意義

　　焦慮的意義，通常是指由不確定的因素所造成的一種不愉快心理激起狀態。焦慮常伴隨的生理反應，係來自交感神經與副交感神經的強烈活動。交感神經所造成的反應為：快速而不規則的

呼吸、收縮血壓升高，唾液減少而導致口乾舌燥，手心、腳掌流汗，四肢冰冷，發抖、肌肉顫動；而副交感神經造成的反應則是：腸胃不適腹瀉、小便次數增加，在緊急的情況下甚至可能發生昏厥的現象。在情緒上，可能會有恐懼感覺，對大難臨頭的模糊預期，或更清晰的一種害怕，經常處於激動的狀態中，而且憂慮著自己的狀況。在行為和動作方面，可能經驗到失眠、坐立不安、重覆不斷的夢或充滿焦慮的夢魘、無法專心、健忘、身體容易疲勞，還有在讀書或工作時一般性的缺乏效率。

在綜合歸納了許多與焦慮有關的字義和定義後發現，因心理學家或研究者所著重之處不同，對焦慮的定義也不同，但可將焦慮的必要條件臚列如下：

- 焦慮是一種情緒狀態，它含有個人主觀經驗到的某種害怕或和害怕接近的情緒（如恐懼、驚嚇等）。焦慮和生氣不同，而且和害怕的本質很接近，有時候在主觀經驗上，它和憂鬱很難劃分清楚。
- 焦慮是一種不愉快的情緒。它可能是一種瀕死或將要崩潰的感覺。
- 焦慮是未來導向的。自個人的信念上，深信有某種威脅、不具體的危險存在。
- 個人感到的焦慮是無法辨認的，或者如以正常標準來看的話，個人誇大了威脅的嚴重性。
- 在個人感到焦慮期間，同時伴有主觀上的身體不適。例如，較明顯的是胸部有壓迫感、喉嚨緊緊的、呼吸困難、四肢發軟等。
- 有明顯的生理困擾。這些生理困擾有些是屬於個人可控

制的功能，如慌亂的跑來跑去、急躁、尖叫、大小便突然失禁等；有些是部分或完全不能自主的功能，如口乾舌燥、冒汗、發抖、嘔吐、心悸、頭昏眼花、下腹疼痛等等，以及其他生理學或生物化學的適當方法能夠檢查到的外顯行為或生理反應。

除以上對焦慮的描述，另外從許多有關焦慮的研究可知：

- 焦慮可以是正常的或病態的。例如焦慮精神官能症和焦慮狀態二者就有正常與異常之別。
- 焦慮可能是溫和的或嚴重的。
- 大部分時候，焦慮對個人的思想和行為有不良的影響，但有時候反而對個人有益。
- 焦慮可以是偶發的，也可以是持續存在的（慢性的）。
- 焦慮可能是由生理疾病引起的（如酒精中毒引起的精神病），也可能是由心理因素引起的。
- 焦慮有時候會伴隨其他精神異常出現（如憂鬱症），也可能單獨出現。
- 焦慮長期侵害，可能會影響個人的知覺和記憶，但也可能對個人的知覺和記憶沒有影響。

在日常生活中，我們常將焦慮與恐懼的感覺混為一談，交互使用。因為焦慮與恐懼二種情緒，在個體的生理或心理反應上很接近，但在臨床精神醫學或心理衛生領域，焦慮與恐懼指的是不同的情緒狀態。焦慮反應與恐懼反應的區別在於：前者比較持久，而後者的焦慮僅由有限的刺激所引發，即由一些恐怖的事物或情境所造成（廖克玲，1987）。由此可歸納得知，焦慮與恐懼的差異包括：

　　一、焦慮是由不確知的、模糊的因素所造成的緊張不安狀態，而恐懼則是對情境中的危險與衝突的直接覺知與辨認。

　　二、焦慮的對象是廣泛的、不確定的，而恐懼則是對較特定的恐怖或情境的受威脅意識。

　　三、焦慮持續的時間通常較長，而恐懼可說是在某種情境下較嚴重的焦慮。心理學者對於焦慮的分類，因分法的精略及重點不同而有差異。通常又分為一般焦慮及特殊情境焦慮兩種：

(一)一般焦慮（general anxiety）

　　這類焦慮可視為一種慢性的情緒狀態，具有持久性，屬於人格特質的一部分，因此又稱為「特質焦慮」。一般焦慮不會因情境變化而有所改變。

(二)特殊情境焦慮（specific situational anxiety）

　　這類焦慮是一種傾向性的狀態變項，個體的焦慮情況，視其所置身的情境而有所起伏。因為，焦慮可視為個體的一種次級驅力。如考試焦慮、母親離開嬰幼兒時的分離焦慮都是。

　　莫心斯基和薩托（竇維儀譯，2004）歸納常見的焦慮症類型如表 4-1。

　　在表 4-1 中的恐慌症、廣泛性焦慮症、懼曠症、社交畏懼症，及特定畏懼症在國際診斷分類中是焦慮症的核心。此外，慮病症（對幻想的疾病感到焦慮）、器質性的焦慮症（內科疾病引發的焦慮），以及酒精與藥物引起的焦慮也是常見的焦慮類型。

　　此外，May（朱侃如譯，2004）認為焦慮可以分為正常焦慮以及神經性焦慮。正常焦慮出現在日常生活中，也可能出現在

表 4-1　常見的焦慮症類型（終生盛行率）

類型	頻率 (%)	簡述
1.恐慌症，未達到懼曠症的程度	3.5	—突然間出現強烈、令人害怕的身體與心理症狀。 —恐慌發作時，至少會出現十四種身體與精神的癥狀當中的四種。 —恐慌症是在一個月當中出現多次的恐慌發作。
2.合併恐慌症的懼曠症	1.5	—恐慌發作引起懼曠症（請見下列）。
3.未伴隨恐慌症的懼曠症	5.3	—害怕在焦慮的情況下沒有援助或逃生之路。 —恐慌發作並非引起此症的促發因素，通常的促發因素是暈眩、噁心、腹瀉及擔憂。
4.社交畏懼症 ※特定的社交畏懼 ※廣泛的社交畏懼	13.3	—擔心他人的批評，而以強烈的逃避回應，或在社交情況下覺得不舒服。 —在某些特定情況下（特定的社交畏懼：被人注視而覺得不舒服），或在許多情況下（廣泛的社交畏懼：缺乏自信心、社交能力不足）。
5.特定畏懼症	11.3	—恐懼特定物體或情況（如：飛行畏懼症、電梯畏懼症、打針畏懼症、懼狗症、懼血症、懼牙醫症）。
6.廣泛性焦慮症	5.1	—不由自主的擔心，害怕的情形有很多種（過度擔心自己或家人的健康），而有許多的心身不適症狀，雖然不像恐慌症那麼激烈，卻持續存在。
7.創傷後壓力症候群	7.8	—對重創的情景強烈的心理反應（如：強暴、被虐、意外），想到情景就萬般恐懼，令人痛苦的再度經驗創傷。

表 4-1　常見的焦慮症類型（終生盛行率）（續）

類型	頻率 (%)	簡述
8.強迫症 強迫行為 強迫的意念與衝動	2.5	—即使自己反抗也無法抑制持續的思想、影像、衝動與行為。 —經由某種行為（如：強迫的洗滌或控制）試圖中和造成焦慮與不快的危險想法。 —大多是刻板行為：如洗滌、檢查、整理、重複計算、蒐集等儀式化行為。 —在強迫症的病例中，只有 12% 是單純的強迫思考。

沒有任何威脅的情況，正常的焦慮是人類童年時與父母分離關係的產物，正常焦慮的反應有幾項特質：

1.與客觀的威脅不會不成比例。

2.不涉及壓抑或其他內在心靈衝突的機制。

3.不需要啟動神經性防衛機制來管理焦慮。

4.當客觀環境改變或建設性的對待之後，焦慮會較為舒緩。

正常焦慮經常會被忽略，因為其強度通常比較低，是源自人類與生俱來的有限性。

而醫學上所指稱的焦慮大多指神經性焦慮，神經性焦慮所反應的威脅與正常焦慮相反，其特徵是：

1.與客觀的危險不成比例。

2.會壓抑或其他內在心靈衝突的型式。

3.產生神經性防衛機制來管理焦慮。

神經性焦慮是因為心靈衝突所造成；至於神經性焦慮的來源，佛洛依德主張，出胎創傷與去勢（失去獎賞或價值）恐懼

是焦慮的具體來源。事實上，不同的理論對於神經性焦慮的形成歷程有不同的解釋，將於第二節中再行探討。

二、憂鬱的意義

憂鬱的意義和焦慮一樣，都是一個複雜的建構，涵蓋了情緒、認知與動機等向度。憂鬱可以說是一種情緒困擾，通常是指個人感受到的一種不愉快的情緒低落狀態。在情緒上的症狀包括悲傷、沮喪、心情低落、落落寡歡等；在認知方面，有自責、愧疚、失敗、悲觀、罪惡感、無望、無力感和自尊低落，嚴重時會有反覆的想死、想自殺等想法或念頭；在行動與動作方面，表現出包括哭泣、行動遲緩、退縮、對日常活動失去興趣、性慾降低、疲倦，嚴重時有自傷與自殺等行為。大部分的人或多或少經驗過這些症狀中的某幾項，換句話說，正常人或者病態者都有這些症狀，只是程度與輕重之別。

一般心理健康的人也會偶爾感受到憂鬱的感覺，但大多是比較輕微的症狀，稱之為憂鬱心情。憂鬱心情通常伴隨其他負向情緒出現，例如恐懼、憤怒、罪惡感、羞愧感或者厭惡感等而產生。在情緒的程度上，憂鬱心情是最輕微的，通常會被稱為是「blue」，只要轉換心情或環境，憂鬱心情會減低。

通常在醫學上所說的憂鬱是指憂鬱症（Depressive Disorder），根據《精神疾病診斷手冊第四版》（DSM-IV）有關憂鬱症之診斷要點，其中又可分為二類，即重鬱症（Major Depressive Disorder, MDD）與輕鬱症（Dysthymic Disorder），分別說明如下（柯慧貞、陸汝斌，2004）。

(一)輕鬱症

　　輕鬱症的患者幾乎整天出現憂鬱心情，出現憂鬱心情的日子比非憂鬱心情的日子為多，可以從患者主觀陳述或旁人的觀察得知，時間至少持續兩年。在兒童及青少年階段，輕鬱症的情緒反應可以是易怒的心情，持續的時間必須至少二年才符合輕鬱症的診斷標準。

　　輕鬱症的患者在心情憂鬱時會出現下列症狀二項（或二項以上）：

　　1.胃口不好或吃得過多。

　　2.失眠或嗜睡。

　　3.活力低或疲累。

　　4.低自尊。

　　5.專注能力減退或有困難做決定。

　　6.感覺無望。

　　除了上述的特徵之外，判斷輕鬱症的標準還包括：

　　1.在輕鬱的二年（兒童及青年期為一年）中，上述症狀從未一次消失二個月以上。

　　2.在輕鬱的前二年（兒童及青少年為一年）內，不曾有過重鬱發作；意即此障礙無法以慢性重鬱病或部分緩解之重鬱病來解釋。輕鬱症發生之前可以有過一次重鬱發作，只要其為完全緩解即可（有兩個月時期沒有明顯病徵或症狀）。此外，輕鬱症的兩年（兒童及青少年為一年）之後，也可同時發生重鬱症的發作，只要符合重鬱症發作的準則，此時兩種診斷可併存。

　　3.從未有過躁狂發作、混合發作或輕狂躁發作，也從未符

合循環性情感疾患的準則。

　　4.此障礙並非僅發生於慢性精神病性疾患（如：精神分裂病或妄想性疾患）的病程中。

　　5.此症狀並非由於一種物質使用（如：藥物濫用、臨床用藥）或一種一般性醫學狀況（如甲狀腺功能低下症）的直接生理效應所造成。

　　6.此症狀造成臨床上重大痛苦，或損害社會、職業或其他重要領域的功能。

(二)重鬱症

　　重鬱症的患者至少兩週期間內，同時出現下列症狀達五項（或五項以上），且原先的功能有所減損；其中，憂鬱心情、失去興趣或喜樂此兩項症狀至少應有其中之一（若症狀明確，由於一種一般性醫學狀況或心情不一致之妄想或幻覺所造成，則勿包含在內）。

　　1.憂鬱心情，幾乎整天都有，幾乎每日都有，可由主觀報告（如感覺悲傷或空虛）或由他人觀察（如看來含淚欲哭）而顯示出來（在兒童及青少年可為易怒的心情）。

　　2.對所有或幾乎所有的活動之興趣或喜樂都顯著減少，幾乎整天都會，幾乎每日都有（可由主觀報告或由他人觀察而顯示出來）。

　　3.非處於節食而明顯體重下降或體重增加（如：一個月體重變化超過百分之五）；或幾乎每天都食慾減少或增加（在兒童是指無法增加預期應增加的體重）。

　　4.幾乎每日失眠或嗜睡。

　　5.幾乎每日精神運動性激動或遲滯（可由他人觀察得到，而非僅是主觀的感受）。

　　6.幾乎每日疲累或失去活力。

　　7.幾乎每日出現無價值感，或過份或不合宜的罪惡感（可達妄想程度，並非只是對生病的自負或罪惡感）。

　　8.幾乎每日思考能力或專注能力減退，或無決斷力（由主觀陳述或經由他人觀察而顯示）。

　　9.反覆想到死亡（不只是害怕自己即將死去）、重覆出現無特別計畫的自殺意念、有過自殺嘗試或已有實行自殺的特別計畫。

　　除了上述的特徵之外，判斷重鬱症的標準還包括：

　　1.此症狀不符合躁症與鬱症混合發作的準則。

　　2.此症狀造成臨床上嚴重痛苦，或損害社會、職業或其他重要領域的功能。

　　3.此障礙並非由於某物質使用（如：藥物濫用、臨床用藥）或一種一般性醫學狀況（如甲狀腺功能低下症）的直接生理效應所造成。

　　4.此症狀無法以傷慟反應來解釋。意即在所愛的人死亡之後，症狀持續超過二個月以上，或症狀特徵為顯著的功能損害、病態地專注於無價值感、自殺意念、精神病性症狀或精神運動性遲滯。

　　5.此重鬱發作無法以分裂情感性疾病患來解釋，也不是與精神分裂症、類精神分裂性疾患、妄想性疾患或其他未註明之精神病性疾患共同發生。

　　6.從未有過躁狂發作、混合發作或輕躁狂發作。

第二節　焦慮與憂鬱的形成與影響

如前節所述，每個人都曾感受過或高或低的焦慮與憂鬱情緒，但是面對同樣引起焦慮與憂鬱的情境，每個人的反應卻不盡相同。換句話說，每個人對於焦慮與憂鬱的適應並不一樣，影響的因素相當多，如以柯永河在一九九一年修訂的柯氏心理衛生程式（葉美玲，1993）來看，影響個人面對焦慮與憂鬱情境反應的因素如下：

$$B = (k/p + p/K + p/D)/[E + s \cdot s - (Q/s \cdot s + s \cdot s/q)]$$

B＝心理不健康的程度

k＝個人所需要的最低刺激強度

p＝實際生活壓力或刺激

K＝個人能忍受的最高刺激強度

D＝個人過去所受的生理或心理創傷，或創傷遺留下的傷口、傷痕或不良習慣

E＝自我強度或個人的適應能力，如智力、常識、性向及良好習慣

s・s＝社會支持，包括他人提供的心理、社會、經濟、教育等方面的支援

Q＝個人所需的最多社會支持量

q＝個人所需的最低或最少的社會支持量

在柯氏心理衛生程式中的各因素的評量有一個共同特徵：都是以個體主觀的經驗為主。因此，筆者融合情境——特質焦

處理論（Spielberger, 1972）及社會支持網絡架構（Trivette, 1986,
轉引自詹秀美，1989），將造成焦慮與憂鬱的假設模式圖式如
下：

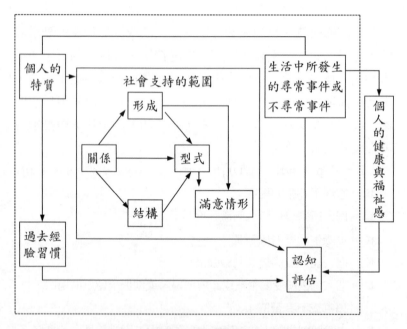

圖 4-1　形成焦慮與憂鬱的假設模式

　　在圖 4-1 中，個人的特質（包括自我強度、個人所需要的最
低刺激強度等）、過去經驗或習慣（個人過去所受的生理或心
理創傷，或創傷遺留下的傷口、傷痕或不良習慣）、社會支持、
生活中所發生的尋常事件或不尋常事件都會影響個人對事件和
情境的認知評估，而個人的認知評估再影響其防衛機制，進而
影響個人的行為表現。

　　事實上，相關研究顯示（Craig & Dobson, 1995），焦慮與憂鬱確有重疊的部分。趙芳玫（2003）將二者的關係以圖4-2表示。

　　由圖4-2可以了解，焦慮與憂鬱的共通性在於二者都源起於

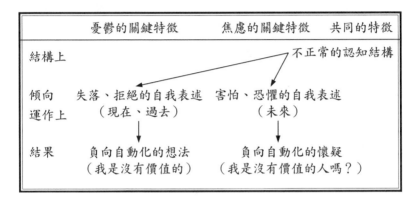

圖4-2　焦慮與憂鬱之概念模式的架構
資料來源：趙芳玫（2003：15）。

不正常的認知結構。但是相異處在於憂鬱是對過去和現在狀況的認知評估，並對其結果出現負面的評價，而焦慮則是對未發生的狀況的認知評估，並可能因為怕被拒絕、失敗，甚至害怕自己害怕的負向評價。因此，我們可以了解，形成焦慮與憂鬱的因素可能不同。為便於讀者理解，茲分別介紹如下。

一、焦慮的形成

　　根據第一節的定義，焦慮通常是指由不確定的因素所造成的一種不愉快心理激起狀態。這種狀態可以說是人類為維持生

命存續所具有的自然反應，也可以說是一種原始的反應。根據心理分析論者及動物進化論者的觀點，個體對危險情境的焦慮反應，不論是自動反應或信號反應，都是一種自我防衛機轉。當個體覺知情境中的危險時，自然產生的生理反應，讓他起而保護自我生命的存續，逐漸地由生活經驗中歸納出危險情境與焦慮反應間的關連，焦慮代替無助的危險情境。因此，就這一觀點看，焦慮是來自讓個體感到不安全的一切事物。不同的年齡階段，個體生活的情境不同，所感受到的焦慮影響來源可能不同。例如幼兒的生活環境中最重要的是家庭及家人，因此其焦慮就與其發展及家人有關，如怕黑、怕大型動物、怕離開父母等；上小學的兒童的焦慮則與學校生活、家庭生活、同儕關係有關，如：Jerslid、Goldman、Loftus、Zeligs、Pintner、Lew、Angelino 等人（轉引自朱敬先，1992）研究發現國小兒童焦慮的項目包括：學業、健康、安全、經濟因素、社會關係、人際關係等。

就上述觀點，如進一步探討影響焦慮反應的因素，首先應考慮焦慮的認知因素。因為認知系統負責評估個人面對的狀況、檢測環境、確定資源之後進行判斷。如判斷有危險，於是驅動情感、行為、生理三大系統以因應危險，因此認知是探討焦慮反應首先應考慮的因素。恐懼與焦慮不安都是對危險的適當反應，但是在恐懼的情況下，危險乃是一種可見的、客觀的情況，而焦慮不安的情況，其危險則是潛藏的與主觀的。也就是說，焦慮不安的強度乃隨著情境對個人之意義而增加，同時他為什麼會如此的焦慮不安的理由，他自己根本一無所知。這種焦慮不安形成的過程，可以如下的式子加以說明（葉頌壽譯，

1986）：

認知判斷：

Ａ：感覺到從自己本能中產生了危險。

Ｂ：從外界產生的危險。

從被壓抑的怨恨之結果看來，Ａ 群似乎是直接由壓抑作用產生的，而 Ｂ 群則代表了投射作用。Ａ 與 Ｂ 兩者可以再區分成兩個次群。

歸因：

Ⅰ：認為危險是朝向自己。

Ⅱ：認為危險是朝向別人。

由以上的認知判斷與歸因方式，可以將焦慮分為四種類型：

ＡⅠ：認為危險是由自己的本能產生，而且朝向自己。因此，將怨恨自己為何焦慮及因而所造成的不安反應。例如懼高症。

ＡⅡ：認為危險是從自己的本能中產生，而且朝向別人。例如對用刀傷害別人的焦慮。

ＢⅠ：認為危險是來自外界，並且是指向自己。例如對狂風暴雨的焦慮。

ＢⅡ：認為危險是由外界產生，並指向他人。例如母親對嬰幼兒的分離焦慮。

在上述的式子中，其強調的是認知評估及歸因，此外，根據圖 4-1 以及解釋焦慮的相關理論，還可以找出個人特質及個人過去經驗、社會支持等因素，茲分述如下。

㈠個人特質

根據心理分析論者的觀點，個人的焦慮反應與幼年時或生

活中的欲望或衝動，受到社會文化的壓抑有關。欲望由受壓抑
而產生怨恨，再由此產生焦慮不安的反應。在實際的研究中，
學者發現幼年的經驗確實與個人日後的焦慮性格有關。例如缺
乏真誠、溫暖的親情與愛；父母陰晴不定、不穩定的教養態度；
父母自己不愉快的童年；手足間的嫉妒等。江淑惠（1985）的
研究發現父母教養態度一致者，幼兒的焦慮程度較低；而父母
彼此間教養態度不一致，又傾向消極、權威、放縱和漠不關心
者，幼兒的焦慮程度最高。這個研究大致說明了個人特質產生
的過程及個人過去經驗，與現在焦慮反應間的關係。

㈡個人過去經驗

在生活的過程中，每個人或多或少曾經驗過在無法預知或
不可抗拒之下受到驚嚇的經驗。例如小時候被狗咬、在未注意
的情況掉落排水溝等。這種經驗可能是日後怕狗，或者怕站立
在排水溝蓋上的原因，這也是行為主義心理學者的主張，認為
個人有些焦慮是透過學習而來的。

㈢社會支持

有些研究者認為社會支持是保護個人使其免於生活壓力負
面效果的人際互動過程（Kessler, Price, & Wortman, 1985），能
提供個體渡過某些困難的資源。當個人面對焦慮反應時，如有
適度的社會支持，則適當因應焦慮的可能性相對提高。邱兆宏
（2004）認為社會支持應是壓力與健康之間的調節因素，其研
究發現社會支持程度高的人比較會使用就事論事的方式來因應
壓力，而且個人主觀認知的社會支持能調節外來的事件對個人

的影響。

二、憂鬱的形成

　　影響憂鬱反應的因素相當多，有些研究者認為憂鬱的成因中有其生理基礎。有研究者將憂鬱症分為內因性憂鬱症與非內因性憂鬱症。內因性憂鬱症可能與生理的變化較有關係，使用藥物治療較有效果。國外的研究也發現憂鬱症與神經傳導素、腦部額葉與頂葉的病變、下視丘—腦下垂體—腎上腺軸的功能異常或失調、遺傳基因突變等有關（趙芳玫，2003；葉美玲，1993）；而非內因性的憂鬱症則與心理及社會因素較有關。通常在預測或診斷憂鬱症時，是排除生理上的因素，例如在美國精神病協會（APA, 1968）與 DSM-IV 中都指出憂鬱症的診斷必需排除生理器質性病變的因素。一般在心理衛生及輔導領域探討憂鬱反應的論著都是從心理及社會因素出發。

　　就國內有關憂鬱的研究結果看，影響憂鬱的心理及社會因素包括自我強度低（如性格內向、依賴、對自己、對未來及世界一切現象都存著悲觀或負向的想法、自尊心偏低或容易感到無助等）、遭遇重大挫折或壓力、不適當的歸因、欠缺社會支持等，茲分述如下。

㈠認知評估

　　認知評估指的是個人對環境中的事件、對自己或對他人行為的解釋與評估，例如個人在評估自己需要的最低刺激強度、實際生活壓力或刺激強度、個人能忍受的最高刺激強度、個人

過去所受的生理或心理創傷，或創傷遺留下的傷口、傷痕或不良習慣的影響強度等，都屬於主觀的認知評估歷程，但會影響到事件對個人的影響程度。因此，發生什麼事情並不重要，重要的是個體如何去經驗它（王秀枝、吳英璋，1987）。

　　而貝克（Beck, 1967, 引自曾光佩，1993）也強調：個體的情緒及行為大都由個體如何去建構其世界而決定。憂鬱症患者對事件的認知評估有一個共同的特徵，那就是其認知評估都與現實有某種程度的偏離或扭曲，其思考方式包括下列五類（黃鳳英，1991）：

1.不嚴謹的推論

　　僅根據某一特殊情況、一個事件或經驗接妄下結論，而不會考慮同一事件可能還有其它的推論。

2.選擇性的抽取事實的片段

　　將注意力全部放在整個事件的一個小細節上，而忽略其它顯著的特徵。

3.過度的概化

　　將對某一事件的判斷，過度概化到對其他事情的判斷。

4.高估或誇大與低估或收斂

　　低估自己的能力、表現、優點或成就，而誇大問題的困難度和嚴重性。

5.不正確的標籤用語、名稱或分類

包括對經驗作負向的解釋、對自己作負面的評價、對未來持負面的期待。

㈡歸因

歸因是個人對環境中的事件推論其發生的原因與性質的過程。歸因與個人的認知架構有關,它也是影響個人認知評估的因素之一。

國內外從歸因理論探討憂鬱情緒障礙的研究相當多,研究結果大體上可歸納如下(曾光佩,1993):

1.有些人認為,當個體覺知自己的反應與所得的結果無關時,會先產生對現在與過去間的非關連性覺知(指個體覺得做一行為得到某結果的機率相等於不做此行為而可以得到相同結果的機率),而個體會針對此非關連性進行歸因,進而對未來產生「無關的預期」,導致習得無助感的產生。但在這需特別注意,即使是同樣的非關連性覺知,唯有在個體將行為與所得結果的非關連性,歸諸於內在性(認為只有自己才會出問題,別人不會,因此是自己不好)、高穩定性(指形成問題的原因是穩定的)、概括性(指個體認為問題影響的層面很廣,不只是該問題本身,還包括生活的其他層面)的因素時,才會產生無助感症候群;若將失敗歸諸於外在、不穩定,及特殊化的因素,則不會形成無助感。而亦有人將既內在、穩定且概括性的歸因方式稱為憂鬱性歸因組型。換言之,偏差的歸因方式是先於憂鬱情緒而發生的。

　　2.造成無助感症候群的四步驟均包含非關連性，換言之，當個體將所發生的事件視為非關連時，個體才會有無助感及憂鬱情緒的產生。

　　3.史溫尼等人（Sweeney、Anderson、Bailey）在一九八六年對一○四篇相關研究報告作的整合分析結果顯示，憂鬱程度高者傾向於對負向事件作更內在、穩定或概括性的歸因，亦即個體對事件的歸因和其憂鬱情緒之間有密切的相關。

㈢自主性（自我強度）

　　自主性指的是個人期望保持、維護個人權益並且增強自己的獨立、自發、自由選擇、自由行動、表達的能力，期望獲得有意義的個人生活目標，追求個人成就（葉美玲，1993）。自主性高的人會依照自己的計畫做事，不願意受到他人的影響，通常他的能力也相當好，不依賴他人也可以解決問題；自信心強，因此較不在意別人的看法，換言之，自主性高的人也是個自我強度較高的人。在葉美玲以台灣大學三百零七名學生為對象的研究中發現：自主性與憂鬱是顯著負相關，亦即自主性愈高的大學生，其憂鬱的可能性愈低；自我強度愈低的大學生有憂鬱情緒障礙的可能性愈高。同時，有憂鬱症的人，都有偏低的自我評價。如果個人對行為反應的結果有無可控制的感覺，則會導致自我評價的降低，而自我評價的降低，會使個人不敢拓展其行動的範圍，致使行為模式漸漸僵化，所建構的意義也變得狹隘，因此所支配的行動常常無法得到預期的結果，進而自我評價就降低。如此惡性循環，一旦環境的變動太大，原來僅有的少數生活意義不再能因應變動的環境，而所能支配的行

動也得不到預期的效果，致使自我評價受到嚴重的打擊，就造成憂鬱症。

㈣社會支持

根據蕭仁釗（1989）的定義，社會支持是在人際互動過程中，他人提供各種資源，使個人免於受過多壓力之害，而得維護身心健康。透過社會支持中的情緒支持、訊息支持、陪伴支持、工具支持，可緩和生活事件對個體產生的負面影響。例如：以已婚婦女為對象的研究結果發現社會支持是解釋憂鬱症狀的因素之一；許毅貞（1993）以鹿港地區的老人為對象的研究也發現，社會支持是影響老人憂鬱程度的主要因素。換句話說，我們大概可說：社會支持愈多的人，其憂鬱程度愈低。

三、焦慮與憂慮的影響

大部分時候，焦慮對個人的思想和行為有不良的影響。在焦慮的情況下，可能會降低個人原有的能力水準，例如嚴重的考試焦慮可能使個人原本背得滾瓜爛熟的答案，進了考場就忘得一乾二淨；但適度的焦慮，有時候反而對個人有益，讓個人適度的緊張，努力準備或思考問題，結果反而考得較好。

焦慮長期侵害可能會影響個人的知覺和記憶，例如導致刻板行為，阻礙新學習與新創造性思考；造成焦慮的原因之一——習得無助感，甚至可能造成使學習者作單一反應，不知應變，且在學習歷程中，由於過度焦慮而分散注意力與堅持力，降低工作效率。但適度的焦慮也可能對個人的知覺和記憶沒有影響，

反而增進知覺與專注。

　　對大部分的人來說，暫時的憂鬱會使人感到不愉快，但是對少部分的人來說，憂鬱會使人衰弱，與社會隔絕，甚至會對生命有所威脅，造成個人自殺。

第三節　焦慮與憂鬱的預防與因應

　　每個人都有面對壓力或挫折的經驗，但同樣的生活事件，對不同的人卻有不同的涵義。由前節對憂鬱形成因素的探討可以知道：通常有憂鬱情緒障礙的人，對自我的評價多為負向的，對生活事件的判斷傾向負面，對未來持較悲觀的觀點；平日較少與他人往來，缺少社會支持，因而當生活事件出現時，其認知評估傾向負面，持內向、穩定及概括性的歸因組型。上述因素經惡性循環後，終至個人心理無法承受壓力而出現憂鬱症狀。而就焦慮的產生與影響因素來看，個人對事件的主觀評估、過去的經驗、社會支持等都是重要的因素，與憂鬱的影響因素有相當的一致性，甚至，焦慮症常伴有憂鬱症的出現。因此，焦慮與憂鬱的預防與因應之道可一併加以探討，包括：

一、養成客觀評估事實的習慣

　　當面對環境中的事件時，首先要提醒自己不涉入情緒性的反應，應盡量客觀的評估事實、描述事實。經常練習將事件與自己的感受分開看，久之自然能養成客觀評估事實的習慣。

二、製造成就感的機會

多參與團體活動，從簡單的、自己有把握的活動、事情開始，適應表現自己，讓自己在活動的參與及表現自我當中，建立自信心與成就感，並增強自我強度與自主性。

三、建立良好的人際關係網絡

良好的人際關係網絡，能在個人面對挫折或壓力時得到適時、適度的協助。因此個人平日應多與他人來往，例如從參與團體活動中交朋友、注意可提供社會支援的單位或機構都是可行之道。

四、保持樂觀、培養幽默感

當面對挫折時，保持樂觀的心態，或以幽默的方式加以處理，可以幫助個人轉變悲觀的想法，輕鬆的處理問題。樂觀與幽默感都是可以學習的，尤其身邊的朋友、重要他人樂觀、幽默的想法或處世方式常可給個人啟示，因此常與這類人相處是很好的學習策略。

五、勇於求助

當發現自己無法有效的因應焦慮或憂鬱情緒時，要勇於求助。社會或學校中都設有協助個人處理焦慮或憂鬱情緒的單位，要勇於向可利用的資源求助，說出自己的問題以獲得立即的協助。

六、調整期望

平日應適整自己對他人、對團體，以及對自己的期望。尤其是對自己的期望要符合自己的能力，不妨做測驗了解自己的能力及特質。至於對他人、對團體的期望，應盡量保持「盡其在我」、「己所不欲，勿施於人」的態度，不可固執己見，應尊重他人的意見或想法，減少自己與人際間的衝突，也可增進人際關係。

本章摘要

　　焦慮與憂鬱是二種非常常見的情緒，大多數的人都曾經歷某種程度的焦慮與憂鬱。或許大多數的人所經歷的焦慮與憂鬱還未達到病態、需要接受治療的程度，或者在適當的活動或社會支持下，自然痊癒，但在感受到焦慮與憂鬱的當時，多數人都有相當的挫折感、自貶感受。更甚者，過度的焦慮與憂鬱會影響個人的知覺與認知、日常的作息活動，憂鬱甚至可能引起個人自殺的行為，因此現代人對於焦慮與憂鬱的內涵及影響因素不可不知。

　　焦慮與憂鬱的情緒所引起的，都不是單一的一種行為，而是多種行為綜合後的症候群。所謂焦慮，通常是指由不確定的因素所造成的一種不愉快心理激起狀態。焦慮常伴隨有特定的生理、情緒、行為與動作及認知上的反應；憂鬱的意義與焦慮一樣，都是一個複雜的建構，涵蓋了情緒、認知與動機等。通常是指個人感受到的一種不愉快的情緒低落的狀態。

　　形成焦慮與憂鬱的因素不盡相同，但其點在於二者都受個人主觀經驗的影響很大。影響個人感受到焦慮的因素包括：一、個人特質（過去經驗，尤其是童年的經驗）；二、社會支持；三、認知評估。其中，目前的心理學或輔導界還是相當重視早年經驗對於焦慮的影響，尤其是父母的教養態度、親子關係等。除去生理因素，影響憂鬱的心理及社會因素包括：一、不適當的認知評估；二、偏頗的歸因；三、自我強度低（如性格內向、依賴、對自己、對未來及世界一切現象都存著悲觀或負向的想

法、自尊心偏低或容易感到無助等）；四、遭遇重大挫折或壓力；五、欠缺社會支持等。

焦慮長期侵害可能會影響個人的知覺和記憶，例如導致刻板行為，阻礙新學習與創造性思考、分散注意力與堅持力，降低工作效率。但適應的焦慮也可能對個人的知覺和記憶沒有影響，反而增進知覺與專注。

對大部分的人來說，暫時的憂鬱會使人感到不愉快，但是對少部分的人來說，憂鬱會使人衰弱，與社會隔絕，甚至會對生命有所威脅，造成個人自殺。

因此筆者針對影響焦慮與憂鬱的因素，提出因應建議：

一、養成客觀評估事實的習慣。

二、製造成就感的機會。

三、建立良好的人際關係網絡。

四、保持樂觀、培養幽默感。

五、勇於求助。

六、調整期望。

研 討 問 題

一、什麼情況下你會覺得焦慮？當焦慮的感覺出現的時候，通常你會如何解決？試分別說明之。

二、你曾有文中所述的憂鬱感覺嗎？當憂鬱感出現時，想想當時自己是如何度過的？

三、你覺得過去的經驗對焦慮的影響力如何？有沒有比較具體的辦法可以克服過去經驗的影響？例如過去考試的經驗，對於測試焦慮的影響力如何？請思考一較具體的方式以克服測試焦慮。

四、主觀的認知評估是影響焦慮與憂鬱的重要因素，你認為健康的人應以何種觀點看待生活中的壓力、挫折，甚至威脅事件？除了本章所提的因應策略外，請提出你的看法加以補充。

參 考 文 獻

一、中文部分

王秀枝、吳英璋（1987）。生活事件、生活壓力及身心疾病的動力性關係。**中華心理學刊，3**，155-171。

朱侃如（譯）（2004）。**焦慮的意義**。（Rollo May 原著，原著1977 年出版）。台北：立緒。

朱敬先（1992）。**健康心理學——心理衛生**。台北：五南。

江淑惠（1985）。**父母教養態度與幼兒焦慮之相關研究**。國立政治大學心理研究所碩士論文，未出版，台北市。

邱兆宏（2004）。**壓力與健康：整合分析與模式驗證之研究**。私立高雄醫學大學行為科學研究所碩士論文，未出版，高雄市。

柯慧貞、陸汝斌（2004）。**認識憂鬱症**。載於國立高雄師範大學學生輔導中心網頁：個案輔導系統瀏覽網頁。檢索日期：2006 年 1 月 24 日，http://www.nknu.edu.tw/ounsel/coun-case/930613.htm

許毅貞（1993）。**鹿港地區 65 至 74 歲社區老人之老人態度、社會支持、健康狀態與憂鬱程度之關係研究**。國立台灣師範大學衛生教育研究所碩士論文，未出版，台北市。

曾光佩（1993）。**大學生的憂鬱傾緒與歸因——憂鬱性歸因理論的驗證**。國立台灣大學心理研究所碩士論文，未出版，台北市。

黃鳳英（1991）。**侷限的行動選擇、僵化的行為模式及偏低的自我評價與大學生的憂鬱程度之相關**。國立台灣大學心理研究

所碩士論文，未出版，台北市。

趙芳玫（2003）。**高中職學生的焦慮與憂鬱傾向——以台北縣地區為例**。國立台北大學統計學系碩士論文，未出版，台北市。

葉美玲（1993）。**憂鬱情緒成因研究——再探「心理衛生程式」之可行性**。國立台灣大學心理研究所碩士論文，未出版，台北市。

葉頌壽（譯）（1986）。**焦慮的現代人**。台北：志文。

詹秀美（1989）。社會系統取向的家庭評量與介入模式。**特殊教育季刊**，30，33-38。

廖克玲（1987）。**焦慮與精神官能症**。台北：桂冠。

蕭仁釗（1989）。**疾病壓力與一般壓力下社會支持運作歷程的探討**。國立台灣大學心理研究所碩士論文，未出版，台北市。

竇維儀（譯）（2004）。**不再焦慮**。（Hans Morschitzky & Sigrid Sator 原著，原著 2002 年出版）。台北：晨星。

二、英文部分

American Psychiatric Association (1968). *Diagnostic and statistical manual of disorder.* American Psychiatric Association Press.

Craig, K. D., & Dobson, K. S. (Eds.)(1995). *Anxiety and depression in adults and chidren.* Thousand Oaks, CA: Sage.

Kessler, R. C., Price, R. H., & Wortman, C. B. (1985). Social factors in psychopathology: Stress, social support, and coping process. *Annual Review of Psychology, 36,* 531-572.

Spielberger, C. D. (1972). *Anxiety: Current trends in theory and research.* Vol. I. New York: Academic Press.

第五章

憤怒與攻擊

當你在極度憤怒的情況下會做什麼？

電視、電影中的角色在面對別人的不義行為時通常用摔東西、攻擊他人或物體來表現。例如「驚悚」影片中的主角在被激怒時會變成另外一個人，充滿暴力與攻擊性。因此，我們可以說憤怒是造成攻擊的因素嗎？攻擊與憤怒間的關係是必然的嗎？

第一節　攻擊的定義與類型

攻擊一詞曾被廣泛的定義，包括從理論角度及實務角度都有，但大多數的定義都是模糊且有部分重疊的。這些定義中有的將攻擊視為一種人格特質，有的認為是一種生活歷程，有些認為是刻板印象的投射、習得的習慣、生物本能，或者是一組可觀察的身體和語言反應等不一而足。Hartup 和 de Wit（1978）認為可以從三種角度來界定攻擊一詞：一、根據地形學的或者反應型態的連續特殊來界定；二、根據特定的前置因素或誘發情境來界定；三、根據活動的結果來界定。

Parke 和 Slaby（1988）根據 Hartup 和 de Wit 的說法，以及相關文獻，將攻擊的定義分為四類，如下。

一、地形學（topograpgic）的定義

這種取向認為可以透過仔細分析打架或傷害行為型態就可以找出攻擊行為的基本要素。這種取向對特定物種的攻擊行為規律的發現有相當的貢獻，但是到目前為止，這種取向沒有找

到符合其取向並適用於人類的攻擊定義。

二、前因取向

　　最典型也是最古老的定義是由Dollard、Doob、Miller、Mowrer和Sears在一九三九年提出的：「攻擊行為是針對某特定對象所發出的目的性反應，意圖在於傷害此對象」。這個定義的重點在於「意圖」，以及表現出可觀察的行為。國內翁開誠（1994）將攻擊定義為「有意侵犯或傷害他人的行為」，也是屬於此一取向。

三、結果取向

　　這種取向的定義將重點放在攻擊的結果在於傷害或侵犯。根據此一定義，攻擊可以定義為「造成對他人的傷害的行為」。例如行為主義者 Buss（1961）不認同評量不可見的內在心理歷程，因此他對攻擊所下的定義是「將有害刺激施予其他個體的行為」。這種取向的定義，好處在於可以界定客觀的可觀察標準，但缺點是不容易界定要觀察的是傷害的本身，或是受害者受傷的程度；而且同樣的受傷程度，其內在的動機或原因並不相同。

四、社會判斷取向

　　這種取向認為身體的攻擊不只是一組行為而已，而是一種文

化的標籤作用。讓觀察者透過這種文化標籤的作用，對特定行為或傷害型式作一認定，所以是一種社會判斷的結果。根據這種觀點，判斷某種行為是否屬於攻擊的指標就不只是意圖而已，還包括觀察的人表現行為之前的前置因素為何、行為的強度和形態、傷害的程度、行為者的角色和地位，以及受害者的行為等。換句話說，一件傷害的行動在某種情境或就某人而言會被標示為攻擊，但在另一個情境或對另一個人可能不會。例如，某些行為在家庭中比較不會被認定是攻擊，但對於陌生人表現同樣的行為則可能會被認定是攻擊。此外，傷害的嚴重程度可能也會因文化而有不同的解讀。因此，社會判斷取向認為攻擊的定義會受到社會階級和文化背景影響而有不同；攻擊是一種因社群而界定的現象，必須視社群的規範內涵及標準而定其定義。

　　早期的心理學學者專家大多認同第二種前因取向。因為在人類社會生活中，每天與人互動的機會頻繁，偶有無心傷害他人的行為，如車禍意外、工作意外；有些工作則是必須傷及他人，如醫生開刀、拳擊賽等，勢必會在工作中傷及他人。這些情況中傷及他人的人無心，也不想傷及他人，但傷害的事實是存在的，因而第二種定義考慮傷害的意圖是比較被認同的取向。但是時至今日地球村的時代，多元文化幾乎是現代人必備的知能，因此，第四種社會判斷取向可能是更能符應現代社會的一種定義。例如新加坡的鞭刑及死刑，對某些早已廢除死刑的國家而言是一種不人道的刑罰方式。如果社會判斷取向來看，每個社群自有其不同的攻擊涵義的界定，因此即使某個已廢除死刑的國家人民在新加坡觸犯販毒罪，也必須接受當地的刑罰。

　　攻擊行為可分為兩種：敵意性攻擊（hostile aggression）和

工具性攻擊（instrumental aggression）。如果行動者的主要目的是以語言、身體，或藉著破壞受害者的工作、財產或進行中的活動來危害或傷害受害者，就可說是敵意性攻擊，其主要目的在讓受害者感到傷痛。如果行動者藉著攻擊的手段來達到自己的分攻擊目的（如阻止其他人拿走自己的玩具，搶走自己想要的東西，主要目的在得到自己想要的事物，並不一定有讓受害者傷痛的意圖），而採取傷害他人的方式，稱為工具性攻擊。

　　另外，張春興（1987）在探討個體遇到挫折、動機受阻時，會由憤怒的情緒轉而表現攻擊行為。個體的攻擊行為，按其表現方式可分為以下兩項：

一、直接攻擊

　　當個體受到挫折後，最直接的反應是向構成挫折的人或物直接攻擊，這也是原始的反應方式。直接攻擊雖可暫時發洩因挫折而生的氣憤情緒，但攻擊的結果有可能危害到別人的安全，而為社會規範所不許。況且，直接攻擊事實上並不一定能解決問題，甚而會製造出新的或更嚴重的問題。

　　例如，因情感表白被拒絕而開車衝撞仰慕的對象，這種方式不僅讓自己犯法，也讓自己心愛的對象受傷甚至死亡，是一種雙輸的局面，對任何人都沒有好處。

二、轉向攻擊

　　當個人察覺到對方不能直接攻擊時，轉而把情緒發洩到其

他的人或是物上去，這就是一種轉向攻擊。此種情形，或震懾於對方的權力地位不敢直接攻擊而轉向，但個人因挫折而生的不愉快情緒與問題並未消失；個人如此積壓的情緒，如發洩在另一對象上，即屬於轉向攻擊，亦即中國人所謂的「遷怒」。出現轉向攻擊的另一種情境，是因挫折的來源曖昧不明，沒有明顯的對象可以攻擊，甚至個人不知如何攻擊；此種情境的形成可能是由於生活中，一些小挫折的累積所生之複雜影響。

例如，上班族在工作中被上司責備，或遭到客戶無理對待，返家後將不愉快的情緒發洩在家人身上；或者個人每天面對混亂、阻塞的交通狀況、污濁的空氣，以及不斷的噪音，每天累積的不愉快生活環境，在遇到小小的交通事故時，可能將內心累積的負向情緒一次爆發，而出現攻擊。

第二節　攻擊的理論

一、本能論

(一)社會生物學

社會生物學是研究個體的生物因素與社會行為間關係的學科，代表人物為勞倫斯（K. Lorenz）。根據勞倫斯的觀點，動物都有以同種為對象的戰鬥本能，而且這種本能會不斷累積其能量，除非個體以某種方式加以解除。他認為攻擊本能在個體

進化過程中扮演的角色是：藉著攻擊和敵意的表現，以阻止致命攻擊的爆發，確保個體及種屬的生存。

　　因此，就勞倫斯的社會生物學觀點，人類的攻擊行為一方面是為確保個體的生存，二方面也負有進化的任務：優勝劣敗，讓強壯的個體繁衍下一代以使種屬更具環境適應力。

　　本能論中的心理分析論及社會生物學觀點的共通點是：

　　1.二者都認為攻擊是一種生物本能；

　　2.攻擊必須獲得適當的紓解，否則能量一旦累積到一定程度可能爆發更可怕的後果；

　　3.攻擊不是只有壞處的行為，它在進化過程中未被淘汰掉，因此有其功能存在。

㈡驅力理論：挫折──攻擊假說

　　早期學者對於攻擊的假設，都直覺地認為挫折或憤怒是攻擊的直接導火線，最有名的是 Dollard、Doob、Miller、Mowrer 和 Sears 等人。Dollard 等人提出的挫折──攻擊假說認為挫折（目標導向之行為的挫折）會引發某種攻擊，或者攻擊通常是由挫折引起的。在他們的觀點中，攻擊可能會加以掩飾、延宕或轉移，但絕不可能消失。

　　其理論有下列特點：

　　1.挫折與攻擊間的關係不一定是天生的，但挫折與生氣間的關係是天生的。

　　2.當個體以攻擊的方式宣洩、減輕挫折的情緒，他就習得了攻擊。

　　3.當攻擊者得知受害者痛苦的表情和訊息，這些表情和訊

息會成為次級增強物，成為個體傷害他人的動機（敵意性攻擊的驅力）。

　　例如 Feshbach（1970）認為生氣與挫折間的關係是與生俱來的，生氣的兒童常會以激動的方式來宣洩自己的情緒，因此在生氣的過程中常會毆打人、動物或無生命物體。當兒童發現以攻擊方式宣洩情緒可以減輕挫折，即學得以攻擊減輕自己的挫折感。

　　後來，Berkowitz（1962）修正上述挫折──攻擊假說，並列出其模式如下（圖 5-1）。

　　Berkowitz 的挫折──攻擊假說模式有下列特點：

　　1.攻擊的線索在攻擊行動產生前就已經存在，但對一個正處於憤怒情緒中的個體，即使線索不存在也可能有攻擊行為。

　　2.攻擊行為有個別差異，已有攻擊習慣的個體比尚未有攻擊習慣的個體，表現更多的攻擊行為。

　　3.置身隱含有攻擊線索的情境中，個體會表現較多的攻擊行為。例如 Berkowitz（1962）、Turner 和 Goldsmith（1976）的

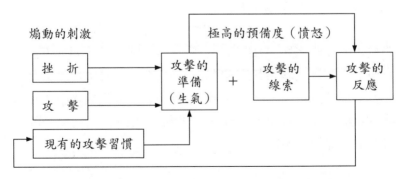

圖 5-1　Berkowitz 的挫折──攻擊假說模式

研究結果都認為鼓勵攻擊行為的玩具會增加兒童遊戲團體間的
敵意性互動。

二、社會學習理論

　　班都拉（Bandura）的攻擊社會學習論通常被歸入學習論的
一支，但其理論與其他學習論相異點為（林淑梨、王若蘭、黃
慧真，1994）：

　　㈠第一個強調認知因素對攻擊行為的影響；

　　㈡將攻擊視為社會行為的一種，其習得的過程與其他的社
會行為相同；

　　㈢理論中強調攻擊行為的獲得與維護。

　　班都拉認為攻擊行為的習得是經由兩種方式而來，一是觀
察學習，例如幼兒看成人楷模，攻擊出氣娃娃而表現一樣的行
為；二是經由親身經驗而得的攻擊反應（或稱為習慣）。在班
都拉的研究中發現，曾因攻擊行為而得到增強的兒童，未來訴
諸攻擊以解決問題的機會也較高。

　　攻擊行為的維持，根據班度拉的觀點，攻擊行為的維持來
自於攻擊行動能滿足攻擊者的目標，成為讓他獲得利益的工具；
攻擊者也認為攻擊能有效的中止有害行為，而且這種攻擊行為
為其同儕所認可。因此，原始的攻擊行為，經過環境中誘發因
素的推波助瀾，再加上行為後果的增強作用，就有可能表現。
三者的關係如圖 5-2。

原始的攻擊	誘發的攻擊	增強的攻擊
觀察學習 增強表現 結構性因素	楷模影響 　未禁止 　順水推舟 　煽動 　刺激促進 嫌惡處遇 　身體攻擊 　語言威脅和侮辱 　相反地減少對反抗的增強 誘因誘發 教學控制 不尋常的象徵物控制	外在增強 　實質的增強 　社會和地位的增強 　傷害的表達 替代性增強 　觀察到增強 　觀察到懲罰 自我增強 　自我懲罰 　自我增強 　平衡式的自我懲罰 　　道德判斷 　　輕忽的比較 　　責任分攤 　　將受害者去人格化 　　歸罪於受害者 　　對結果錯誤的解讀

圖 5-2　社會學習論中原始的、教唆的和增強的攻擊的架構

三、社會訊息處理理論

　　對於訊息處理論者而言，個體對於挫折、憤怒情緒的反應方式或許確實是透過學習而來，但並非每個人在面對挫折情境時都會以攻擊的方式發洩，因此認知論者認為個體對情境中訊息的處理與解釋才是行為產生的重要因素。

　　探討社會訊息處理理論最有名的是竇吉（Dodge, 1986）以及 Crick 和 Dodge（1994）發展出來的模式。這個模式假設一個人能適當的回應社會情境、社會訊息，就必須能依符合下列條件：㈠訊息能被正確的編碼；㈡編碼的訊息能被正確的表達；㈢互動的目標必須明確；㈣反應的選擇必須類化；㈤這些反應選擇必須被評價，以及根據這些反應，從中選擇一個最佳的反應；㈥選擇的反應必須能付諸行為。根據 Dodge（1986）的說法，上述步驟中任一個非典型的歷程都可能引發攻擊。許多研究顯示攻擊行為和編碼、目標、反應類化、反應評價，以及採取行行動的偏差有關。這些因素之間的關係可以由圖 5-3 表示。

　　Dodge（1986）的觀點只是表示社會線索、目標、記憶庫與訊息處理歷程的關係。筆者進一步將其觀點，整合賈拉漢（S. Grahant）和薛弗（D. R. Shaffer）的觀點納入，成為圖 5-4 的整個模式。

　　在這個整合模式中，讀者可看出影響個體攻擊行為的產生，首先來自個體進入社會情境前所帶的目標與記憶，及當時的社會訊息；接著個體根據這些出現對情境的歸因，進而出現對情境的情緒反應，產生攻擊的行為傾向，並進而表現攻擊行動。

　　其次，在這個模式中讀者也必須了解：攻擊行為的出現是有個別差異的。對別人常作敵意性歸因的人，其攻擊行為可能較高；有攻擊經驗的人的敵意性歸因可能性也較高。

　　近年來，更有學者認為攻擊不只是個人因素所影響，社會文化因素也應一併考慮。例如 Tieger（1980）認為這些影響攻擊行為的社會文化因素，不只是 Maccoby 和 Jacklin（1974）所稱

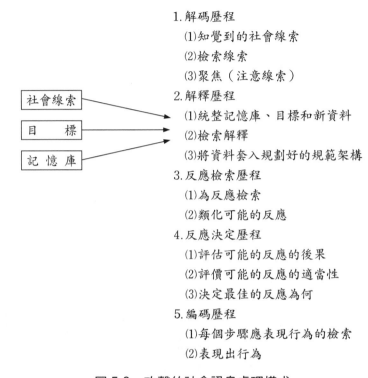

1. 解碼歷程
   (1) 知覺到的社會線索
   (2) 檢索線索
   (3) 聚焦（注意線索）
2. 解釋歷程
   (1) 統整記憶庫、目標和新資料
   (2) 檢索解釋
   (3) 將資料套入規劃好的規範架構
3. 反應檢索歷程
   (1) 為反應檢索
   (2) 類化可能的反應
4. 反應決定歷程
   (1) 評估可能的反應的後果
   (2) 評價可能的反應的適當性
   (3) 決定最佳的反應為何
5. 編碼歷程
   (1) 每個步驟應表現行為的檢索
   (2) 表現出行為

圖 5-3　攻擊的社會訊息處理模式

資料來源：Perry 與 Bussey (1984: 207)。

的父母社會化的型式，還包括文化對性別角色適當行為的描述、同儕互動，以及電視的示範等。這種觀點可以圖 5-5 表示。

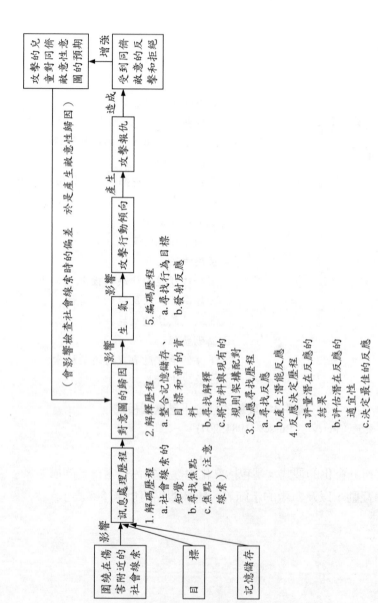

圖 5-4　賽吉、賈拉漢、薛弗的攻擊理論整合模式

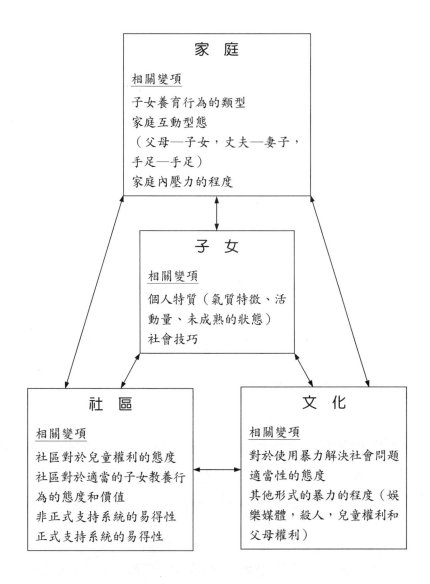

圖 5-5　攻擊的生態模式

第三節　攻擊的發展與影響因素

在第二節中探討的是學者對攻擊行為的理論，影響個體攻擊行為的表現則包括下列因素。

一、生理機制

某些案例顯示個體的攻擊行為與生理機制可能有部分關係，例如大腦某部分受傷會增加或減少攻擊行為，但絕大多數的學者並不以此為控制攻擊的著眼點。

二、年齡

年齡因素使得攻擊行為產生質與量的變化。一般而言，年齡愈大，攻擊行為愈低；但攻擊行為的特性則各年齡層不同。

㈠學前期

有關學前幼兒攻擊行為的研究結果發現：

1.不明原因的發怒在學前階段會減少，而且在四歲以後就不常見。

2.三歲幼兒報復攻擊或挫折的傾向顯著的增加。

3.攻擊的激發因素會因幼兒的年齡不同而有所不同。二、三歲時，幼兒的攻擊常在反抗父母權威的時期出現，年紀較大

的幼兒則常因與手足或同儕爭執衝突時出現。

　　4.二、三歲的幼兒常以打或踢的方式攻擊，而且通常是工具性攻擊；四、五歲的幼兒則是以嘲笑、辱罵或叫不雅綽號的方式進行攻擊，而且敵意性攻擊的比例較高。

　　5.攻擊互動的頻率隨年齡而下降，五歲幼兒間的爭吵比二歲幼兒間要少，爭吵時間也較短。

㈡小學低、中年級

　　1.敵意性攻擊的比例隨年齡增長而增加。

　　2.身體的攻擊或其他反社會行為隨年齡增長漸少。

　　3.漸能區分行動者的攻擊意圖。

㈢青少年

　　打架和敵意性攻擊產生的高峰是在青少年初期（十三至十五歲間），然後隨年齡增加而下降；但社會排斥（惡意的散播謠言和排斥）、偷竊、曠課、性行為不檢及其他的違紀行為增加，換句話說，青少年的身體攻擊行為降低，但隱密性的反社會行為增加，青少年可能是以反社會行為來表達其憤怒與敵意。

三、性別

　　來自世界各國的研究結果大都顯示：男性比女性具攻擊性，不僅身體的攻擊如此，語言的攻擊也是如此。男孩與男孩間的攻擊比男孩與女孩間，或女孩與女孩間的攻擊多；男孩會以語言攻擊女孩，但不常進行身體的攻擊。但是也有研究發現男性

身體攻擊顯著高於女生，但在語言攻擊上則男女沒有差異（Shope, Hedrick, & Geen, 1978）；男童比女童有較高的工具性攻擊，女童則有較高的敵意性攻擊（Tapper & Boulton, 2000）。

即使男性較女性有較高的攻擊性，但並不是一出生時男性幼兒就比女性幼兒有較高的攻擊性。攻擊的性別差異要到二歲半至三歲間才開始出現，因此有許多學者認為攻擊的性別差異事實上是受社會文化引導所造成（Fagot & Leinbach, 1989; Fagot, Leinbach, & O'Boyle, 1992）。

四、人格

在二次世界大戰中，納粹軍人殺害成千上萬無辜的猶太人是件慘不忍睹的事件，在東方也有類似的屠殺：日本人在中國大陸集體屠殺中國無辜百姓。這類的事件告訴我們：人類會殘殺手無寸鐵、毫無攻擊能力的人，而很多的攻擊者在戰後受審時都說當時自己只是服從上級的命令進行屠殺。究竟人類為何要屠殺不威脅到他的人？密爾格蘭（S. Milgram, 1963, 轉引自 Phares, 1991，由林淑梨、王若蘭、黃慧真譯，1994）的研究發現，某些人（實驗中約百分之六十五的人）確實會不辨是非的服從命令與權威，而去攻擊無抵抗能力的人。

此外，在人格中的其他因素也會影響個人攻擊行為的多寡。例如焦慮（高焦慮者的攻擊性較低焦慮者低）、對讚許的需求（讚許需求高者的攻擊性較低）、罪惡感（罪惡感能阻止攻擊行為的表現）、內外控取向（內控者較會依對手的攻擊反應程度還擊）（Phares, 1991, 林淑梨、王若蘭、黃慧真譯，1994）。

另一種與人格有關的比較特殊的攻擊型式是被動—攻擊人格（passive-aggressive personality）。這種攻擊型式並不是直接以語言或身體傷及他人，而是以被動的、偽裝的方式，如拖延、忘記、遲到、心因性疾病、酗酒（以讓他人受窘）等，以抗拒他人的要求或攻擊，甚至自殺也是其中一種，以攻擊自己來傷害他人的攻擊行為。

五、家庭

在班都拉的社會學習論有關研究中得知：個人的攻擊行為來自觀察學習或親自經驗。這個結論對於解釋家庭與個人攻擊行為表現的關係非常重要。事實上，國內外的研究結果大都認同：個人的攻擊行為與早年的家庭生活經驗有關，尤其是父母的教養方式與態度，以及家庭環境。

顯然，父母的教養行為與態度會影響兒童的行為是毋庸置疑的，但是哪一種教養態度或行為與兒童的攻擊行為有關？

㈠對育兒有強烈焦慮的父母。

㈡低自尊的父母。

㈢母親對父親不尊重，或父親對母親不尊重。

㈣對生活狀態不滿意的父母（婚姻生活不滿意）。

㈤不重視母親角色（如職業取向較高的母親）。

㈥父母對養育孩子的看法或行為不一致者。

㈦權威型或冷漠—拒絕型的父母、寬容型的父母。

上述特質的父母親，由於個人的壓力與挫折，可能在處理兒童的行為問題時，不能採取較有效率又不致有不良示範的方

式教養子女，成為子女攻擊行為的示範者或楷模，或迫使兒童
進入情緒危機，以攻擊宣洩負面情緒。這種失序的家庭環境讓
兒童表現更多的行為與偏差的敵意歸因，進而被同儕拒絕、學
業失敗，將他推入不良的幫團中，最後出現各式的違紀（法）
行為（如圖 5-6）。

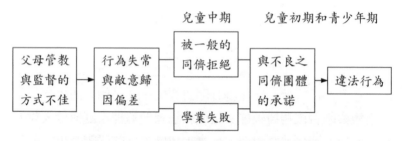

圖 5-6　習慣性之反社會行為發展的模式

資料來源：Patterson 等人，轉引自 Shaffer(1994)，由林翠湄譯（1995）。

　　除了上述家庭因素外，近年國內外進行的「暴力相傳」研
究結果發現：孩提時有受虐經驗的父母，虐待子女的可能性較
高（黃惠玲、張永源、莊勝發，1991），這告訴我們，暴力攻
擊是會循環的。

六、情境

　　前面提及某些人會服從權威命令去傷害手無寸鐵的人，有
些學者探討與此類似的問題：社會情境與攻擊行為有關嗎？
　　近來有一位研究者，歸納出影響攻擊行為的情境因素如下
（Phares, 1991, 引自林淑梨、王若蘭、黃慧真譯，1994）：

㈠溫度

氣溫高低與攻擊行為有關。燠熱的天氣讓人感到不安、不舒服，對他人中性的行為作敵意性歸因，造成較高的攻擊行為。

㈡藥物

包括酒精（少量酒精能抑制攻擊，但高量卻讓人攻擊性增加）、大麻（大量大麻會抑制攻擊）、安非他命（對攻擊的效果與大麻類似）等。但上述只是對一般情況而言，對有反社會傾向或習慣的人就不一定，此外，個人認知也是中介藥物與攻擊行為的因素，如有些人會藉酒裝瘋，表現較多的攻擊行為。

㈢責任的分散

在團體當中，個人有時會基於「去個人化」（deindividuation）所產生的匿名感及責任的分散（「又不是只有我一個人做的」的感覺），會表現出較多的攻擊行為，例如國內示威抗議活動中的暴力行為多有這種傾向。

㈣將受害者非人化

以減少或抹煞受害者的人性來合理化自己的攻擊行為，例如納粹將猶太人貶為次等人、劣等種族，自己是世界上最優秀的種族，因此消滅、屠殺劣等種族以避免世界人口劣化是正當的行為。

㈤性衝動

　　色情與攻擊可能有相關，尤其是暴露於暴力色情刺激的男性，可能會增加對婦女作出反社會態度及行為。

七、文化（電視與電影）

　　有關文化人類行為的研究指出，有些社會和次文化比其他的社會和次文化更具暴力和攻擊性。例如過去台灣社會中允許家庭暴力的存在，他人對這種事多以「清官難斷家務事」視之；美國可說是一個具有攻擊性的社會，其搶劫、強暴、殺人的情形比任何一個穩定的民主國家要高（Shaffer, 1994, 林翠湄譯，1995）。

　　社經地位與攻擊行為有關。來自低收入家庭兒童表現較多的攻擊行為，是國內外研究結果的共通點，尤其是暴力犯罪的差距最大。其原因與前述家庭因素有關，低社經地位家庭有較高的經濟挫折、社會壓力，所享受的社會資源、文化品質都較差，這會造成暴力的德性循環（林坤隆，1992；洪榮照，1998；連秀鸞，1999；郭隆興，1993；蘇素美，1989；Guerra & Hues-mann, 1995）。

第四節　憤怒與攻擊的控制

　　近年來，情緒商數（Emotion Quotient, EQ）與情緒管理的

相關書籍出版的新著作相當多；這方面觀念與訊息的傳播對於個人面對憤怒等有關問題之處理，和個人情緒的調整頗有助益。

在此，參考楊瑞珠主編（1996）《教師情緒管理》的有關資料，提出以下六項憤怒情緒的管理策略。

一、察覺自己的氣憤情緒

對自己氣憤的情緒了解愈多，將愈能掌握它而不被其控制。吾人可以閉上眼，像放慢動作影片的方式，來詳細且深入地透視自己的氣憤情境。試著閉上眼睛，努力回憶最令你感到氣憤的經驗，並讓每一個細節盡可能像電視影像一樣鮮活地出現，包括：個人的想法、感覺、生理的變化及當時的反應方式等。如此仔細地觀察、分析，就會更加了解整個生氣的過程是怎麼一回事。

二、接受自己的憤怒情緒

有許多人會感到生氣時，正像火在燃燒一般，也常會作出令自己後悔的事。在此情形下，想要壓制氣憤的情緒，哪知它卻反彈的更大；想要將它驅離，卻如影隨形地緊迫盯人。因此，若能嘗試著去接納它時，將會發現「憤怒」這種內部昇起的能量，可能被轉化成健康有益的能量，而達到一種令自己覺得清涼自在的心境。

三、平時對氣憤情緒的預防

當我們知道了在日常生活中的某些時間、面對某些人、某些事情，較容易引發個人生氣時，就可以學習事先預習與預防。用自我教導法幫自己打預防針，其主要目的在於學會轉變個人思考；因想法一轉，情緒就變，只要認出自己不合理的想法，用較積極且正向的想法來取代之，氣憤的情緒即可加以掌握。

四、放慢腳步，慎思熟慮

當碰到令我們氣憤的情境時，若能調整個人的腳步，冷靜下來仔細的思索，到底是為了哪些因素，才會造成自己產生如此負面而激烈的情緒？當下又當如何反應，方能解決此一困境。放慢了自己的腳步，不但得以克制激動的情緒，更留下深思熟慮的轉圜空間。

五、由自我防衛改為積極傾聽

若氣憤是因為和對方衝突所造成者，而他又有較強的自我防衛，而難於接受別人的想法時；吾人可先學習去傾聽、去同理他，當我們了解了對方種種難處後，就比較能夠體諒與原諒對方，如此轉變就有可能化干戈為玉帛啦！

六、釐清憤怒後面的需要及目標

　　當許多與生活中重要人物間的不快，經常重複發生時，應試著去澄清自己為什麼生氣？真正的問題是什麼？我想要什麼，又不想要什麼？當我們更了解自己時，才有辦法針對個人需要，去尋找更有效的其他方法，來幫助自己達到目標、滿足需求；絕不可只讓憤怒遮蓋了真象，盲目掙扎而一無所獲。

　　同時，筆者也綜合一些有關資料，提出因應攻擊行為的七項相關策略，臚陳於後。

㈠提高生活品質，創造不具攻擊性的環境

　　我們已知攻擊行為與情境中的許多因素有關，例如鼓勵攻擊的玩具、影片或示範等。因此，要避免或降低攻擊，首先應考慮改善生活環境中可能引發攻擊的因素，例如電視、電影中的暴力畫面，應確實作好分級與管制工作；建議家長拒買或不提供具攻擊性的玩具；為激烈的活動提供較寬廣的空間；正面且適性的遊戲設施及活動等都應考慮。

㈡避免酬賞攻擊

　　根據學習論者的觀點，攻擊行為的維持是由於獲得增強，因此降低攻擊行為的可行策略產是避免酬賞它。包括㈠撤除對攻擊行為的注意及增強；㈡增強替換性的良好行為；㈢隔離策略等。

　　理論上，控制攻擊者的增強來源能使其攻擊傾向消退，但

實際的處理過程卻不容易，原因在於增強個人攻擊行為的因素不容易掌握，因此要撤除對攻擊者的增強前必須清楚的觀察，了解攻擊的增強來源。

增強良好的替換性行為對去除攻擊行為是相當重要的。當個體不適當的攻擊行為無法獲得增強後，父母及教師應增強兒童良好的替換性行為，如合作、互助等利社會行為，讓兒童能以社會接受的行為表達其情緒及需要。如果上述策略不管用，可以考慮使用隔離策略。如將攻擊者關入隔離室，讓他坐或站在隔離區裡一定時間不得離開等。

㈢示範與教導

在班度拉的社會學習論中，兒童透過觀察模仿攻擊行為。因此攻擊行為的控制可採取示範與教導來改變其行為。通常所謂教導與示範包括：社會技巧、問題解決技巧、敵意的自我控制等。

㈣運用同理心

由於攻擊者在發起攻擊行動時並不一定確知被攻擊者的悲痛，因此要避免攻擊行為，可以教導個人了解他人的感受，藉由同理關懷的示範加速個人同理心的發展，藉由訓練讓個人指出攻擊行動後可能造成的有害後果，以及同理受害者的感受。

㈤改變態度與價值觀

在引發攻擊的家庭因素中我們提到，父母的教養態度及行為不當與兒童的攻擊行為有關；此外，個人攻擊行為的表現與

其認知歸因有密切的關係。因此，改變價值觀及態度是控制攻擊行為的重要策略。包括教導父母如何有效處理自己的情緒與壓力，了解暴力的循環，以及適當的教養態度及行為。至於個人敵意性歸因方面，要轉變個人敵意性歸因，可透過認知歷程的編碼、解碼等認知歷程的輔導，幫助個人找自己思考上的盲點，進而改變歸因。

(六)加以治療

行為治療中的許多方法都可加以運用以降低攻擊行為，尤其當個人正在憤怒中。例如放鬆訓練、控制憤怒、認知重建、父母效能訓練、家族治療等。

(七)予以宣洩

市面上有售一種出氣娃娃，許多人買來出氣用。出氣娃娃真的可以因憤怒的宣洩而降低攻擊行為嗎？答案是否定的。但是當個人在憤怒中，認知的改變不能立即奏效，此時如果不能適當的宣洩其情緒，對個人的身心狀況並不健康，因此適當的宣洩方式有其必要。例如離開現場、外出散步、音樂欣賞、美術創作等都為負面情緒的昇華提供健康無害的管道。

本 章 摘 要

　　學者對攻擊所下的定義，可分為三類：一、以外在行為為定義範圍，不論其內在意圖；二、論及內在意圖，但以身體傷害為範圍；三、以攻擊意圖為主要判斷標準，不論是否有可見的外在行為。在探討人類的攻擊行為時，大多數學者皆認同第三種定義方式，因為人類社會生活中，每天與人互動的機會頻繁，偶有無心傷害他人的行為。

　　攻擊行為可分為兩種：敵意性攻擊和工具性攻擊。如果行動者的主要目的是以語言、身體，或藉著破壞受害者的工作、財產或進行中的活動來危害或傷害受害者，就可說是敵意性攻擊；如果行動者藉著攻擊的手段來達到自己的非攻擊目的，而採取傷害他人的方式，稱為工具性攻擊。

　　當個體遇到挫折、動機受阻時，會由憤怒的情緒轉而表現攻擊行為。個體的攻擊性行為，按其表現方式可區分為兩類：一、直接攻擊，當個體受到挫折後，最直接的反應是向構成挫折的人或物去加以攻擊；二、轉向攻擊，當個人察覺到對方不能直接攻擊時，轉而把情緒發洩到其他的人或是物上的反應。

　　有關攻擊的原因，各家學者的觀點不一，早期的理論偏向從本能、遺傳（心理分析論）的方向探討，其後行為主義論者提出學習論（攻擊——挫折假說、社會學習論），主張攻擊是透過學習而來；而認知論者則由訊息的解碼與歸因說明事件對個人的涵義，及其與攻擊的關連。

　　影響個體攻擊行為表現的因素，包含有：一、生理機制；

二、年齡；三、性別；四、人格特質；五、家庭因素；六、當時的社會情境；七、文化影響（電視與電影）。

近年來，情緒商數（EQ）與情緒管理的相關書籍，出版的新著作相當多；這方面觀念與訊息的傳播，對於個人對憤怒等有關問題之處理，和個人情緒的調整頗有助益。以下為六項憤怒情緒的管理策略：一、察覺自己的氣憤情緒；二、接受自己的憤怒情緒；三、平時對氣憤情緒的預防；四、放慢腳步，慎思熟慮；五、由自我防衛改為積極傾聽；六、釐清憤怒後面的需要及目標。

最後，也提出了因應攻擊行為的七項相關策略：一、提高生活品質，創造不具攻擊性的環境；二、避免酬賞攻擊；三、提供示範與教導；四、運用同理心；五、攻擊態度與價值觀；六、加以治療；七、予以宣洩。

研 討 問 題

一、在攻擊的三類理論中，你比較同意哪一種看法？每一種理論的優點與缺陷各是什麼？請分別討論之。

二、現代青少年犯罪的比率愈來愈高，而且暴力犯罪的傾向也愈發嚴重，請就你個人所知，提出降低青少年暴力犯罪的具體做法。

三、在你平日生活，哪些人、事、物或情境最易引發你的憤怒情緒？並試著提出一套調整此類負面情緒的有效策略。

四、當你憤怒時，你會如何自處才能既不傷害自己又不傷害別人？

參 考 文 獻

一、中文部分

林坤隆（1992）。**被虐待兒童與少年暴力犯罪之研究**。私立中國
　　文化大學兒童福利研究所碩士論文，未出版，台北市。

林淑梨、王若蘭、黃慧真（譯）（1994）。**人格心理學**。台北：
　　心理。

林翠湄（譯）（1995）。**社會與人格發展**。台北：心理。

洪榮照（1998）。**兒童攻擊行為相關因素與認知行為輔導效果之
　　研究**。國立彰化師範大學特殊教育研究所博士論文，未出
　　版，彰化市。

翁開誠（1994）。攻擊與暴力。載於吳靜吉（主編），**心理學**
　　（224-249頁）。台北：國立空中大學。

張春興（1987）。**心理學**。台北：東華。

連秀鸞（1999）。**國中生認知扭曲與攻擊行為之相關研究**。國立
　　高雄師範大學輔導研究所碩士論文，未出版，高雄市。

郭隆興（1993）。**國民中小學學生人格傾向、同儕楷模與攻擊性
　　行為關係之研究**。國立高雄師範大學教育研究所碩士論文，
　　未出版，高雄市。

黃惠玲、張永源、莊勝發（1991）。**低收入家庭與兒童虐待研究**
　　（第一年）。高雄：私立高雄醫學院心理系。

楊瑞珠（主編）（1996）。**教師情緒管理**。台北：教育部。

蘇素美（1989）。**國中學生刺激尋求動機、學校環境知覺與偏差**

行為關係之研究。國立高雄師範學院教育研究所碩士論文，
未出版，高雄市。

二、英文部分

Berkowitz, L. (1962). *Aggression: A social psychological analysis.*
New York: McGraw-Hill.

Buss, A. H. (1961). *The psychology of aggression.* New York: Wiley.

Crick, N. C., & Dodge, K. A. (1994). A review and reformulation of so-
cial information processing mechanisms in children's social adjus-
tment. *Psychological Bulletin, 115,* 74-101.

Dodge, K. A. (1986). A Social information processing model of social
competence in children. In M. Perlmutter (Ed.), *The Minnesota
Symposium on Child Psychology: Vol. 18.* Cognitive perspectives
on children's social and behavioral development (pp. 77-125). Hil-
lsdale, NJ: Erlbaum.

Fagot, B. I., Leinbach, M. D. (1989). The young child's gender schema:
Environmental input, internal organization. *Child Development,
60,* 663-672.

Fagot, B. I., Leinbach, M. D., & O'Boyle, C. (1992). Gender labeling,
gender stereotyping, and parenting behaviors. *Developmental Psy-
chology, 28,* 225-230.

Feshbach, S. (1970). Aggression. In P. H. Mussen (Ed.), *Carmichael's
manual of child psychology* (Vol.2, 3rd ed.). New York: Wiley.

Guerra, N. G., & Huesmann, L. R. (1995). Stress events and individual
belief as correlates of economic disadvantage and aggression am-

ong urban children. *Journal of Consulting and Clinical Psychology, 63*(4), 518-528.

Hartup, W. W., & J. de Wit. (1978). The development of aggression: Problems and perspective. In W. W. Hartup & J. de Wit (Ed.), *Origins of Aggression.* The Netherlands: Mouton.

Maccoby, E. E., & Jacklin, C. N. (1974). *The psychology of Sex differences.* Stanford, CA: Stanford University Press.

Maccoby, E. E., & Jacklin, C. N. (1980). Sex differences in aggression: A rejoinder and reprise. *Child Development, 51,* 964-980.

Parke, R. D., & Slaby, R. G. (1983). The development of aggression. In P. H. Mussen (Series Ed.) & E. M. Hetherington (Vol. Ed.), *Handbook of child psychology: Vol. 4. Socialization, personality, and social development* (pp. 547-641). New York: Wiley.

Perry, D. G., & Bussey, K. (1984). *Social development.* Englewood Cliffs, NJ: Prentice-Hall.

Shope, G. L., Hedrick, T. E., Geen, R. G. (1978). Physical/verbal aggression: sex differences in style. *Journal of Personality, 46*(1), 23-42.

Tapper, K., & Boulton, M. J. (2000). Social representations of physical, verbal and indirect aggression in children: sex and age differences. *Aggressive Behavior, 26,* 442-454.

Tieger, T. (1980). On the biological basis of sex differences in aggression. *Child Development, 51,* 943-963.

Turner, C. W., & Goldsmith, D. (1976). Effects of toy guns and airplanes on children's antisocial free play behavior. *Journal of Experimental Child Psychology, 21,* 303-315.

第六章

人格特質、思考方式、情緒與心理適應

如果說生命像一首歌，那麼組成這首歌的每個音符就代表發生在我們生活中的每個事件。不同的音符及節奏就像不斷改變的生活節奏，雖能譜成動聽的音樂，其中卻需要每個當事人努力的適應。所謂適應（adjustment）是指人們改變其行為方式以符合不斷變遷的社會環境（Martin & Osborne, 1989）。我們不僅要適應自己身心發展上隨之而來的改變，也要適應他人或整個環境的改變。有些改變是能預期的，如人們的身心發展大致是遵循某種規則；但有些改變是超乎意料之外，如某一位身體很硬朗的長輩突然去逝。當遇到後者的情形，其適應上可能較前者的情形更形困難。根據研究，個人的人格特質、思考方式、情緒三方面對其心理的適應有關鍵性的影響（Martin & Osborne, 1989）。所以本章將分三節，分別加以探討。

第一節　人格特質與心理適應

人格（personality）到底是什麼呢？人們是否因具有不同的人格特質而有不同的心理適應方式呢？不同的人格理論學者對心理適應是否有不同的解釋方式呢？本節將先分別介紹幾個著名的人格理論。再從人格理論的介紹中，回答上述的疑惑。

一、心理分析派（Psychoanalysis）的人格理論

㈠人格結構

佛洛依德（Sigmund Freud）的人格理論中提出構成人格的結構包括：本我（id）、自我（ego）和超我（superego）。

本我是人格最初始的系統，是遵循享樂原則（pleasure principle）去減輕壓力，避免痛苦，以滿足自己的需要。人類本能的性驅力與攻擊驅力的能量來源就是本我。剛出生的嬰兒是處在本我的狀態。即使是漸長，本我亦大部分處在潛意識的狀態中，人們較難覺察得到。本我無法處理壓力狀況，一旦有壓力會馬上予以否定以減少心中的焦慮。

超我是人格的審判單位，它受完美原則（perfection principle）所支配，會對本我的衝動作是非善惡的判斷，並讓人因著錯誤的本我衝動而產生罪惡感。超我是社會規範與父母標準的內化，它遵循的並非享樂或現實，而是完美的原則。

自我是由現實原則（reality principle）所操縱，它會協調人們本我的衝動與理想的超我間的衝突，而以社會能接受的方式表現出來，並負責控制意識與感官知覺的運作。不像本我追尋即時的滿足，自我會以合乎實際的方式來達到與前者同樣的目標。人類的性驅力與攻擊驅力經自我的調整，再以社會能接受的方式表現出來（Corey, 1991; Martin & Osborne, 1989; 李茂興譯，1995）。

　　佛洛依德認為一個健康的人格架構是保持本我、自我及超我三者間的平衡狀態。但是當人們的自我無法處理本我和超我之間的衝突時，人們就會感到焦慮與不安，這時候自我就會採用防衛機轉（defense mechanism）來避免這些潛意識的焦慮與不安進入意識中。以下列舉幾項人們常用的防衛機轉來說明：

　　1.壓抑作用（Repression）：人們會不自覺的將感到有威脅性的記憶或想法壓抑至潛意識中。例如：一個在聯考中挫敗者，完全記不得其參加考試時的詳細狀況。

　　2.投射作用（Projection）：人們會不自覺的將自己一些不被接受或感到有威脅性的想法加到他人的身上。例如：一個本想翹課但是還是勉強來上課的學生向老師告狀說很多同學都偷懶不來上課。

　　3.替代作用（Displacement）：人們會不自覺的將他對某人的不滿或生氣發到別人的身上。例如：一個被老闆責備的先生回家對太太無緣無故發了一頓脾氣。

　　4.反向作用（Reaction Formation）：人們不但會不自覺的將感到有威脅性的想法壓抑至潛意識中，而且在行為上還有完全不一樣的表現。例如：一個很不希望婆婆來和自己住的媳婦，在婆婆來訪時買了一個金鐲子送給婆婆當生日禮物。

　　5.退化作用（Regression）：當人們遇到挫折的時候會不自覺的以較幼稚的行為來應付該挫折的情境。例如：一個已學會如廁的小孩，在媽媽生了小弟弟後又開始尿床了。

　　6.否定現實（Denial of Reality）：人們會不自覺的否定某些曾發生在自己身上的一些痛苦的事情。例如：一個從小受盡虐待的人告訴別人他有個幸福快樂的童年（Wade & Tavris, 2006）。

㈡人格的發展

佛洛依德指出人們的性心理發展是遵循五個步驟：

1.口腔期（The Oral Stage）：出生的第一年

在此階段，嬰兒的本我會經由吸吮、咬、嚼等口慾的滿足中得到快樂。當父母訓練嬰兒學習自己扶著奶瓶吸奶，以杯子喝東西以及用湯匙吃東西時，嬰兒即開始經驗本我的期望與現實要求間的衝突。這也就導致嬰兒自我的發展。

2.肛門期（The Anal Stage）：一至二歲

在此階段，幼兒的滿足是透過大小便的排泄中得到快樂。但當父母開始施以如廁訓練時，人們本能的期望開始被規定在何時及何處才能獲得滿足，此時幼兒的自我朝向更進一步的發展。

3.性器期（The Phallic Stage）：二至五或六歲

在此階段，孩子的注意力放在性器官上，同時也經驗到戀親情結（Oedipus complex）。佛洛依德指出孩子對與自己不同性別的父母有潛意識裡的性吸引力，孩子會因為這樣而對與自己同性別的父母感到妒忌及敵對。但孩子會將這種性衝動壓抑而學習去認同同性別的父母。孩子在此階段也開始吸收父母所認為的「對」或「錯」的價值觀及態度，而開始其超我的發展。

4.潛伏期（The Latency Stage）：五至十二歲

在此階段，孩子的性與攻擊衝動開始進入潛伏的階段。性驅力予以昇華，轉為注意學校的活動、嗜好、運動及同性同儕朋友的友誼。價值觀的學習會促使超我獲得進一步的發展。

5.兩性期（The Genital Stage）：十二至十八歲

此時期年輕人開始對異性產生興趣，開始有性方面的需求，並負起成人的責任。並從自我為中心的階段進入利他的階段（Corey, 1991; Martin & Osborne, 1989）。

(三)對心理適應的觀點

佛洛依德認為一個人的人格特質決定於三個要素：1.自我能協調本我與超我間衝突的能力；2.經常採用何種防衛機轉來解決心裡的焦慮；及 3.性心理發展的情況（Wade & Tavris, 2006）。

佛洛依德指出，若在孩童時代父母在訓練上過度嚴格或過度驕寵，會使人們停滯在某個階段的發展，或回到前一個階段，出現退化行為。例如在口腔期的訓練上過度的驕寵或過度的嚴格，會導致在長大後喜歡咬指甲、嚼口香糖、咬嘴唇或作其它能引起其口腔快感的行為；因太嚴格的肛門訓練而固著在肛門期者，則出現強迫性行為、吝嗇、秩序化等行為（Martin & Osborne, 1989）。佛洛依德同時也指出若在孩童時代父母在訓練上過度嚴格或過度驕寵，也可能會導致其人格結構系統間的衝突。例如當孩童順著本我的衝動而欲表現出不符合父母與社會期待

的行為時，自我則會盡其職責的壓抑此衝動，而表現出與其原
衝動不一致的行為。這與原衝動不一致的行為可能導致個體日
後適應上的問題。所以在協助人們處理適應上的問題時，佛洛
依德強調要處理的並非外在看得到的不適應行為，而是應協助
案主去統整其被干擾的人格結構。所以佛洛依德開創心理分析
法，目的就是在幫助案主覺察那些先前被壓抑到潛意識的衝動
或意念。佛洛依德並定義所謂健康的適應，就是有能力去關愛他
人或事物及具有創造性的工作能力（Martin & Osborne, 1989）。

二、人本學派（Humanistic Approach）的人格理論

㈠馬斯洛（Abraham Maslow）的自我實現說

　　馬斯洛的需求層次論中，指出人有五種需求，從最底層往
上依次是生理需求、安全需求、歸屬需求、尊重需求及自我實
現的需求。人們唯有低層次的需求，例如生理及安全需求滿足
後，才能夠尋求高層次需求，並建立個人的價值觀（Maslow,
1970）。馬斯洛認為人性本善，人格的發展就去實現人的本質
及發揮人的潛能。所謂自我實現的人具有下列特徵：能面對生
活中的真實面、能接受自己及他人、自然不做作且有自發性、
重視問題取向、有獨處與保有隱私的需要、獨立且能自我滿足、
有高峰經驗、與少數幾人有深入且親密的人際關係、具有民主
的態度、非常堅持其特有的價值與倫理觀、有幽默感、有創造
性、重視個別性且不隨便附從他人、有能力容忍生活中的不確

定性、真摯地關懷他人、遵從內心的指引、對生活有開放及好奇的態度（Martin & Osborne, 1989; Maslow, 1970）。不過據馬斯洛的研究，僅有少於百分之一的人真能達到自我實現的境界（Martin & Osborne, 1989）。

㈡羅吉斯（Carl Rogers）的個人中心學派

如同馬斯洛，羅吉斯相信人性本善，且是有能力能自我引導而趨向於自我實現。人最重要的心理需要是要能自我發展或自我實現。所以羅吉斯的個人中心學派相信諮商員或一般人透過下列三種態度即可幫助他人達到自我成長：

1.當一個具有同理心的傾聽者：即以敏感及不判斷的態度去反映對方的感覺，並能深入他人的主觀世界，了解他人真正的感受。

2.真誠：應適當的自我開放，並以真誠的態度來對待他人。

3.無條件的正面關懷：包括以接納與關懷不判斷的心態來關心對方（Corey, 1991; Martin & Osborne, 1989）。

㈢人本學派對心理適應的觀點

人本學派相信適應不良的人是從來不去拓展自己，使自己的能力發揮出來的人。然而因執著深信人類天生本能中有從適應不良（maladjustment）朝向心理發展的能力，所以人本學派的治療目標是協助當事人增進其自我覺察及自我做決定的能力，並協助當事人走向完全且真誠的生活。他們相信追求自我實現是一個不斷持續的過程（Corey, 1991）。

三、行為學派（Behavior Approach）的人格理論

　　大致從一九五〇年代開始，心理治療師開始使用學習理論的原則來幫助人們改善其生活。例如史肯納（Skinner）所指導的兩位研究生（Arzin 與 Lindsley）於一九五六年就發展利用增強原理（reinforcement）可幫助孩子們從互相攻擊變成相互團結（引自 Martin & Osborne, 1989）。人格理論中的人格學習論主要是採用操作制約學習、認知學習及社會學習三種學習原理，所以以下就介紹史肯納的人格操作制約論與班都拉的人格社會學習論，並探討其對心理適應的觀點。

㈠史肯納（Skinner）的人格操作制約理論

　　在史肯納的操作制約學習論中，強調人類一切重要的學習均是經由操作制約的學習歷程而來。即是個體在情境中先出現某種自發性反應（如史肯納箱中的老鼠壓桿的行為），之後如果獲得酬賞（如老鼠壓桿後獲得食物），則個體會繼續表現該行為反應（如壓桿）；反之，若未得酬賞，則該反應就不會持續。史肯納稱該酬賞為增強物，因增強物所產生的作用，稱為增強作用。

　　史肯納反對精神分析學派所指的人格是由本我、自我及超我所構成的，也不贊成人本學派所指人格是取決於當事人致力於自我發展的動機與能力。史肯納主張人格是經由操作制約的歷程建立的，是一些反應組合而成的行為組型而已。所以在人

格的形成的過程中，環境中是否給與增強，是影響某種人格形成與否的重要因素（張春興，1991）。

㈡班都拉（Albert Bandura）的人格社會學習論

　　班都拉的人格社會學習論雖然受到史肯納理論中增強物與增強作用的概念之影響，不過他認為個體並不必親身經歷此歷程而學得，只要透過觀察他人的行為表現方式，以及該行為表現所得到的結果，個體就可獲得與親身經驗者一樣的經驗。所以班都拉改變史肯納認為行為是被動的受到控制的，而強調行為是透過主動的觀察學習與模仿而形成的，他相信人們是能夠自我控制（self-control）的。

　　所以班都拉認為人格亦是透過此主動的觀察學習與模仿而形成的。人們會主動的觀察或模仿其所欽佩與羨慕的人的行為方式及人格特質，若觀察其楷模的行為受到社會讚許，或自己因模仿而受到社會讚許，則人們就會因而學習了該人格特質或行為方式。反之，若觀察其楷模的行為受到社會批評，或自己因模仿而受到社會斥責，則人們就不會學得該人格特質或行為方式（張春興，1991；Martin & Osborne, 1989）。

㈢行為學派對心理適應的觀點

　　行為學派的創始者華森（Watson）認為行為是由外在環境所控制。而適應則是改變人們生理的狀態使不再對外在環境的刺激還會引起任何反應（Martin & Osborne, 1989）。史肯納認為透過外在環境對人們所表現的適當行為的增強，而對所表現的不適當行為的處罰或不給與增強，則可幫助人們增加適應環境的能力。

　　班都拉強調人格的形成是由人們自己可以掌控的。一個適
應的人，他能從自我觀察中，設定個人的目標，有計畫的去完
成這些目標，並透過自我增強來增強自我的行為。心理適應的
人，其自我效能（self-efficacy）必高，亦即他（她）相信自己
在某個特定的情境中，必能按該情境的要求表現出適當的反應，
而不受制於外在環境的影響（Martin & Osborne, 1989）。

第二節　思考方式與心理適應

　　根據認知學派的觀點，事件本身並不是影響心理適應的關
鍵，人們對事件的思考方式，事實上，才是影響其心理適應的
關鍵點。人們到底如何學會思考呢？要如何改變思考方式以促
進有效的心理適應呢？本節將針對對此作詳細的說明。

一、人們如何學會思考

　　馬丁等人（Martin & Osborne, 1989）曾提出三種學習思考的
方法：

(一)以古典制約（classical conditioning）的方式學得

　　當論及學習的歷程時，俄國的生理學家巴夫洛夫（Ivan Pa-
vlov）所發現的古典制約學習理論所作的貢獻應是不可被忽視
的。巴夫洛夫認為個體天生就具有非制約的反射行為（uncondi-
tioned reflexes）。例如在巴夫洛夫的實驗中，狗吃肉時會分泌唾

液。分泌唾液是未經過學習或制約過程就自然產生的反應，稱之為非制約反應（unconditioned response）。肉片是未經過學習或制約過程就可以引發非制約反應的刺激物，稱之為非制約刺激（unconditioned stimulus）。於是巴夫洛夫將此非制約刺激與原本不會引發非制約反應的制約刺激（conditioned stimulus）（如鈴聲）連結，重複出現多次後，漸漸的，當此制約刺激單獨出現時，亦會引發狗分泌唾液的反應。此時分泌唾液的反應雖與前面非制約反應的反應一樣，但是它是經由制約學習的過程學得，而由制約刺激所引發的反應，所以稱之為制約反應（conditioned response）。這整個學習過程稱為制約學習過程（見圖 6-1）。

古典制約的學習過程

制約刺激（鈴聲）＋

非制約刺激（肉片）- - - - - - - - - - - - ▶ 非制約反應（分泌唾液）

古典制約的學習結果

制約刺激（鈴聲）　- - - - - - - - - - - - ▶ 制約反應（分泌唾液）

圖 6-1　古典制約的學習過程與結果

參考資料：參考 Martin 與 Osborne (1989: 23)。

　　而古典制約學習過程也可以用來解釋思考的學習過程。例如我們看到藍天，視覺上就會有看到藍天的經驗。而當我們開始學說話時（如學習說「藍天」時），父母或其他照顧者就會比一比藍色的天空。久而久之，只要聽到「藍天」這個字眼時，

我們就感覺到好像是看到藍天似的，有藍色的經驗。這時藍天
是非制約刺激，看到藍色的天空的經驗是非制約反應，「藍天」
這個字眼是制約刺激，而後來出現的看到藍天似的藍色的經驗
是制約反應（見圖 6-2）。

<u>古典制約的學習過程</u>

制約刺激（「藍天」這個字眼）＋

非制約刺激（真實的藍天）-----------►非制約反應（看到藍色）

<u>古典制約的學習結果</u>

制約刺激（「藍天」這個字眼）--------►制約反應（看到藍色）

圖 6-2　古典制約的思考方式的學習過程與結果

參考資料：參考 Martin 與 Osborne (1989: 23)。

㈡以操作制約（operant conditioning）的方式學得

　　操作制約是由史肯納（B. F. Skinner）所創。如同上一節所
提及的，史肯納相信個體會根據行為的後果，會修正其該行為
的表現方式。而人們的思考方式，除了部分是以古典制約的方
式學得之外，較大的部分是以操作制約的方式學得的。例如兩
歲正在學說話的小麗與母親在庭院裡玩時，看到一隻四隻腿的
動物，母親問小麗：「那是什麼？」小麗想一想便說：「是狗
狗！」母親笑一笑說：「不！那是貓咪！來，說一次『貓
咪』。」小麗聽了之後便學著說：「貓咪」。這時母親高興得
擁著小麗說：「小麗好棒好聰明喔！」之後幾次，小麗每次看
到貓咪，若正確的說出來，就會獲得母親的擁抱與讚美，漸漸

的，她就能正確無誤的辨認出貓咪。

　　幾個月之後，有一次小麗與母親在庭院裡玩時看到鄰居的小姊姊。小麗說：「媽媽！姊姊醜醜！」母親臉色一變，很兇的告訴小麗：「你去哪裡學到這個字，不可以這樣說人家。你這樣說，媽媽不給你吃冰冰了。」從母親這樣的反應，小麗很快就學會，不可以說隔壁姊姊醜醜。思考方式的操作學習過程如圖 6-3 所示。

(三)結合式的學習方式

　　事實上，有些思考方式的學得是綜合古典制約與操作制約兩種學習方式而來的。例如當我們拿到了沖洗好或電腦印出來的渡假照片，邊觀看時，渡假時快樂的點滴似乎又清晰的呈現在眼前。這些照片讓你想到渡假時你所作、所聽、所想的點點滴滴。渡假的點滴與快樂的經驗透過古典制約而學得；之後，當你回想時，快樂的經驗增強了你想再去回憶它的動機，這是透過操作制約學習而來。

二、如何改變思考方式以促進有效的心理適應

　　經由上述，我們了解了三種思考方式的學得歷程。既然思考方式是經由學習的歷程而獲得，所以也可以經由再學習的歷程去改正一些不適當的思考方式，以促進有效的心理適應。馬丁等人（Martin & Osborne, 1989）提出下列數項建議：

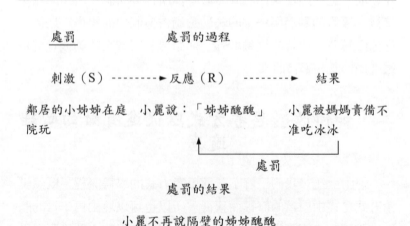

操性學習

正向增強　　　　　正向增強的過程

刺激（S）--------▶反應（R）--------▶　結果

小麗的媽媽指著貓　　小麗說：「貓」　　　小麗獲得媽媽的擁
問小麗：「那是什　　　　　　　　　　　抱與讚美
麼？」
　　　　　　　　　　　　　　　↑_____|
　　　　　　　　　　　　　　　　增強

正向增強的結果

小麗能夠正確的認出貓

處罰　　　　　　　　處罰的過程

刺激（S）--------▶反應（R）--------▶　結果

鄰居的小姊姊在庭　　小麗說：「姊姊醜醜」　小麗被媽媽責備不
院玩　　　　　　　　　　　　　　　　准吃冰冰
　　　　　　　　　　　　　　　↑_____|
　　　　　　　　　　　　　　　　處罰

處罰的結果

小麗不再說隔壁的姊姊醜醜

圖 6-3　操作制約的思考方式的學習過程與結果

資料來源：參考 Martin 與 Osborne (1989: 26)。

(一)控制情緒

1.正向思考

如同認知學派的觀點，不是事件本身導致結果，而是對事件的思考方式影響結果。所以若能以正向、積極的方式去思考所發生的事件，就能控制負向的情緒。

2.列出好心情清單

例如寫下你喜歡的五個人，最想去渡假的三個地方，自己的夢之屋等，放在你隨手可得的地方，如皮夾子裡。所以當你想讓自己有好心情時，你就針對好心情清單中的一個項目想個二至三分鐘。這有助於你好心情的提昇。

3.使用皮馬克原則（Premack principle）

此原則是由皮馬克所提出的（Premack, 1959, 1965），即讓較可能發生的事情來當作較少可能發生事情的酬賞，以增加原先較少可能發生事情發生的可能性。例如：小孩子常愛看電視常勝於愛寫作業，於是要求孩子必須先作完作業才能看電視。看電視因而成為寫完作業的酬賞，也增加孩子願意寫作業的動機。在每天的生活中，快樂的想法是較不可能發生的，但接聽電話、喝可樂是常發生的事。為了增加快樂的情緒，則要求自己必須想三件快樂的事才能接聽電話或喝可樂。

㈡正向的自我教導

甲生：「我沒有一次考試會考得好，而且昨天晚上又沒睡好，我想今天這科考試一定完蛋了！」

乙生：「考試結果雖不一定是我能控制的，但我盡力就是了，畢竟我已花最大的努力在準備了！」

從前面甲生與乙生的自我語言，我們知道甲生抱持著的是負向的、消極的思考方式，此種思考方式常導致負向與消極的情緒，且易導致失敗的結果。反之，乙生把持著的是正向的、積極的思考方式，此種思考方式有助於產生正向與積極的情緒，而使結果較易成功。

㈢思考停止法

思考停止法是由行為學派治療者沃爾樸（Wolpe, 1958）所以提倡。沃氏指出當你有消極的想法出現時，就對自己大聲喊：「停！」以阻擾自己繼續受此消極思想的干擾。但有學者提出，若能在不愉快的思考停止之後，盡快要求自己馬上想一個令自己愉快的想法，效果會更好。

㈣理性的問題解決技巧

杜氏等人（D'Zurilla & Goldfried, 1971）提出理性的問題解決技巧的五個步驟：

1.了解問題的取向

認知問題並了解此問題可透過系統性的步驟而獲得解決。

可能你可以將它寫在資料卡上，以激勵自己解決問題。例如：
「我知道我如果一步一步按步驟來，必能解決此問題。」

2.界定問題

問題界定上愈具體愈好。例如本來可能只定義問題為：「我覺得很難過」。但清楚定義之後，可能變成：「我受不了目前的室友，她總是把房間弄得亂七八糟的，叫她整理也不整理！」

3.列出可能的解決辦法

經過界定問題後，便以腦力激盪的方式來想出可能解決的辦法。例如：(1)搬出去；(2)試著接受髒亂；(3)肯定的告訴室友保持寢室乾淨的方法；(4)有計畫性的對室友保持整潔的行為予以肯定；(5)不理會室友；(6)將室友的東西扔出窗外等。

4.做決定

審視上面所列的是否可行。將不可行的去掉，選出最理想的方法，然後列出計畫來完成它。

5.澄清

如果計畫是可行的，則持之以恆，直到完成它為止。

第三節　情緒與心理適應

一、何謂情緒

㈠情緒是與生理反應有關連的

當引發情緒時，同時生理也會有所反應。有些生理反應較明顯，例如當你聽到摩托車從你身後急駛而來，你會因害怕車子撞到你而引起肌肉緊張、肚子不適及嘴巴乾燥。但有些生理反應並不明顯，如為了提供人們較多的體力，肝臟會分泌較多的醣分進入血管；為了能燃燒這些醣分，則需要加速呼吸以供應所需要的氧氣。消化減緩，而將血液轉而提供給肌肉，瞳孔擴張，所以可以讓更多的光線進入。為了降低身體因緊張而昇高的體溫，所以就流較多的汗。假如受傷了，血液就會凝結得快一點。所以當人們遇到危急時，雖然人們並沒有意識到生理的反應，但體內的各器官卻會配合得很好，幫助人們度過難關（Myers, 1995）。

㈡情緒是由古典制約方式學得的

有些事物本身原先並不會引起某種特定的情緒（例如某個孩子看到白兔不會害怕）。而有些事物會導致害怕的情緒（例如巨大的聲響，會讓孩子感到害怕）。但經由古典制約的學習

過程可以讓原先並不會引起某種特定情緒的事物導致害怕的情緒。早期的實驗研究證實，恐懼可由古典制約學習而來。華森等人（Watson & Rayner）曾於一九二〇年以一個十一個月大的男孩（Albert）作實驗。當第一次看到白兔時，他很高興的用手去撫摸。後來實驗者出示一隻白鼠，同時發出巨大的聲響，孩子被這突如其來的聲響嚇了一跳。如此重複出現多次，最後再呈現原先他並不害怕的白兔時，他卻不再敢碰白兔而有逃避的傾向。甚至將這種恐懼類化到其他白茸茸的東西上，如有白鬍鬚的老公公、白色的填充玩具等等（Watson & Rayner, 1920）。

(三)情緒的表達是由操作制約方式學得的

　　人們常會以其過程被增強的方式來表現其情緒，而且每個人對同樣的情境，也常會有不同的情緒反應，例如有人可能生氣的大叫；有人可能默默的數到十，平穩自己的怒氣。根據操作制約的原理，如果某種情緒表達後獲得正向的結果，人們則會繼續以該種方式表達情緒。前例中，前者可能因曾以生氣大叫的方式獲得人家的注意；後者可能因生氣大叫被責備，因而學到了以數數的方式加以忍耐。不同文化，對同一種情緒反應可能會給與不同程度的增強或處罰。例如：中國文化強調「男子有淚不輕彈」，所以當男生傷心的哭泣時，可能會被父母斥以「男生不准哭，真沒出息」，別的文化對男子掉淚，也許不會這麼忌諱。

(四)情緒是經由標籤過程學來的

　　其實人們幼時在表達某種情緒時，並不知道他自己是在表達何種情緒，通常是經由標籤的過程之後，才開始學習情緒為

何物。例如：小華東西被小平拿走，他追著小平跑，並叫著：
「把東西還我！」這時媽媽走過來，問小華說：「你幹嘛那麼
生氣呢？」從這過程中，小華於是學會何謂「生氣」。又如：
當小華歡迎小朋友來到他的生日宴會上，當他打開禮物，聽著
朋友為他唱「生日快樂」時，小華於是學會何謂「快樂」。

(五)情緒是個體主觀解釋的結果

　　人們對發生事件的覺知（perception）、歸因（attribution）
與評價（appraising），會影響其情緒的感受。例如：有一個研
究探討一九九二年奧林匹克得主的心情，發現銅牌得主比銀牌
得主還興奮（Medvec, Madey, & Gilowich, 1995），其可能原因
是銅牌得主慶幸自己比上雖不足，但比下卻有餘；而銀牌得主
會為了自己只差那麼一點就能榮登金牌而抱憾不斷。

(六)引發情緒的情境

　　根據馬丁等人（Martin & Osborne, 1989），引發情緒的主要
情境有以下四項：

1.酬賞的呈現

　　酬賞的呈現通常是導致快樂的主因。如統一發票中獎；考
第一名獲得獎賞等。

2.酬賞的消失

　　酬賞的消失常是導致生氣的主因。如：與女友約會，但女
友過了約定的時間卻遲遲不來，最後男方只好跚然離去；父親

答應你考上大學要帶你出國旅遊，但考上後，父親卻因公務煩忙取消計畫，令你感到很生氣。

3.處罰者或嫌惡刺激的呈現

處罰者或嫌惡刺激的呈現常會導致焦慮。如：學生在學校因某科成績不理想而屢遭老師處罰，以後上該科目的課程或見到該科老師都會感到焦慮。

4.處罰者或嫌惡刺激的消失

處罰者或嫌惡刺激的消失或未呈現會讓人們有情緒紓解、輕鬆的感覺。例如：當老師宣布某個科目的考試取消時，很多學生會拍手歡呼，有如釋重擔的感覺。當某個刑犯聽到法官判決自己是無罪時，頓時鬆了一口氣。

除此之外，馬丁等人也指出（Martin & Osborne, 1989），不同情緒的結合會導致不同的情緒感受，例如：焦慮與快樂的結合會導致罪惡感到。當學生在考試時若想要作弊，其心情會兼具快樂與焦慮。因為一旦他作弊成功，他的考試分數勢必提高，而且因為偷看到了答案而減少苦思的痛苦，這種預期酬賞的呈現，讓他感到快樂；但另一方面，學生又會擔心萬一作弊行為被抓到，會遭到校方記過或退學的處罰，這種預期處罰者的呈現，讓他感到焦慮。這兩種心情的同時存在，就會導致他的罪惡感。

另外，快樂與生氣兩種情緒的結合會導致驕傲（pride）的感覺。例如當球隊要出賽時，教練告訴隊員：「再勝一場，你們就成了世界冠軍，到時候，舉國歡騰，你們就成了英雄了。」這種預期酬賞的呈現，讓隊員感到快樂；然後教練告訴隊員：

「可是你們要好好的打這一仗，否則你們的英雄夢，就會泡湯
了。」這種預期酬賞的消失，會引發隊員們的生氣。這兩種心
情的同時存在，導致他的驕傲感，而想打敗對方。

　　如果快樂、生氣、焦慮及情緒紓解四種情緒同時存在時，
會產生悲歎（sorrow）的情緒。例如自己的友人因罹患重病而去
世時，你可能因好友離你而去，日後不再能共聚快樂的時光而
生氣（酬賞的消失）；然後又擔心失去這位好友你生活很孤
單，而感到焦慮（處罰的呈現）；但一想到友人因罹患重病所
受的痛苦，因去世而得以解脫，而為友人感到輕鬆（處罰的消
失）；而友人留給你幾件寶貝的遺留物，讓你睹物思人，感到
友人對你的體貼的快樂（酬賞的呈現）。

　　Martin 和 Osborne（1989）將主要情緒的組成分子歸納如圖
6-4：

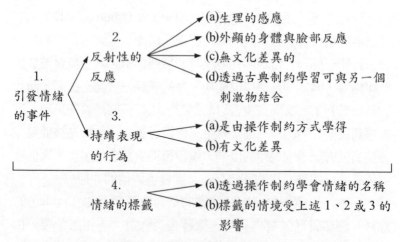

圖 6-4　構成情緒的主要因素

資料來源：參考 Martin 與 Osborne (1989: 47)。

二、有關情緒的理論

(一)詹郎二氏論（The James-Lange Theories）

　　一般的觀念總認為人們會因為傷心而哭泣，因為生氣而暴跳如雷，因為害怕而發抖。但心理學詹氏（William James）在一八八五年卻反駁這種看法，指出人們會因為哭泣而感到難過，因為暴跳如雷而生氣，因為發抖而害怕。另一位丹麥的生理學者郎氏（Carl Lange）在一八八五年亦提出類似的論點。所以心理學界將這兩位學者的理論，合稱為詹郎二氏論（Myers, 1995）（如圖6-5所示）。以此論點來解釋獵人遇到熊而跑的情境，則獵人是因為看到熊逃跑後，跑步所引發的生理反應，而導致害怕的情緒。

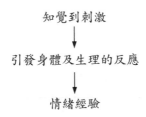

知覺到刺激
↓
引發身體及生理的反應
↓
情緒經驗

圖6-5　詹郎二氏的情緒理論

資料來源：參考 Mayers (1995: 454)。

　　此理論指出，當個體知覺到某個刺激物呈現時，主要的生理反應是起自交感神經系統。當身體產生緊急反應（emergency reaction）時，會抑制消化作用、瞳孔擴張、心跳加速、臉頰泛

紅、吸呼急促而且手心冒汗。因為所有的情緒反應，都會多多
少少涉入這種緊急反應的生理症狀，亦即不同的情緒經驗可能
其生理的反應是類似的。所以坎巴二氏反駁詹郎二氏論的觀點，
認為1.人們不可能從相同的身體及生理的反應引發出不同的情
緒經驗（Peterson, 1991）；2.有些生理變化，如內臟收縮及腎上
腺等各種內分泌的變化，個體本身並不知覺，所以若人們可由
生理變化而引導出情緒當選人的說法，不合乎生理學的原理（張
春興，1991）。

(二)坎巴二氏論（Cannon-Bard Theories）

　　美國生理學家坎氏（Walter Cannon）與其弟子巴氏（Philip
Bard），反對詹郎二氏對引發情緒過程的解釋。他們主張當引發
情緒的刺激出現時，它會同時引起主觀的情緒覺察及刺激交感
神經系統，而導致身體的反應（如圖6-6所示）。以此論點來解
釋獵人遇到熊而跑的情境，則獵人看到熊時，一方面感到害怕，
一方面作出逃跑的生理反應。

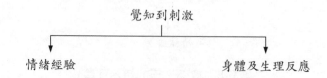

圖6-6　坎巴二氏的情緒理論
資料來源：參考 Mayers (1995: 454)。

　　坎巴二氏的論點引發了許多研究者對探討腦部與情緒的關
係，研究指出位在大腦的邊緣系統（limbic system）中的一個神

經組織，稱為杏仁核，與情緒的表現有關（Peterson, 1991）。另有研究指出，大腦左半球是負責正向的情緒，大腦右半是負責負向的情緒。所以如果大腦左半球受到傷害則會導致憂鬱、害怕及悲觀的想法；反之，如果大腦右半球受到傷害則會導致異常興奮的情緒（取自 Wade & Tavris, 2006）。

㈢斯辛二氏情緒論（Schachter and Singer Theory）

斯辛二氏於一九六二年提出情緒二因論（two-factor theory of emotion）。第一個因素是針對身體及生理反應，相似於詹郎二氏的論點，他們認為不同的情緒經驗其生理的反應是類似的。即不管人們是生氣、害怕、愛、憤怒或快樂，其身體都是處在一樣的喚起（aroused）的狀態；第二因素是針對人們對於身體及生理反應的命名。同樣的生理反應，有時會被稱為興奮，有時會被稱為生氣。

為了驗證此實驗，研究者給受試者注射腎上腺素以引發受試者生理的反應。研究者將受試者分為兩組：一組被告知正確的訊息及可能產生的生理反應；一組被告知是注射生理食鹽水，但未被告知任何可能產生的生理反應。然後將每組受試者在分別放入兩種不同的實驗情境：一種是產生憤怒的情境，如讓其填寫一個有關對其母親婚外情看法的問卷；一種是產生興奮的情境，如有人故意將問卷折成紙飛機，並在實驗室內玩射飛機。結果發現只有被告知是注射生理食鹽水的受試者，會對第一種情境表示「生氣」的情緒或對第二種情境表示「快樂」的情緒；被正確的告知正確的訊息及可能產生的生理反應的受試者則不受外在情境的影響。

　　從此實驗的結果斯辛二氏解釋道：當人們覺察到自己的生理或身體有所反應時，就會去尋找造成此反應的來源。前實驗中的第一組因為生理的反應與被告知的訊息一致，所以不會將其歸因於外在線索；反之，因其生理的反應與被告知的訊息不一致，所以會將其歸因於外在線索，此又稱為情緒歸因論（attribution theory of emotion）（Peterson, 1991）。斯辛二氏情緒論如圖 6-7。

圖 6-7　斯辛二氏的情緒理論

資料來源：參考 Mayers (1995: 455)。

㈣情緒的對抗過程論（Opponent-process Theory）

　　所羅門與寇比德（Solomon 與 Corbit）提出情緒的對抗過程論。此理論的提出是根據下列幾點的觀察：第一，當我們最初遇到會引發正向或負向情緒的情境時，都會產生相當強烈的反應。例如：當我們初次跳傘時心情是相當害怕的，但多跳幾次後害怕的感覺就會消失。為什麼呢？所羅門與寇比德指出當我們經驗某個特別情緒時，身體的均衡作用會被干擾，然後生理的過程本能會對抗這種失衡的感覺，同時努力恢復其均衡作用。一般來說，好的感覺會去對抗感覺好的感受，而使好的感受不致於太強烈；壞的感覺會去對抗感覺不好的感受，而使壞的感受不致於太強烈。這種過程因會對抗原始的感覺，所以稱為對

抗過程論。

　　進一步的當這個對抗過程較強之後，就會產生與原始反應相反的情緒，而且此相反反應的強度也會愈變愈強。例如在跳傘的例子中，當人們在多跳幾次後其害怕的感覺會漸漸消失，而且每次當他抵達地面時，其放鬆的感覺則隨著經驗的增加而增加。這種反應正如所羅門與寇比德所預測，原始的負向情緒（如害怕）會引發出相對的感覺（如放鬆），且引發的次數愈多其強度愈強。漸漸的原有的感覺可能消失無蹤了（如不再對跳傘產生害怕的感覺），僅剩被引發的相對感覺（如由放鬆變為興奮）（Peterson, 1991）。

㈤整合情緒論（An Intergrative Approach）

　　從以上各家的論點，顯示心理學家如何努力企圖從各種不同的觀點來了解人們的情緒。雖然各家理論的觀點不盡相同，但都各有其強調的重點。心理學家湯金（Silvan Tomkins）於一九六二年即開始試著將各種理論加以整合。

　　湯金的理論包括生理及心理，也將情緒與動機的關係加以連貫。他認為情緒是在反映身體的需要，同時也讓人們對自己內在的動機更加清楚。例如當人們表現急促的行為，這「急促」本身並非是一種動機，而應是由情緒產生的。例如當某人將你的鼻子和嘴巴蒙起來讓你無法呼吸時，你會努力去掙脫蒙住你鼻子與嘴巴的東西，讓你自己能呼吸順暢。

　　　缺氧→掙扎→呼吸→供給氧氣

　　針對這個情況，湯金指出，情緒是引發驅力及導致行為的

主要動力。是恐懼的情緒使人們想掙脫蒙住鼻子與嘴巴的東西，讓自己能呼吸，而非缺氧的情況所造成的。驅力是提供身體訊息的重要部分，情緒會進而取而代之促使身體為這個訊息付諸行動（Peterson, 1991）。

三、如何管理情緒以促進有效的心理適應

　　了解情緒的定義及理論之後，讓我們來想想人們要如何來管理自己的情緒呢？學者們（Martin & Osborne, 1989; Wade & Tavris, 2006）提出下列數種方法供讀者做為參考：

㈠讓生理反應先沉穩下來

　　如前所述，當情緒引發時，人們的生理狀況會跟著改變，相對的，生理的激動狀況也會影響到人們對該狀況的解釋與反應。所以管理情緒的方法之一，就是讓生理反應先沉穩下來，不要在氣頭上做任何決定或反應。

㈡要就事論事，不要太情緒化

　　當你覺得受到別人攻擊而生氣時，要先檢視一下此想法的正確性。要學習公私分明，就事論事，不要太快將事情歸諸於個人化而動情緒。例如：在美國加州發生的真人真事，就是一個很好的例子。一個計程車司機在十字路口停車時，以手勢向另外一輛車的駕駛員暗示說他車子的燈沒有開。結果被暗示的司機以為對方是在以手勢污辱他，就開槍射擊對方，結果殺死了對方的乘客。

(三)採用古典性消弱的方式來處理

前文曾提及情緒可以由古典制約方式學得的，所以也可以再以古典性消弱的方式來消除它。例如以前述小男孩學會對白兔產生恐懼的例子而言，如果男孩多次經驗到白兔的出現並未伴隨可怕的巨大聲響，久而久之，就不會再怕白兔了。又如因曾被狗追而怕狗者，日後若多次遇見狗，但並沒有再被狗追，久而久之，就不會再怕狗了。

(四)採用操作性消弱的方式來處理

同樣的，若以操作制約方式學得的情緒，可以再以操作性消弱的方式來消除它。例如當孩子因搶不到玩具而生氣的哭，因而得到玩具。這樣有利的結果會導致他以後會以哭鬧的方式來要玩具。以操作性消弱的方式來處理這樣的問題，則是以後當他以哭鬧的方式來要玩具時不予理睬，漸漸的當他發現這招行不通時，為要玩具而哭鬧的情形就會消失。

(五)採用對抗制約（counter conditioning）的方式來處理

沃爾樸（Joseph Wolpe）相信對立性的情緒（例如快樂與悲傷，緊張與放鬆等）是不可能同時存在的。所以若要控制較有問題情緒的方法之一，則是讓其練習與該有問題的情緒相對立的情緒。所以沃爾樸發展出系統減敏法，基本上的假設是認為放鬆與緊張是不可能同時存在的。其步驟包括：讓案主1.列出感到害怕或焦慮事物的階層；2.學習肌肉放鬆；3.當案主放鬆

時再依序（由焦慮程度低至高）讓其想像引起其焦慮的事物。

㈥採用合理情緒治療法

如圖 6-8 所示，心理治療學者艾里斯（Albert Ellis）相信人們的很多情緒問題都是來自對所遭遇情況(A)的不合理解釋(B)。人們若不斷地對自己重覆告知那些不合邏輯的語句，就會產生情緒困擾(C)。例如：「這次期中考考壞了，我想我完了！」「沒有維繫好我的婚姻，都是我的責任！」「如果沒考上大學聯考，我想我這一生就完了！」

協助案主處理其困擾情緒的方法就是駁斥(D)，即協助當事人對其不合理的信念加以挑戰，並鼓勵其在生活中不斷演練。駁斥的過程包括：

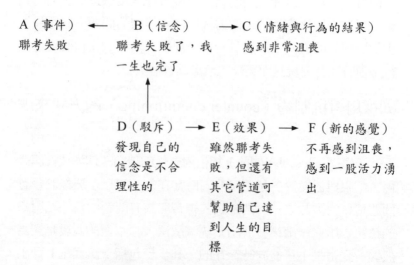

圖 6-8　艾里斯的 A-B-C-D-E-F 理論

　　1.偵測：探查其言語中是否有「應該」、「必須」、「自我貶損」或「自我驚嚇」的非理性信念；

　　2.辯論：對非理性的信念加以質疑；

　　3.分辨：學習分辨理性與非理性的信念。

　　經過上述的處理後，接著進入效果的階段(E)，即能以合理的信念代替不合理的信念而獲得新的理性哲學。達到此境地時，就會創造一種新的情緒狀態(F)（李茂興譯，1995）。

㈦清楚且適切的表達你的感受

　　每個文化對情緒的表達都有所不同方式，所以如果你決定要表達你的感受，要清楚你的溝通對象及所處的文化環境，並清楚你想達到的結果，然後以最適切的方式表達出來，其效果才能事半功倍。

本 章 摘 要

在成長過程中，人們常必須不斷的改變其行為方式以符合不斷變遷的社會環境，心理學上稱此過程為心理適應。根據研究，個人的人格特質、思考方式、情緒三方面對其心理的適應有關鍵性的影響，所以本章針對此分別加以探討。

人格特質與心理適應方面，精神分析學派佛洛依德指出若在孩童時代父母在訓練上過度嚴格或過度驕寵，會使人們停滯在某個階段的發展或回到前一個階段出現退化行為。若在孩童時代父母在訓練上過度嚴格或過度驕寵，也可能會導致其人格結構系統間的衝突。此衝突若未獲得適當的處理則可能導致個體日後適應上的問題。所以在協助人們處理適應上的問題時，應協助案主去統整其被干擾的人格結構，並協助其建立愛及創造性工作的能力。人本學派相信人類天生本能就有從適應不良朝向心理發展的能力，所以治療者應協助當事人增進其自我覺察及自我做決定的能力，及走向完全且真誠的生活。

行為學派的創始者華森認為適應則是改變人們生理的狀態，使不再對外在環境的刺激還有引發任何反應。史肯納認為透過外在環境對人們所表現的適當行為的增強，而對所表現不適當行為的處罰或不給與增強，則可幫助人們增加適應環境的能力。班都拉強調，一個適應的人，能從自我觀察中，設定個人的目標，有計畫的去完成這些目標，並透過自我增強來增強自我的行為，而且其自我效能必高。

思考方式與心理適應方面，學者指出人們是以古典制約、操作制約及混合方式等三個過程學會思考，所以建議以控制情

緒、正向的自我教導、思考停止法及理性的問題解決技巧等方
式來改變思考方式以促進有效的心理適應。

　　情緒與心理適應方面，根據研究情緒的成分包括引發情緒
的事件、反射性的反應、持續性的行為及情緒的標籤。有關情
緒的理論有五：一、詹郎二氏論：認為情緒是因身體及生理的
反應而引起；二、坎巴二氏論：主張當引發情緒的刺激出現時，
它會同時引起主觀的情緒覺察及刺激交感神經系統，而導致身
體的反應；三、斯辛二氏情緒論：提出情緒二因論，第一個因
素是針對身體及生理反應，認為不同的情緒經驗其生理的反應
是類似的。第二因素是針對人們對於身體及生理反應的命名。
同樣的生理反應，有時會被稱為興奮，有時會被稱為生氣；四、
情緒的對抗過程論：指出當我們經驗某個特別情緒時，身體的
均衡作用會被干擾，然後生理的過程會本能的對抗這種失衡的
感覺——努力恢復其均衡作用。這種過程因會對抗原始的感覺，
所以稱為對抗過程論。當這個對抗過程較強之後，就會產生與
原始反應相反的情緒；五、整合情緒論：心理學家湯金試著將
上述理論加以整合。他認為驅力雖是提供身體訊息的重要部分，
情緒會取而代之促使身體為這個訊息付諸行動。

　　學者建議在處理情緒時可先讓生理反應先沉穩下來、要就
事論事、不要太情緒化，採用古典性的消弱、操作性的消弱、
對抗制約及合理情緒治療法等方式來管理情緒以促進有效的心
理適應。由於每個文化對情緒的表達都有所不同方式，所以如
果你決定要表達你的感受，要清楚你的溝通對象及所處的文化
環境，並清楚你想達到的結果，然後以最適切的方式表達出來，
其效果才能事半功倍。

研 討 問 題

一、每個人都具有其特有的人格特質，究竟人格是如何發展而
　　來？請分別從兩個不同的學派說明人格的發展，及其對心理
　　適應的觀點。你較認可哪個學派的觀點，為什麼？

二、請就你的經驗舉出一個常困擾你的想法，分析此思考方式的
　　來源，舉出三種策略來改變此思考方式，以協助你自己去除
　　此困擾你的想法，減少心理的困擾。

三、情緒的由來有很多不同的論點，你較贊成哪個論點？請以一
　　個實例來說明你所贊成的論點。

四、請就你的經驗舉出一個令你感到恐懼的情境，分析此恐懼情
　　緒的來源，並舉出三種策略來幫助你自己處理這種情緒。

參 考 文 獻

一、中文部分

李茂興（譯）（1995）。諮商與心理治療的理論與實務。台北：揚智。

張春興（1991）。現代心理學。台北：東華。

二、英文部分

Corey, G. (1991). *Theory and practice of counseling and psychotherapy.* Pracific Grove, CA: Brooks/Cole.

D'Zurilla, T. J., & Goldfied, M. R. (1971). Problem solving and behavior modification. *Journal of Abnormal Psychology, 78*, 107-126.

Martin, G. L., & Lumsden, J. A. (1987). *Coaching: An effective behavioral approach.* St Louis, MO: Times Mirror/Mosby.

Martin, G. L., & Osborne, J. G. (1989). *Psychology, addjustment, and everyday living.* Englewood Cliffs, NJ: Prentice-Hall.

Maslow, A. H. (1970). *Motivation and personality* (2nd ed.). New York: Harper & Row.

Medvec, V. H., Madey, S. E., & Gilowich, T. (1995). When less is more: Counterfactual thinking, and satisfaction among Olympic medalists. *Journal of Personality and Social Psychology, 69*, 603-610.

Myers, D. G. (1995). *Psychology.* New York, NY: Worth Publishers.

Peterson, C. (1991). *Introduction to Psychology.* New York, NY: Harper

Collins.

Premack, D. (1959). Toward empirical behavioral laws: Positive rein-
forcement. *Psychological Review, 66,* 219-233.

Premack, D. (1965). Reinforcement theory. In D. Levine (Ed.), *Nebras-
ka Symposium on motivation* (vol. 13; pp. 123-180). Lincoln, NE:
University of Nebraska Press.

Wade, C., & Tavris, C. (2006). *Psychology*. Upper Saddle River, NJ:
Prentice-Hall.

Watson, J. B., & Rayner, R. (1920). Conditioned emotional reactions.
Journal of Experimental Psychology, 3, 1-14.

Wolpe, J. (1958). *Psychotherapy by reciprocal inhibition*. Stanford,
CA: Stanford University Press.

第七章

異常行為

在每天的日常生活中，我們常試著了解別人及自己。事實上，我們會發現要完全了解他人和完全了解自己並非易事，因為我們常常對自己為何會有某些想法或做法感到迷惑，更遑論要能完全了解他人。日常生活上，我們常會把自己或他人所表現出來較易被了解或接受的想法稱為常態行為；反之，對於我們無法理解或較罕見的想法或行為，則被稱之為異常態行為。心理學上，為了研究上的方便，也有變態心理學（abnormal psychology）一支或稱異常行為（abnormal behavior）。本章將介紹異常行為的定義，並分別介紹精神分裂症、焦慮失調症與情緒異常等三種較常見的心理疾病之產生原因及心理治療的方法。

第一節　異常行為的定義

定義異常行為並非易事，因為不同的人或不同的社會文化存在著不同的價值觀，這些皆會影響人們對所謂異常行為的定義。所以學者建議可以從統計的標準、符合文化與社會規範的情緒、情緒反應狀況、行為反應是否阻礙個人健全功能的發揮、與現實情況是否相符、行為是否有危險性的情形來定義（Davison & Neale, 1994; Nolen-Hoeksema, 2004; Rathus & Nevid, 1986; Wade & Tarris, 2006）。

一、統計的標準

若以統計學上的常態分配（如圖 7-1），將人類的行為分

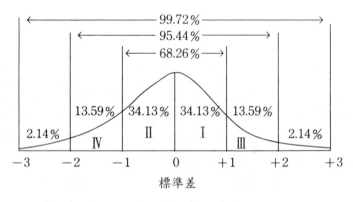

圖 7-1　常態分配圖

類，並以中間的平均數表示整個社會行為的平均情況，則
34.13%的人的行為會落在第一區（即比平均狀況好些），另
34.13%的人的行為會落在第二區（則比平均狀況差些），
13.59%的人的行為會落在第三區（即比平均狀況更好些），另
13.59%的人的行為會落在第四區（即比平均狀況更差些）。其
他5%的人的行為不是非常好就是非常差。從統計學來看，落在
這兩極端的行為稱之為異常行為。

二、符合文化與社會規範的情況

　　另一個定義異常行為的方法是測量行為是否符合文化與社
會規範的情況。每個種族社會在有形與無形中設有一套文化規
範讓其成員去遵行，如果某人的行為違反到社會文化的規範，
那麼此行為可稱之為異常行為。例如在西方國家，當為失喪的
愛侶悲悼一段時間後，人們會鼓勵喪偶者「死者已矣，來者可

追」，振作起來開啟新的旅程（Stroebe, Gergen, Gergen, & Stroebe, 1992）；但在日本社會，為失喪的愛侶保持一生的貞節卻是備受推崇的（Yamamoto, 1970）。另外對性別角色的期待與定義也會影響到我們對正常或異常行為的不同定義。例如當男人顯示出悲傷或憂慮，或決定讓太太出去工作而自己待在家裡當家庭主（煮）夫，或當女人好勝心太強而不要有孩子時，很可能會被認為是異常的行為；相對的，當好勝心強的男人或顯示出悲傷與憂慮的女人，因為這些行為表現與性別角色的期待一致，所以會被認為是正常的行為（Nolen-Hoeksema, 2004）。

三、情緒反應狀況是否適切

每個人在不同的狀況下會有不同的情緒反應，這是正常的，因為適切的情緒表達有助於生理與心理的成長。但若情緒反應過度或不適當，就變成是異常的。例如過度的憂慮、焦慮或恐慌，或因容易生氣而產生攻擊行為等，因而對自己或對他人產生不利的影響。這種情緒反應狀況，就可稱為是異常行為。

四、行為反應是否阻礙個人健全功能的發揮

如果某種行為，阻礙人們正常的生活作息或生活目標的達成，則此行為稱之為異常行為。如飲食失常導致身體功能失調，喝酒太多無法正常上班或保持工作，不敢到人多的地方或空曠的廣場去等。這種行為反應狀況，就可稱為是異常行為。

五、與現實情況是否相符

　　當人們無法實際的覺知現實環境的事物，或對現實環境的事物有錯誤的覺知，比如有幻聽或幻覺等現象產生時，則此行為稱之為異常行為。

六、行為是否有危險性

　　當人們的行為會危害到自己或他人時，此行為稱之為異常行為。例如一個企圖自殺的人可能需送至心理治療的機構接受治療；一個揚言要傷害他人的人可能亦有心理方面的疾病。

七、行為是否造成自我傷害

　　當人們作出對自己不利的行為，例如因酗酒、飲食過量或抽菸而傷害到自己的身體或導致自己的不快樂等，則此行為稱之為異常行為。

八、是否符合期望的情形

　　人們如果幾餐沒吃東西會感到飢餓，人若沒錢會感到焦慮，這都是符合社會所期望的行為；但是若是幾餐沒吃東西卻不會感到飢餓，或有錢卻仍感到焦慮，這些行為與社會的預期不符合，此行為則稱之為異常行為。

第二節　主要的異常行為

　　本節將分別介紹精神分裂症、焦慮失調症及情緒異常的症狀、心理因素的成因及心理治療的方法。雖然生物性的因素亦是造成這些異常行為的原因之一，而藥物治療亦是不可或缺的治療方法之一，但因受限於筆者個人的專業領域，心理治療方面將是本節探討的重點。

一、精神分裂症的行為（Schizophrenic behavior）

㈠精神分裂症的主要症狀

　　根據 DSM-IV 的診斷原則，精神分裂症的案主（schizophrenia）的主要症狀是：至少長達六個月的時間受到兩個或以上下列症狀的困擾：如幻聽、幻想、語無倫次或行為失序（每個症狀呈現至少一個月之久）（American Psychiatric Association, 2000）。這類病人常會抱怨有聽到聲音，其談話主題常不斷更動或者會一次談論好幾個主題（彼此缺乏關連性），語言表達方式異於常人。有些案主疑神疑鬼，有被害妄想。有些案主會有誇大性的語言表達，例如自認為是總統。案主有時會有不適當的情緒表達，例如：譏笑辛苦工作的人；或者面無表情，毫無情緒表達。可能有一段時間案主不太願意動，甚至會一直維

持某種固定癡呆性的身體姿態（此稱為緊張症），偶而伴隨一段時間的多動性。在這段多動性期間可能會出現傷害自己或他人身體的行為（Martin & Osborne, 1989）。

　　精神分裂症的種類包括：混亂性的精神分裂性（disorganized schizophrenia）、緊張症的精神分裂症（catatonic schizophrenia）、妄想性的精神分裂症（paranoid schizophrenia）及剩餘型的精神分裂症（residual schizophrenia）。根據DSM-IV，混亂性的精神分裂症的特徵是說話語無倫次、行為失序及平淡或不適當的情感表達。緊張症的精神分裂症案主至少具有兩種下列的特徵：1.運動肌肉呈現僵化現象，如強直性昏厥或無感覺；2.誇張的肢體表達（明顯的是無目的的動作，而且並非由外在刺激所引起的）；3.過度的消極（明顯的毫無理由的抗拒所有的指導，或者維持一個僵直的動作拒絕移動）或沉默；4.作出一些不適切或奇怪的動作等。妄想性的精神分裂症的特徵是常會有妄想或幻聽的情況。剩餘型的精神分裂症的案主雖已不再有上述三種症狀的特徵，但仍有奇怪的想法或不尋常的知覺經驗（American Psychiatric Association, 2000）。

㈡形成精神分裂症的原因

　　精神分裂症最早被稱為早發憐癡呆症（demenita pracecox），約在一百年前即有此症狀的產生。現今許多學者相信先天遺傳性傾向（genetic predispositions）是引致精神分裂症的原因之一（Wade & Tarris, 2006），例如：父母之一有精神分裂症，其子女患精神分裂症的機率是百分之十二；若父母雙方皆有精神分裂症，其子女患精神分裂症的機率是百分之三十五～

百分之四十六（Goldstein, 1987）；同卵雙胞胎若其中之一有精神分裂症，另一個患病的比例是百分之四十六；異卵雙胞胎的患病的比例是百分之十四（Nolen-Hoeksema, 2004）。腦部的研究發現，精神分裂症患者的腦室（ventricles）擴大 （Liberman, Chakos, Wu, Alvir, Hoffman, Robinson, & Bilder, 2001），腦部的重量減輕，特別是在顳葉（temporal lobe）或海馬（hippocampus）兩個部位（顳葉的主要功能與聽覺、語言與情緒有關；海馬是與記憶有關的構造）。此類患者的額葉前部皮質（preforontal cortex）的神經元的數量減少 （Zurrilla, Cannon, & Kronenberg, 1997）。另外，在胎兒時期，若胎兒因為母親的營養不良（Susser, Neugebauer, & Hoek, 1996）或細菌感染（Mednick, Huttunen, & Machón, 1994）而傷害到腦部，或在生產過程中有缺氧或其他的傷害 （Rosso, Cannon, & Huttunen, 2000）者，日後患精神分裂症的機率較其他未受那些傷害者大。很明顯的是很多病人其早期是生活在較病態的環境中，不過並非所有來自病態環境者皆會產生精神分裂症（Davison & Neale, 1994; Martin & Osborne, 1989）。也有學者指出，當某些人其生理上本來就具有此生物上的傾向（如來自生物化學、遺傳或神經學），若遇有壓力的環境時，則較無此生物上的傾向者易產生精神分裂症（Neale & Oltmanns, 1980）。

佛洛依德（Freud）的心理動力學派相信，不良的幼年經驗，特別是與主要照顧者之間的不良關係，是導致日後患精神分裂症的原因之一 （Nolen-Hoeksema, 2004）。此學派也認為精神分裂症是一種退化（regression）的表現，精神分裂案主沒有足夠強壯的自我可以應付本我的衝動及區分真實與不真實的不

同，過度的焦慮會使案主放棄努力而回到口腔期（因此時期自我還沒有發展出來，案主因而不會感受到本我與自我間的衝突）。不過蘇利萬（Sullivan）則認為，導致案主感到焦慮的主因並非是來自本我的衝動，而是親子關係的破壞所造成的。如果親子間的互動是敵對或緊張的，會使孩子對於人際關係產生退縮，而進入自己的幻想世界中。行為學派的觀點認為精神分裂症的案主與常人一樣得經歷到各種生、心理的壓力，只是他們經歷到的次數更頻繁，且強度較強，因而導致其克服問題的技巧減弱。據研究，有些精神分裂症案主由於生活在不健全的家庭環境或其成長環境不健全，導致他們並未學到一般人常用的應對技巧。因為對社會刺激表現不當的應對技巧，使他們遭到處罰或不為他人所接受，而形成他們與社會的疏離感。

認知學派學者分析造成精神分裂症的原因，一種是注意力過度集中（overattention）；另一種則是注意力過度缺乏（under-attention）。前者的案主所以常感到困惑或毫無頭緒，是因為他們的資訊處理功能，會因過度集中於某個刺激物，且無法忘卻而負荷過重造成無法承擔。後者的案主其問題的產生乃是來自缺乏對外在刺激的敏覺力，所以當刺激出現時，他們不會表現出像一般人一樣的反應。人本及存在主義派學者，則認為在工業社會中，人們常會掩飾其真正的我，而以假我及扭曲的價值觀去面對生活。而精神分裂症的案主因面臨嚴重的心理壓力，發現自己已無法以這種偽飾的我去面對生活，而必須強迫自己去定位真實的我。因而他們常脫離現實，到另一種虛幻的世界中去尋求認同（Bootzin, Acocella, & Alloy, 1993）。

(三)治療精神分裂症的方法

在一九五〇年以前，電痙攣治療法（electroconvulsive therapy）常被用來治療精神分裂症患者。此法是在腦部施以微弱電流刺激，使患者進入休克狀態，藉此消除其意識中的焦慮，從而舒放其壓抑的潛意識（張春興，1995）。但事實上電痙攣治療法對消除精神分裂症患者的效果並不大，所以到一九五〇年以後，很多較有效的抗精神分裂的藥物（antipsychotic）陸續出現（Nolen-Hoeksema, 2004）。但是光靠藥物治療並無法讓病人的生活回復正常，所以在治療上建議應使用藥物加上心理治療。因為藥物治療可以幫助患者控制情緒的穩定性，但是透過心理治療可以幫助患者增進其社交技巧，多與人群接近，並增加其活動性（Bustillo, Lauriello, Horan, & Keith, 2001）。從各種不同的治療方法來看，佛洛依德自己承認他的心理分析治療對精神分裂症的患者治療效果不大。不過新心理分析派的蘇利萬指出，要治療精神分裂症的案主，治療者本身要同時扮演分析者及案主的再生父母兩種角色，一方面協助案主探查其潛意識，另一方面提供案主一個尊重與有情感的環境，讓案主有信心從退縮中走出來，並重新進入真實的世界中（Bootzin, Acocella, & Alloy, 1993）。

有些學者認為行為治療法是最適合用來治療精神分裂症。例如：以區別增強的方式（differential reinforcement）來治療此類病人的語言行為。當他們表達奇怪的言談時，不加以理會也不給與任何酬賞，反之當他們表達適切的言談時，給與理會與酬賞（Wince, Leitenberg, & Agras, 1972）。有些學者是教導此類

病人以操作性消弱的方法（operant extinction）來處理其幻聽。例如教導他們忽略自己的內在對話直到其消失（Burns, Heiby, & Tharp, 1983）。另外給與社交技巧訓練也是很重要，例如教導其如何與他人對話、眼神接觸、適當的身體姿勢及微笑等（Bootzin, Acocella, & Alloy, 1993）。

二、焦慮失調症的行為

㈠焦慮失常症的主要症狀

　　焦慮失常症（anxiety disorder）的症狀包括神經質、焦慮、害怕、有不祥的預感、出冷汗、心跳加速、肌肉緊張及顫抖。學者們相信焦慮時所引發的生理反應是從腦部開始，當腦部的杏仁核（amygdale）注意到威脅性的訊號時，就將訊號通知下視丘（hypothalamus）。下視丘是由許多神經核和散佈的細胞所構成的，它不僅負責維持生命的基本系統，同時也控制神經內分泌系統和自律神經系統（張春興，1995）。所以當下視丘接到訊息後就首先通知自律神經系統的交感神經系統，交感神經系統就引動生理器官產生適當的反應，如心跳加速、血壓升高等。交感神經系統會促動腎上腺素與正腎上腺素的分泌。下視丘其次在通知腎上腺皮質分泌出腎上腺皮質分泌激素（adrenocorticotropic hormone, ACTH），這是身體內主要的壓力荷爾蒙。當要測量某個人的壓力程度時，可以從其尿液或血液樣本中的腎上腺皮質分泌激素的含量測出來。海馬是腦部負責調整情緒的一個部位，所以最後當引起焦慮的狀況過去後，荷爾蒙所產生的

訊號會通知海馬（hippocampus）結束所有與焦慮有關的生理反應（Nolen-Hoeksema, 2004）。焦慮失常症包括恐懼症、極度恐慌失調症、一般的焦慮、迷亂性、強迫性行為及創傷後的壓力失調症。

1. 恐懼症（Phobia Disorder）

精神病理學家（Psychopathologists）定義恐懼症的症狀是對一個特別的物體或情境沒有緣由過度感到害怕，且有要崩潰及想要逃避的衝動（Davison & Neale, 1994）。常見的恐懼症包括空曠恐懼症（agoraphobia）、特定恐懼症（specific phobia），及社交恐懼症（social phobia）。空曠恐懼症患者很害怕到擁擠吵雜的場所、封閉的空間或空曠的廣場上。特定恐懼症按其恐懼的事物可分為動物型、自然環境型、情境型及血液—注射—受傷型。此類患者看到害怕的事物時，其恐慌的反應是立即且強烈的。社交恐懼型的人很擔心被批評或在別人面前出醜（Nolen-Hoeksema, 2004）。

2. 極度恐慌異常（Panic Disorder）

極度恐慌異常是指突然會有下列的生理及心理症狀產生。生理症狀方面包括：感到呼吸困難、心跳加速、胸口疼痛、有窒息或透不過氣的感覺、頭暈、冒汗、發抖；心理症狀方面是感到非常不安與恐懼、不實在且有失去控制的感覺。這種情況會常常發生，有時候一星期一次或次數；每次會持續幾分鐘，偶而會持續幾小時；有時候會特定在某種情境下發生。較複雜的情況是當某些人因曾發生過上述情況，擔心會再重複發生而

增加心理的緊張，因而限制自己的活動範圍（Barocas, Reichman, & Schwebel, 1983; Davison & Neale, 1994）。

3.一般性的焦慮異常（General Anxiety Disorder）

　　一般性的焦慮異常是持續的感到憂慮恐懼、不祥的預感、急速的心跳及大量的冒冷汗。患一般性的焦慮異常的人有時症狀會來得很強烈，像經驗極度恐慌異常的症狀一般；但是有時會習慣性的、不由自主的對所有的事情感到憂慮，如擔心自己的孩子會跌倒，發生意外。但並未能特定的說出是針對某個情境或事務（Davison & Neal, 1994; Rathus & Nevid, 1986）。

4.強迫性異常（Obsessive Compulsive Disorder）

　　有些人會以強迫性及重複性的作某些動作來表現其焦慮。如果此情況不斷持續，則此人是患了強迫性異常。此症包括兩種症狀：一種為強迫性觀念，指不斷的出現不合理的想法（irrational thought），如儘管已經檢查過無數遍門窗，仍持續的及強烈的懷疑門窗是否已鎖緊。這種強迫性的想法可能是來自衝動（impulse），如想勒死自己的配偶；也可能是來自想像，例如媽媽一直幻想她的孩子在放學途中被車子撞到。另一個症狀是強迫性行為（compulsive），是指不斷的重複某個動作，且已干擾了生活的作息。例如有人一直覺得手好髒，儘管洗了很多次仍覺得洗不乾淨（Rathus & Nevid, 1986）。

5.創傷後的壓力異常（Post Traumatic Stress Disorder）

　　當某人突然遭遇某種比其原有預期還大且嚴重的創傷（或

心理的傷害）後，會產生此創傷後的壓力異常。例如一九九五日本神戶發生的大地震，造成數以萬計的人死亡及受傷，當地倖存的居民則可能會因過度震驚而有創傷後的壓力異常。又例如二○○一年九月十一日歹徒綁架飛機襲擊美國紐約兩棟世貿大樓的事件，很多目擊者及生還者事後都被診斷出患有創傷後的壓力異常。

　　有創傷後的壓力異常的人常無法忘懷當時的傷痛，當時的情景會一直成為他的夢魘。這樣的人可能會變得麻木不仁、與人群疏遠、對其原來喜歡的活動不再喜歡、無法入睡，有些人甚至記憶力減弱或難集中注意。他們會盡量避免去接觸與該創傷有關的經驗，以免再觸及原有的傷痛，但這種逃避有時會嚴重的影響其生活的正常運作。如曾遭遇火車翻覆事件而劫後餘生的乘客拒絕再搭火車，如果某些地方需要坐火車才會到達者，他乾脆拒絕前往。他們也很容易小題大作，可能為了一點小事就暴跳如雷或發大脾氣。根據DSM-IV，如果上述的症狀超過一個月但不超過三個月，在診斷上是歸屬於急性的（acute）創傷後的壓力失調症；如果上述的症狀超過三個月以上，該患者就是患有長期性（chronic）創傷後的壓力失調症。如果症狀在事件發生後的六個月後才出現，則屬於是延緩性（delayed）創傷後的壓力失調症（American Psychiatric Association, 2000）。研究發現指出，上述反應若出現在事件發生後的六個月內，仍有復原的可能，特別是如果在事件發生後，能迅速作心理治療，其復原機會較大。如果讓其持續而未作妥善處理，則可能會影響其一生（Barocas, Reichman, & Schwebel, 1983）。

(二)形成焦慮失調症的原因

1.恐懼症

　　根據佛洛依德（Freud）的觀點，恐懼症的產生是因為人們為了避免焦慮而將本我的衝動加以壓抑或是將潛意識到的焦慮錯置（displace）到外在的事物上的結果。另外一個心理分析學家艾瑞提（Arieti）認為是因孩子自幼不信任大人，擔心大人無法保護他們。為了建立對他人的信任，孩子會將這種對人際上的恐懼無意識的轉移到其他的情境或事物上。

　　行為學者莫爾（Mowrer）提出二因素論（two-factor theory），指出恐懼的學習來自兩個步驟，一是透過古典制約的方式學得恐懼：例如將一個不會造成恐懼的中性刺激物（如白兔）與會造成恐懼的刺激物（大聲擊鑼）配對出現，久而久之，個體會對原中性刺激物（白兔）產生恐懼；二是透過操作制約的方式：由於逃避後消除恐懼的放鬆感對逃避行為產生了增強作用，所以個體學到了以逃避造成恐懼的刺激物（白兔）的方式以避免恐懼。這恐懼經驗學得之後又會類化，而導致個體對類似的刺激物也會感到害怕。其他的行為學派學者指出觀察學習也是個體學習恐懼的方式之一。即個體不必親身經驗學習的過程，只要透過觀察他人恐懼的經驗，個體無形中也會對該事物產生恐懼。

　　很多研究指出認知會影響人的情緒，並影響恐懼症狀的持續與否。例如有恐懼傾向的人，會傾向於將他們看到的事物解釋為是恐怖的，且對與恐懼有關的字眼較敏感（Davison & Neale, 1994）。認知學派特別專注於探討導致社交恐懼的研究，此

派學者指出社交恐懼症的患者通常對自己在社交上的表現設有相當高的標準，對自己的評價相當嚴格且又專注於挑剔自己的錯誤表現（Turk, Heimberg, & Hope, 2001）。而且此類患者對社交上具有威脅性的線索特別敏感，並將該線索加以消極性的解釋，然後以此來打擊自己（Heinrichs & Hofman, 2001）。 從遺傳的觀點來看，學者發現若一等親中有人患有恐懼症，則其患病率將比一等親中沒有人患有恐懼症者的機率高出三到四倍（Hettema, Neale, & Kendler, 2001）。

2.極度恐慌異常

學者指出形成極度恐慌異常（特別是與廣場恐懼症有關）的主要原因是，因擔心自己會出現害怕的症狀（Goldstein & Chambless, 1978）。亦即廣場恐懼症的患者並非對公共場所感到恐懼，而是擔心自己在公共場所會突然出現恐慌的症狀（panic attack）。案主因為害怕過度所以就會錯誤的解釋生理的反應，例如將其生理的反應解釋成大災難已迫在眉睫，因而導致極度的恐懼（Davison & Neale, 1994）。另外，非常擔心自己會在公共場所失去控制，例如突然暈倒等，也是導致極度恐懼症的原因之一。另外從生理的觀點看，研究顯示極度恐慌異常的患者，其腦幹周圍的正腎上腺素（norepinephrine）調節功能有失調的現象（Redmond, 1985）；另外研究指出，腦部中的神經傳導物質的血清胺 （serotonin） 欠缺或過度，也是造成患者極度恐慌異常的原因 （Bell & Nutt, 1998）。

3.一般性的焦慮異常

　　心理分析論者認為人們常會有三種焦慮：真實的焦慮（realistic anxiety）、神經性的焦慮（neurotic anxiety）及道德性的焦慮（moral anxiety）。真實的焦慮指的是在遇到真正危險的情境時所引發的焦慮感；神經性的焦慮指的是當人們一直要壓抑本我的衝動時所產生的焦慮感；道德性的焦慮指的是當人們因表現本我的衝動而受到處罰之後，當本我的衝動再次出現時，會伴隨著罪惡感，並因而感到焦慮。一般來說，人們可以使用自我防衛機轉（defense mechanism）來暫時減緩焦慮感。但是當自我防衛機轉不再管用，卻又找不到健康的方法來表達其本我的衝動、神經性的焦慮及道德性的焦慮時，人們就會感到非常的焦慮，這種情形我們稱之為一般性的焦慮異常。這衝動指的特別是性與攻擊衝動。

　　學習論者相信焦慮是經由古典制約方式學得的，且相信一般性的焦慮失調症案主，其焦慮是來自他們遇到一些自己所無法控制的痛苦經驗；人性學派的學者認為，一般性焦慮的產生是由於案主未受到其生命中的關鍵人物（如父母或配偶等）無條件的尊重與接納，因而對自己要求加高，認為要達到某個標準才會受到肯定與接受。但因為標準定太高常常無法達到，所以就會經常感到焦慮。認知學派認為容易感到焦慮的案主，其心理上常有一些預設好的不適當的假設（maladaptive assumption），例如：我一定要做到讓每個人都喜歡我、我應該常常作最壞的打算等。他們相信只有經常煩惱，真正不好的事情才不會發生。當遇到事情時，他們心中這些不適當的假設所導引出

來的自動性的想法（automatic thoughts）就會引發出焦慮感。例如：當案主拿到一個自認不理想的考試成績時，其預設好的不適當的假設（我一定要做到讓每個人都喜歡我）導引出其自動性的想法（我如果沒拿到好成績我的父母一定會很生氣），結果案主就感到非常的焦慮（Nolen-Hoeksema, 2004）。從生理的觀點來看，有理論指出一般性焦慮的產生是由於案主腦部中傳導抑制性訊息的傳導物質欠缺，特別是在邊緣系統（limbic system）一帶。因為邊緣系統主要是在管轄人們對威脅情境的情緒、生理與行為的反應（Sanders & Shekhar, 1995）。另外，覺知無助感與過度負向的高估及錯誤解釋所發生的嚴重性，也是造成焦慮的原因（Davison & Neale, 1994）。

4. 強迫性異常

　　心理分析論者認為強迫性觀念與強迫性行為出現的原因是很相似的，是由於在肛門時期如廁訓練時過度嚴厲，人們因而固著（fixated）在肛門期。人們掙扎於本我（id）與防衛機轉（defense mechanism）之間，有時候受本我支配，有時候受防衛機轉支配。例如：當有傷害他人的想法進入腦中，此時必是本我的攻擊性本能在支配。肛門期性格者，常使用反向作用（reaction formation）的防衛機轉，堅持不碰排泄物及其他髒東西，且變得有潔癖。阿德勒（Adler）反對佛洛依德上述的說法，認為此症狀的產生是由於父母過度溺愛或支配其孩子，使得孩子的能力未能充分的發展。為了克服此自卑感（inferiority complex），人們會無意識的不斷重覆某些行為，以期能自我掌控，並感受到優越感（proficient）（Davison & Neale, 1994）。

　　學習論者認為強迫性異常是來自行為的後果受到增強所致。例如強迫性的洗手為可減少被細菌或髒物侵入身體的恐懼，這種減低害怕的感覺無形中就增強了洗手的行為（Davison & Neale, 1994）。從認知學派的觀點，有學者發現強迫性異常的案主傾向於預估事情有傷害性的後果，所以他們不斷持續某個行為，以期能逃避此不利的後果（Carr, 1974）。另外有些學者也發現有強迫性異常傾向的大學生較其他學生的記憶力差，他們較難憶起先前作過的事（Sher, Frost, Kushner, Crew, & Alexander, 1989）。從生理性的觀點來看，強迫性異常的案主可能是因為其腦部沿著延腦到中腦某些神經核所含的神經傳導物質的血清胺（serotonin）欠缺，所以腦部中控制衝動的傳導系統無法正常的行使其功能，而導致案主強迫性異常的情況（Nolen-Hoeksema, 2004）。

5.創傷後的壓力異常

　　導致案主產生創傷後的壓力異常的原因很多，可以從社會性、心理性及生物性的觀點來分析。社會性的觀點認為事件的本質是一個很重要的因素。如果該事件很嚴重、持續很長的時間或是發生的地點很靠近案主，該事件對案主的影響就會高過於一個較輕微、短暫性或是發生在一個遙遠地方的事件。另外的一個社會性因素是當事件發生時整個社區給於支持或關懷的程度，受到較多關懷者其事後產生創傷後的壓力失調症的機會會比受到較少關懷者來得少（Nolen-Hoeksema, 2004）。心理性的因素包括案主先前的生活與學習經驗、對事件的認知情況及所採用的克服壓力的技巧。例如學者（Breslau）發現女性、幼

年即與父母分離、家族中有人患有失調症者或本人曾患有一些
失調症者，當其遇有重大事件後產生創傷後的壓力失調症的可
能性較大。

　　學習理論者認為創傷後的壓力失調症之產生是來自前面曾
述及莫爾（Mowrer）的二因素論，比如某個婦女曾在甲路口眼
見發生車禍，之後她會避免再經過甲路口（古典制約）。避免
再經過甲路口，改走乙路可減輕其害怕再發生車禍的威脅感（增
強效果），而威脅感的減輕會使她會繼續走乙路（操作制約），
而其逃避行為也會持續著（Davison & Neale, 1994）。認知學派
認為當受害者自覺無法掌控及預測環境，是產生創傷後的壓力
失調症的主要原因（Chemtob, Roitblat, Hamada, Carlson &,
Twentyman, 1988）。當人們對所發生的事件無法理解或釋懷的
去面對，而以逃避的方式來克服心理的壓力，此種人日後產生
創傷後的壓力失調症的機率會較能坦然面對，並了解事件所發
生的原委者來得高。從生物性的觀點來看，如果案主的體質上
有較易引動的神經傳導物質（neurotrsnsmitters）、荷爾蒙或是負
責消除害怕情緒的海馬（hippocampus）有損傷者，如果遇到重
大事件，其產生創傷後的壓力失調症的機會會比體質上較優勢
者多（Nolen-Hoeksema, 2004）。

㈢治療焦慮失常症的方法

1.恐懼症

　　處理恐懼症時，心理分析學者會利用自由聯想（free associ-
ation）的方法仔細傾聽案主所提的事物與其恐懼症的關係，並

幫助案主發現他們為壓抑的衝突而導致的害怕與逃避的情形。
行為治療法最常使用系統減敏法（system desensitization）來幫
助案主減除恐懼。此法是由沃爾樸（Wolpe）所提出，其基本假
設是認為恐懼與放鬆的情緒是無法同時存在的。其治療方法是
採下列三個步驟來進行：第一步先幫助案主列出恐懼階層；第
二步幫助案主學會肌肉放鬆；第三步讓案主肌肉放鬆，然後讓
案主先想像列在較低階層的恐懼的事物，當該階層的事物不再
引發恐懼的情緒時，再依次讓案主想像恐懼階層較高的事物。

　　除了運用想像的方式以外，幫助案主實際進入讓其感到恐
懼的真實情境（in vivo exposure）也是有助於治療其焦慮恐懼
的。有些學者發現以此方式來幫助廣場恐懼症的案主循序漸進
的實際進入人群及公共場所，有相當好的治療效果（Craske, Ra-
pee, & Barlow, 1992; Emmelkamp, 1986）。

　　不同於上述二法所採用循序漸進的方式，洪水法（floo-
ding）則是讓案主一次就完全觸及令其感到恐懼的情境，但由於
可能會引發案主相當強烈的反應，反而會影響治療效果，所以
學者建議此法的使用應列為最後的選擇（Davison & Neale,
1994）。對於患有社交恐懼症的案主可以使用角色扮演（role-
play）或預演（rehearsal）的方式，幫助他們如何處理人際關
係。另外也可以採用模仿（modeling）的方式，即讓案主從觀看
影片或人的行為中來學習克服其社交恐懼。

　　根據合理情緒治療法的創始人艾里斯（Ellis）的說法，恐懼
的產生是由於不合理的信念所造成，例如：如果你認為遇到某
些可能很危險的事，你必須要很害怕。所以當以合理情緒治療
法來協助案主時，就需幫助他們棄絕那些造成其心理恐懼的不

合理信念，並以合理的信念來面對同樣的情境。

2.極度恐慌異常

　　學者們曾提出一套處理極度恐慌異常的方法，此法共有三個步驟：第一步驟是學習放鬆；第二步驟是結合艾里斯的合理情緒治療法及貝克（Beck）的認知行為治療法，找出不合理的想法；第三步驟是在諮商室中引發案主害怕的行為，此刻再配合運用步驟一及二，並讓案主重新解釋其身體反應所代表的訊息，並確認其已具有自我控制的能力（Davison & Neale, 1994）。

3.一般性的焦慮異常

　　心理分析論者認為一般性的焦慮異常是來自潛意識中自我與本我的衝動（impulse）間的衝突。所以心理分析論的治療者應幫助患者找出造成其衝突的真正來源。學習論者相信焦慮是經由古典制約方式學得的。如同處理恐懼症一樣，系統減敏法可用來處理一般性的焦慮異常，不過因為一般性的焦慮異常的患者較難實際具體找到導致其焦慮的原因，所以治療者通常會採用較一般性的治療方式，如較密集性的放鬆訓練，期望透過放鬆訓練所具有的抑制焦慮的能力，可幫助案主減低其整體的緊張程度。如果案主的焦慮是來自缺乏能力所產生的無助感，則治療者適應時的提供技巧訓練，如自我肯定訓練等（Davison & Neale, 1994）。認知行為學派的治療方式是挑戰案主不適當的假設，幫助案主對事件重新加以審視，以積極正向的想法來取代原來負向的想法，並發展出新的策略來克服並解決問題，會有助於案主減除焦慮（Nolen-Hoeksema, 2004）。

4.強迫性異常

　　心理分析治療者在處理此症狀時，仍沿用其治療恐懼症及一般性憂鬱症的做法，幫助案主找到真正造成衝突的原因。不過學者指出以心理分析的方法來治療強迫性異常的效果並不好（Davison & Neale, 1994）。

　　最廣泛被使用的行為治療法，是讓案主強烈且重複的暴露在引發其強迫性反應的情境中，如讓其碰觸髒泥巴，但卻抑制其表現原先的反應，如洗手。此法是假設透過此過程，案主遇到同樣刺激物時，原有的焦慮程度會減低，據研究指出此法的效果頗佳（Foa, Stekette, & Ozarow, 1985; Rachman & Hodgson, 1980）。

5.創傷後的壓力異常

　　行為治療法會鼓勵案主以系統減敏法或洪水法的方式去面對其所害怕及想逃避的事物，以期能透過不斷的面對而減除其害怕的等級。認知學派則會採用壓力處理技巧、完全放鬆、合理情緒治療法及問題解決技巧訓練等來幫助案主。心理分析論者會鼓勵案主談論此創傷的事件（Davison & Neale, 1994），學者（Rachman, 1978）提出思考停止法是一個有效的方法。此法是教導案主當覺察到自己正想到受到創傷的事件時，就要大聲向自己喊：停！並將注意力轉向其他較正向的事件。不過不管用何種方法，社會支持（social support）的提供是最有效的。此外給與無條件尊重及接納，並傾聽其受創的經驗也可以有效的協助受創者（Davison & Neale, 1994）。

三、情緒異常

　　情緒異常（Mood disorder）指的是案主情緒狀況不穩定的狀況，其包括極端憂鬱至極端興奮的不同狀況。

　　由於憂鬱症是情緒異常中最常出現的症狀，所以本單元主要是介紹憂鬱症的主要症狀、原因及處理方式。憂鬱症（depression）又稱單極的憂鬱症（unipolar depression）。憂鬱是對失望或不快樂經驗表現出過度的反應（over-reacts）。臨床上以悲傷、缺乏勇氣、沮喪等特徵來描繪憂鬱症者，這類案主因覺得世界是充滿敵意的，所以對人常抱著不安、不成熟的看法，且常悶悶不樂、不苟言笑，一旦遇到失望的事，就會伴隨一段長期的憂鬱期，此憂鬱狀態會損害處事能力的有效性及生產性（駱芳美，1983）。

㈠憂鬱症的主要症狀

　　根據DSM-IV，憂鬱症的案主至少會有下列之一的症狀，即憂鬱的情緒，或者對任何事物不再感到有興趣或不再感到快樂。除此之外，會有兩週以內呈現下列其中的五項（或多於五項）症狀：

　　1.幾乎每天都感到憂鬱，且會感到悲傷或空虛或有流淚的衝動。

　　2.幾乎每天都對事情提不起勁。

　　3.雖沒有控制食量卻明顯的變瘦或增胖（例如每個月的體重有百分之五左右的增或減），或者每天都沒有食慾或食慾太好。

4.失眠或睡眠過多。前者的情況是很難以入睡,即使好不容易入睡,常於半夜醒來後無法再入睡,而且常常一大早就會醒來;後者則會猛睡。

5.幾乎每天都不想動(精神運動性的遲緩)或過動(自己覺得或他人觀察發現)。

6.幾乎每天都覺得精神不繼或過度興奮。

7.幾乎每天都感到沒有價值感或有過度不適當的罪惡感。

8.幾乎每天都無法專心思考或猶豫不決的(自己覺得或他人觀察發現)。

9.常常有死的想法,沒有特定的計畫但一直有自殺的念頭,或有自殺的企圖,或會有特定計畫性的自殺(American Psychiatric Association, 2000)。

㈡形成憂鬱症的原因

從生理的觀點來看,有理論指出憂鬱正是來自患者正腎上腺素(norepinephrine)與血清胺(serotonin)等傳導物質缺乏平衡;另外理論指出是因為患者管興奮情緒的左額葉前部皮質(left prefrontal cortex)反應遲緩,而導致患者缺乏動機,鬱鬱寡歡(Nolen-Hoeksema, 2004)。精神分析學派認為憂鬱症主要是對失去心愛的人或物的一種反應,不過他把這種痛苦隱藏在潛意識中而未發洩出來,也因而使人們的自我(ego)變得較脆弱。人本與存在主義的觀點認為憂鬱者是由於沒有完全且真實的與現實生活接觸。例如存在主義者認為孤獨是沒什麼可害怕的,因為人們可藉著對孤單的體會來激發自我的成長;但憂鬱者卻非常需要依賴人,非常擔心失去與他人的人際關係。害怕

孤獨變成憂鬱症的來源之一。行為主義認為憂鬱症是來自消弱
（extinction）的結果，當人們發現其行為的結果不再能獲得增
強或酬賞，就會變得退縮，意即憂鬱（Bootzin, Acocella, & All-
oy, 1993）。

在心理治療中，認知論中的貝克的憂鬱理論及無助／無望
論是最常被用來解決憂鬱症的的理論。以下就針對此兩個理論
加以說明。

1. 貝克的憂鬱理論

在心理治療的理論中，貝克的理論（Beck, 1987）對憂鬱症
有最深入探討。他認為憂鬱是來自人們對事物有負向且消極的
解釋（如圖 7-2）。

根據貝克的理論，人們可能由於自幼經驗到失去父母，不
被同儕所接受，愛挑剔性的老師或憂鬱的父母等情況，而導致
對自己、世界及未來持有悲觀的看法。漸漸的，他們會以此悲觀

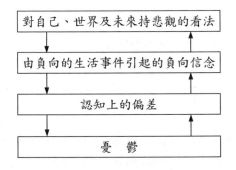

圖 7-2　貝克的憂鬱理論

參考資料：參考 Davison 與 Neale (1994: 231)。

的信念去解釋其所遇到的新情境，也常因此而無法正確了解與體會真實的世界。憂鬱者在解釋事件時有下列四個認知上的偏差：

(1)武斷性的推論

憂鬱者常會在缺乏充分的理由與證據的情況下作出結論。例如有一次正輪到王先生主辦一個戶外的野餐會，不巧的，那天下大雨無法舉行，王先生就因此結論說自己真是沒用，連辦個野餐會也辦不成。

(2)選擇性的摘要

憂鬱者常僅摘要其情境中的某一個原因或要素來做為其下結論的依據。例如李先生參與一個公司企畫案的推動，雖然一起參與者有三十個人，但當此企畫案因某些原因而被迫停止時，李先生會責怪自己的無能。

(3)過度類化

憂鬱症者會因其某件事情的失敗，而認為自己無一是處。例如某校的林姓學生可能會因為期中考某一個科目沒考好，而聲稱自己很笨，什麼都不會。

(4)誇張或輕視

有些人會誇大他自己的表現。例如：謝先生僅見他的車子有了些微的刮傷，就很沮喪的說這輛車完了。有些人雖然很努力的完成某項任務，卻直說自己沒什麼，不值得他人給與讚賞。

2. 無助（helplessness）／無望（hopelessness）

　　另外，有學者指出憂鬱症的產生是緣自於學得的無助感（learned helplessness）。意即當人們在其生活中層次經驗到由於自己無法成功的控制，而失敗或導致創傷時，就很容易會以消極的態度來面對挫折。此理論後來又被加上了歸因（attribution）的概念，認為當人們經驗到失敗時，會試著去找出原因，當人們對其失敗情境的歸因為負向且無助感時，就導致了憂鬱。第三種論點是將無助感的概念改變為無望感。認為當人們對其失敗情境歸因為沒有希望改變時，就導致了憂鬱（Davison & Neale, 1994）。這三種論點如圖 7-3 所示。

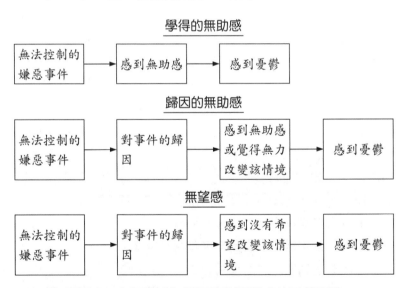

圖 7-3　由無助或無望而產生憂鬱症的三個理論

資料來源：參考 Davison 與 Neale (1994: 235)。

㈢治療憂鬱症的方法

　　精神分析學派認為處理憂鬱症的方法是幫助案主去探測其對過去或現在所失去的矛盾心態。存在主義治療者則主張應幫助憂鬱症的案主去面對真實的生活，即幫助他們建立自己的價值觀及反應的方式，而非一味的附和他人的期望；也學習面對孤獨，接受孤獨的存在，並視孤獨是有助於自我的成長。

　　行為學派治療者則主張應增加憂鬱症的案主接納到增強物的機會。例如讓案主先想像一些會令其感到快樂的事，如：吃冰淇淋、讀偵探小說等。與案主約好在某個時間他就必須去想像上述那些令他感到快樂的事，並要其體會快樂的感覺。另外由於憂鬱症案主也常受苦於不良的人際關係，所以行為學派治療者所採的另一種治療方式是給與案主社交技巧訓練。首先先教導他們一些基本的社會互動技巧，例如如何與他人保持眼神接觸、如何開啟話題、讚美或向他人問候及如何結束話題；之後以示範及角色扮演的方式來幫助案主作練習。

　　貝克則主張先去除案主負向的想法，然後再鼓勵案主學習以較理性的想法來取代原先的想法。有時候要求案主寫下其消極的想法，如：何時發生及此想法所帶來的感受。貝德氏與貝克（Bedrosian & Beck）將其列出如下的四個步驟：

　　1.讓案主描述令其不舒服的情境。

　　2.幫助案主辨認出與此情境有關的情緒。

　　3.讓案主列出隨之而來的想法。

　　4.幫助案主提出對這些不健全的想法可以有的合理反應（Bootzin, Acocella, & Alloy, 1993）。

㈣自殺的處理與防治

自殺的原因最主要是來自憂鬱（depression）。憂鬱症患者最主要的症狀之一是有自殺的企圖。做為心理輔導的工作人員，常不可避免的需面對可能有自殺企業的案主。所以本單元要探討在首次的接案（in-take）輔導中，工作人員應如何去敏感發現：案主是否有自殺的企圖？如果有，應如何處理？

派氏等人（Pipes & Davenport, 1990）指出，在第一次接案時很重要的一件工作是，評量案主問題的嚴重性。如果你有一些線索令你相信案主有自殺的可能時，你就必須不放棄，進一步評量其可能性。派氏等人甚至認為：不管是否有明顯的線索，都需探問案主是否有自殺的企圖。除了問之外，有幾個線索可以給我們作參考：

・如果案主有中度至重度的憂鬱症，則一定要探問有關自殺的問題。

・如果案主最近有作些危險的舉動，已威脅到生命的危險（如超速開車），則應考慮此案主可能有自殺的企圖。

・如果案主提了一些有關生死的話題，例如：我何必計較呢？人生反正都免不了一死嘛！應考慮是企圖自殺的線索。

・應敏感於案主的一些語言行為，例如你的案主是否故意要讓你知道他已經寫好了遺囑等。

・如果案主明確或不明確的提到自殺，例如：我不確定我的人生能否持續下去。如果人生一直像這樣，我懷疑是否值得再繼續過下去？如果我自殺了，我周遭的人也許會好過一些。我想，我只有自殺才能對得起他人。

　　當你的案主顯示上面的線索，身為輔導員或社會工作員一定要清楚的再查問清楚。你可以很直接的問：你有考慮到要自殺嗎？

　　至於如何進行危機輔導，經整理學者們（Pipes & Davenport, 1990; 吳真真譯，1987；高靜懿、陳智論，1995）的建議，可歸納為如下五個步驟：

步驟一：接近

　　面對處在危機中的案主，下列注意事項可幫助輔導員更易接近案主：

1.態度上應力求平靜與沉著

　　輔導員平靜及沉著的態度會使案主有安心的感覺。你可說：「我會幫助你，讓我們一起來看看是怎麼一回事。」

2.賦與案主希望

　　當處在危機中，案主常很擔心他（她）的世界會崩潰。所以輔導員在言談間可使用一些讓他們感覺有希望的語氣。例如：「我會幫助你，當我們找出困擾你的事物後，你的心情就會好些。」

3.減少空間與時間上的壓力

　　危機中的案主往往會感到透不過氣來，因此要盡量減輕空間與時間對他們的壓迫。最好在比較舒服和具安全感的房間內

談話。

　　在接觸案主之前若能先閱讀有關的紀錄及資料，先對案主有某些概念會有助於對案主問題的處理。同時要照會你的同事，讓他們知道你正在使用那個諮商室。

步驟二：接觸

1.傾聽

　　當一個人處在情緒上之危機時，最重要的便是有人願意聽他說些什麼。輔導員應避免將自己的價值觀或道德觀加諸在案主的事件上。在傾聽時應以同理心的態度並避免錯誤的保證。

2.同理心

　　輔導員應以非批判、支持及了解的態度來分擔案主的感受。起先，可以與案主握手並介紹你自己，告訴他（她）：「我來幫助你找出困擾你的事物。」如果案主一直保持沉默，你可以用平靜而關心的口吻說：「你覺得怎麼樣？」要注意你的身體語言，如身體略微前傾，眼光注視對方。

3.支持

　　讓案主感受到你對他的支持及關心，並明確的表達出來。

4.真實性

　　雖然案主此刻有強烈的渴望，希望受到保證。但是如果你

沒聽清楚他說什麼，不要假裝你已了解。也不要掩飾你對案主
真正的感覺。

5.主動性

輔導員對案主所說的話應以傾聽、發問及反映的方式表示
興趣，並幫助案主將話題集中，而不漫談。不過主動性並不表
示你要說個不停。

6.直接性

當你想說什麼時，可直接表達出來，如此有助於案主了解
你對他（她）的感覺。

步驟三：評量

1.了解案主要的是什麼

你可以問他（她）：「你希望我怎麼幫你？」或「你要什
麼？」因為唯有真正掌握案主的需要，才能給與適切的協助。

2.蒐集基本資料

應了解其居住狀況、主修及年級、家庭資料等，以利對情
況之掌握，並能和緩諮商過程的氣氛。

3.蒐集心理狀態的資料

在危機處理時，需蒐集的不是長期或生長背景的資料，而

是目前此時此刻的資料。例如：

(1)評量案主的危險性（自己及他人）如何？

　　①了解在案主的生活史中是否曾有企圖自殺過的經驗：如果次數愈多，其再自殺的可能性愈大。

　　②了解案主多久想到一次自殺：如果一個月想到一次比每天都想到的機率小一點。

　　③了解案主對自殺觀念的特質：案主的想法愈特定的其危險愈大。例如：如果我死了，我就不用再去受苦了！要如何死會比較好死呢？有此想法（生活真是痛苦）的其危險性會較無此想法者大。

　　④了解案主對自殺想法的持續性：通常當有自殺的企圖或想法進到腦中時，人們皆會盡快將之趕走，且也有能力控制不再去想；但是一旦人們不斷的讓自殺的企圖或想法進到腦中，且沒有能力控制不再去想時，其危險性就相當大了。

　　⑤了解案主的自我（ego）的強度：是指案主對自我的興趣，對自我判斷能力自信的程度。愈弱者其危險性愈大。

　　⑥了解案主真正要付諸實現的程度：例如他可能說：沒有啦！其實我只是想一想而已，沒有真正要做；或是：我可能真的會去做！後者可能較前者危險性大。

　　⑦了解案主是否已有一具體的計畫：有時案主提到自殺只是一時衝動的想法，有時可能已真的有計畫了。後者比前者還危險。

　　⑧了解案主的計畫是否已經很具體了？例如：我已經準備好了自殺用的藥物！或者，我想我可以買到自殺用的藥物。前

者比後者還危險。

　　⑨了解案主計畫的方法其可行性多高。例如：我已經準備好了自殺用的藥物！或者，我正開始存錢準備買自殺用的藥物。前者比後者還危險。

　　⑩了解案主計畫的方法其致命性多高。例如以手槍的致命性可能甚高。

　　⑪了解案主對於別人對他（她）自殺後的看法：例如：我想沒有人會在乎我；或我想我父親會很難過。前者比後者還危險。

　　⑫了解案主顯現出的症狀（可以協助精神科醫師診斷其症狀）：如果了解案主真正的情況更能了解其可能自殺的機率。

　　⑬了解案主是否有精神病（psychotic）或憂鬱症的傾向？因為精神病患者較無自殺的傾向，而憂鬱症者則會有自殺的傾向。

　　⑭了解案主的行為是否有自殺的意圖：如寫遺囑、將自己心愛的東西送給他人等。

　　⑮了解案主感到無助、沒有希望及無力感的情況：愈強者愈危險。

　　⑯了解案主是否能想出一些能支持其繼續生活下去的理由：如果仍有，危險性較低。

(2)案主和現實世界接觸的有效性如何？

　　①了解案主的社會支持網絡的情形（social network system）：通常愈是社會孤立者其自殺的動機愈強，這種人有時雖想交朋友，但一碰到人又會想要逃避。

　　②了解若案主自殺其獲救率多高。如果案主很少與他人往

來，其獲救率可能較常有人拜訪者來得低。

(3)在危機之前，案主的生活功能如何？

　　了解案主之前曾遇相同情境時所使用過的克服方法：如果案主曾用某些方法但後來發現該法已不管用了，其危險性較之於案主仍覺得該法可以用的高。

4.確定引發案主危機發生的事件

　　當案主處在危機狀態時，通常不能確知其生活上的變化，只是覺得無助與無望。促使患者產生危機事件的事物可能是生活中的親人死亡，或很多事件一起發生在案主身上等。當確定引發危機的事件之後，必須接著探尋這些事件對案主所具有意義。這些事件大致都是一種「失落的經驗」，如關係的失落、自尊的失落或自主感的失落。

步驟四：介入過程

　　在危機輔導中，主要的功能是協助案主恢復其心理的平衡及安全感。因此應：

1.協助案主了解危機的存在

　　協助案主了解(1)發生此危機的前因事件為何？(2)該事件與危機有何關連？讓案主了解治療的目的是要恢復他們的自主與自尊，統整其雜亂的情緒使其明白自己該做什麼事。

2.評量其危險性（如前所述）

3.協助案主紓解情緒

以關懷及溫暖接納的傾聽，可促使案主傾吐出其心中感傷、罪惡感、氣憤或羞愧的情緒，並可滌清心境，促進平衡。

4.協助案主找出克服的方法

輔導員應和案主擬定克服危機的短期與長期計畫。

5.與案主立下契約

當擬定好克服危機的短期與長期計畫後，諮商員應要求案主訂立契約答應願意遵行原來計畫所擬定的要求，對於企圖自殺的案主，特別應要求案主同意在諮商階段中不要自殺。如果案主不同意，則至少要他（她）同意到下次見面前不要自殺。

步驟五：處理

1.讓案主學習為自己的行為負責，避免權力的掙扎

案主在此時常會感到自己似乎失去控制。威脅說要自殺之目的是企圖要再擁有控制權。處理此個案應幫助他們不要再度處在此種掙扎中，學習為自己的行為負責任。

2.參與

讓案主知道你是願意協助他的,不過不要應允到多於你真正可提供的服務範圍。

3.將任何你所覺察到的信息誠實的提出來與案主討論

不要忽略你的直覺,當你愈能坦誠表達,案主就愈能坦誠的與你分享。

4.將自殺具體化但不要誇張它

例如:將自殺說成「殺害自己」(killing yourself),讓案主能從具體陳述中,澄清腦中原有的想法。

5.幫助案主找出他們希望透過自殺來達到何種目的

透過此可能會告訴你他(她)的問題是什麼,想要解決的問題是什麼。

6.如果情況確實很嚴重,則安排其住院

與案主討論,安排案主進入急診室。身為輔導員,你的責任是保護案主的安全。

7.分攤責任

當你覺察案主有自殺傾向時,則應即時向你的督導或同事報告。透過此你可分攤一些責任,減輕壓力。並可以從與督導的討論中,想出更好的處理方案。

8. 避免反轉移

覺察看看你自己有關自殺和死亡的態度和感覺如何影響到案主。確定你的直覺是真實的。

9. 幫助案主覺察他（她）自己所存在的正反感情（ambivalence）

幫助案主了解生存的意義。例如讓案主訴說其人生的故事，並從每個故事中去體會其生存的意義。

10. 幫助案主去除他的計畫

幫助案主想出其他可行的解決辦法，並列出具體的做法。當案主發現其他的路也行的通時，就較會願意去除他原先的計畫。

本章摘要

　　本章主要的內容是介紹異常行為的定義，並分別介紹精神分裂症、焦慮失調症與情緒異常等三種較常見的心理疾病之產生原因及心理治療的方法。要定義異常行為並非易事，因為不同的人或不同的社會文化存在著不同的價值觀，這些皆會影響人們對所謂異常行為的定義。所以學者建議可以從統計的標準、符合文化與社會規範的情況、情緒反應狀況是否適切、行為反應是否阻礙個人健全功能的發揮、與現實情況是否相符及行為是否有危險性、行為是否造成自我傷害及是否符合期望的情形來定義。

　　精神分裂症案主的主要症狀是幻聽、幻想、語無倫次、緊張或行為失序。精神分裂症的種類包括：混亂性的精神分裂症、緊張症的精神分裂症、妄想性的精神分裂症及剩餘型的精神分裂症。形成精神分裂症的原因與治療方式，因不同的學派學者的看法各異，所以其主張的處理方式也有所不同。例如：佛洛依德認為精神分裂症是一種退化的表現；蘇利萬認為是親子關係的破壞所造成的；行為學派的觀點認為精神分裂症的案主經歷到較常人更繁榮，且強度較強的生、心理的壓力，而導致其克服問題的技巧減弱；認知學派學者認為是注意力過度集中或是注意力缺乏所造成的；人本及存在主義派學者則認為當精神分裂症的案主因面臨嚴重的心理壓力，發現自己已無法以原有偽飾的我去面對生活，因而就脫離現實，到另一種虛幻的世界中去尋求認同。

　　治療精神分裂症的方法，蘇利萬指出治療者本身要同時扮演分析者及案主的再生父母兩種角色，一方面協助案主探查其潛意識，另一方面提供案主一個尊重與有情感的環境，讓案主有信心從退縮中走出來並重新進入真實的世界中。行為治療法被認為是最適合用來治療精神分裂症。例如區別增強的方式只酬賞其表達適切的言談時。操作性消弱的方法教導案主忽略自己的內在對話直到其消失。以社交技巧訓練教導案主其如何與他人對話、眼神接觸、適當的身體姿勢及微笑等。

　　焦慮失調症的主要症狀包括神經質、焦慮、害怕、有不詳的預感、出冷汗、心跳加速、肌肉緊張及顫抖。焦慮失調症包括恐懼症、極度恐慌異常、一般的焦慮、強迫性異常及創傷後的壓力異常。形成焦慮失調症的原因，因不同的學派學者的看法各異，所以其主張的處理方式也有所不同。例如：佛洛依德認為恐懼症的產生是因為人們為了避免焦慮而將本我的衝動加以壓抑的結果；艾瑞提認為是因孩子擔心大人無法保護他們，為了建立對他人的信任，而將人際上的恐懼潛意識的轉移到其他的情境或事物上；行為學者以二因素論及觀察學習來解釋恐懼的學習的過程。處理恐懼症時，心理分析學者會利用自由聯想的方法；行為治療法最常使用系統減敏法、實際經驗法、洪水法、角色扮演、預演及模仿的方式。認知學派則建議採合理情緒治療法來協助案主。

　　極度恐慌異常形成的主要原因是因擔心自己會突然出現恐慌的症狀。案主因為害怕過度所以就會錯誤的解釋生理的反應。另外，非常擔心自己會在公共場所失去控制，也是導致極度恐懼症的原因之一。處理極度恐慌異常的方法共有三個步驟：第

一步驟是學習放鬆；第二步驟是結合艾里斯的合理情緒治療法及貝克的認知行為治療法；第三步驟是讓案主在諮商室中引發出案主害怕的行為，再配合運用步驟一及二，並讓主重新解釋其身體反應所代表的訊息，並確認其具有自我控制的能力。

　　心理分析論者認為一般性的焦慮異常是來自潛意識中自我與本我的衝動間的衝突。學習論者相信焦慮是因案主曾遇到一些自己所無法控制的痛苦經驗，然後經由古典制約方式學得的。而認知學習論者則相信當案主自覺自己無法控制的信念才是造成焦慮的主因。另外，覺知無助感及過度負向的高估及錯誤解釋所發生事件的嚴重性，也是造成焦慮的原因。至於其治療方式，心理分析論的治療方式是幫助案主找出造成其衝突的真正來源。學習論的治療方式是採系統減敏法、密集性的放鬆訓練或自我肯定訓練等。認知學習論者建議幫助案主對事件重新加以評價，有助於幫助案主減除焦慮。

　　心理分析論者認為強迫性異常出現的原因，是由於人們因固著在肛門期而有肛門期性格者的徵兆。阿德勒認為此症狀的產生為了克服自卑感。學習論者認為強迫性行為是來自行為的後果受到增強所致。認知學派的觀點則認為此類案主傾向於預估事情會有傷害性的後果，所以他們不斷持續某個行為，以期能逃避此不利的後果。處理此症狀時，心理分析治療者的重點在幫助案主找到真正造成衝突的原因。最廣泛被使用的行為治療法是讓案主強烈且重複的暴露在引發其強迫性反應的情境中，但卻抑制其表現原先的反應。

　　學習理論者以莫爾（Mowrer）二因素論解釋創傷後的壓力異常之產生。認知學派認為當受害者自覺無法掌控及預測環境，

是產生創傷後的壓力異常的主要原因。心理分析論者認為當人
們遇到重大創傷後會處在要如何將此創傷的遭遇與其原有的信
念整合在一起的掙扎及痛苦中。處理此症狀時，心理分析論者
會鼓勵案主談論此創傷的事件。行為治療法會鼓勵案主去面對
其所害怕及想逃避的事物。認知學派則會採用壓力處理技巧、
完全放鬆、合理情緒治療法及問題解決技巧訓練等來幫助案主。
不過不管用何種方法，社會支持的提供是最有效的。

　　憂鬱症又稱單極的憂鬱症，是情緒異常中最常出現的症狀，
其主要症狀是憂鬱的情緒，或者失去興趣或快樂，並有自殺的企
圖。精神分析學派認為形成憂鬱症的原因主要是他把對失去心愛
的人或物的痛苦隱藏在潛意識中而未發洩出來，也因而使人們的
自我變得較脆弱。人本與存在主義的觀點認為憂鬱者是由於沒有
完全且真實的與現實生活接觸。行為主義認為憂鬱症是來自消弱
的結果。認知論中貝克的憂鬱理論及無助／無望論是最常被用來
解釋憂鬱症的理論。處理憂鬱症的方法，因不同的學派學者的看
法各異，所以其主張的處理方式也有所不同。精神分析學派認為
是幫助案主去探測其對所失去事物的矛盾心態。存在主義治療者
則主張應幫助案主去面對真實的生活。行為學派治療者則主張應
增加案主接觸到增強物的機會及社交技巧的訓練。貝克則主張
一、讓案主描述令其不舒服的情境；二、幫助案主辨認出與此情
境有關的情緒；三、讓案主列出隨之而來的想法；四、幫助案主
提出對這些不健全的想法可以有的合理反應。

　　最後，由於憂鬱症患者最主要的症狀之一是有自殺的企圖。
所以本章的結尾提出五個線索及危機面談的五個步驟做為輔導工
作者或社會工作人員在首次的接案及處理在危機中案主的參考。

研 討 問 題

一、何謂「異常行為」？請以三種指標說明之。

二、精神分裂症有哪些類型？其特徵各為何？你認為哪一個學派
　　所提的產生原因及其治療方式較有效，請說明之。

三、焦慮失調症有哪些類型？其特徵各為何？你認為哪一個學派
　　所提的產生原因及其治療方式較為有效，請說明之。

四、憂鬱症有哪些特徵？你認為哪一個學派所提的產生原因及其
　　治療方式較有效，說明說明之。

五、身為輔導工作者在首次接案時如何去發現案主是否有自殺的
　　傾向？又當如何處理處在危機中的案主？

參 考 文 獻

一、中文部分

吳真真（譯）（1987）。大專學生的危機晤談。**諮商與輔導，14**，32-35。

高靜懿、陳智倫（1995）。**校園自我傷害──防治處理手冊**。台北：教育部。

張春興（1995）。**張氏心理學辭典**。台北：東華。

駱芳美（1983）。憂鬱問題及其輔導策略之探討。**輔導月刊，19**（6, 7, 8），5-10。

二、英文部份

American Psychiatric Association (2000). *Diagnostic and statistical manual of mental disorders* (4th Ed. Text Revision) (DSM-IV-TR ™). Washington, DC: Author.

Barocas, H., Reichman, W., & Schwebel, A. I. (1983). *Personal adjustment and growth: A life-span approach.* New York: St. Martin's Press.

Beck, A. T. (1987). Cognitive models of depression. *Journal of Cognitive Psychotherapy: An International Quarterly, 1,* 5-37.

Bell, C. J., & Nutt, D. J. (1998). Serotonin and panic. *British Journal of Psychiatry, 172,* 465-471.

Bootzin, R. R., Acocella, J. R., & Alloy, L. B. (1993). *Abnormal psy-*

chology: Current Perspectives. New York: McGraw-Hill.

Burns, C. E. S., Heiby, E. M., & Tharp, R. G. (1983). A verbal behavior analysis of hallucinations. The Behavior Analyst, 6, 133-143.

Bustillo, J. R., Lauriello, J., Horan, W. P., & Keith, S. J. (2001). The psychosocial treatment of schizophrenia: An update. American Journal of Psychiatry, 158, 163-175.

Carr, A. T. (1974). Compulsive neurosis: A review of the literature. Psychological Bulletin, 81, 311-319.

Chemtob, C., Roitblat, H. C., Hamada, R. S., Carlson, J. G., & Twentyman, C. T. (1988). A cognitive action theory of post-traumatic stress disorder. Journal of Anxiety Disorder, 2, 253-275.

Craske, M. G., Rapee, R. M., & Barlow, D. H. (1992). Cognitive behavioral treatment of panic disorder, agoraphpbia, and generalized anxiety disorder. In S. M. Turner, K. S. Calhoun, & H. E. Adams (Eds.), Handbook of clinical behavior therapy (2nd ed.) (pp. 39-65). New York: Wiley.

Davison, G. C., & Neale, J. M. (1994). Abnormal psychology. New York: Wiley.

Emmelkamp, P. M. G. (1986). Behavior therapy with adults. In S. L. Garfield & A. E. Bergin (Eds.), Handbook of psychotherapy and behavior change (3rd ed.). New York: Wiley.

Foa, E. B., Stekette, G. S., & Ozarow, B. J. (1985). Behavior therapy with obsessive-compulsive: From theory to treatment. In M. Mavissakalin, S. M. Turner, & L. Michelson (Eds.), Obsessive-compulsive disorder: Psychological and pharmacological treatment.

New York: Plenum.

Goldstein, M. J. (1987). Psychosocial issues. *Schizophrenia Bulletin, 13* (1), 157-171.

Goldstein, A. J., & Chambless, D. L. (1978). A reanalysis of agoraphobic behavior. *Behavior Therapy, 9,* 47-59.

Heinrichs, N., & Hofman, S. G. (2001). Information processing in social phobia: A critical review. *Clinical Psychology Review, 21,* 751-770.

Hettema, J. M., Neale, M. C., & Kendler, K. S. (2001). A review and meta-analysis of the genetic spidemiology of anxiety disorders. *American Journal of Psychiatry, 158,* 1568-1578.

Liberman, J., Chakos, M., Wu, Alvir, H., Hoffman, E., Robinson, D., & Bilder, R. (2001). Longitudinal study of brain morphology in first episode schizophrenia. *Biological Psychiatry, 49,* 487-499.

Martin, G. L., & Osborne, J. G. (1989). *Psychology, adjustment, and everyday living.* Englewood Cliffs, NJ: Prentice-Hall.

Mednick, S., Huttunen, M. O., & Machón, R. (1994). Prenatal influenz infections and adult schizophrenia. *Schizophrenia Bulletin, 20,* 263-267.

Neale, J. M., & Oltmanns, T. F. (1980). *Schizophrenia.* New York: Wiley.

Nolen-Hoeksema, S. (2004). *Abnormal psychology.* Boston: McGraw-Hill.

Pipes, R. B., & Davenport, D. S. (1990). *Introduction to psychotherapy: Common clinical wisdom.* Englewood Cliffs, NJ: Prentice-Hall.

Rachman, S. (1978). *Fear and courage.* San Francisco: W. H. Freeman.

Rachman, S. J., & Hodgson, R. J. (1980). *Obsessions and compulsions.* Englewood Cliffs, NJ: Prentice-Hall.

Rathus, S. A., & Nevid, J. S. (1986). *Adjustment and growth: The challenges of life.* New York: Holt, Rinehart and Winston.

Redmond, D. E. (1985). Neurochemical basis for anxiety and anxiety disorders: Evidence from drugs which decrease human fear or anxiety. In A. H. Tuma & J. Maser (Eds.), *Anxiety and the anxiety disorders* (pp. 533-555). Hillsdale, NJ: Erlbaum.

Rosso, I. M., Cannon, T. D., & Huttunen, T. (2000). Obstetric risk factors for early-onset schizophrenia in a Finnish birth cohort. *American Journal of Psychoatry, 157,* 801-807.

Sanders, S. K., & Shekhar, A. (1995). Regulation of anxiety by GABA-sub(A) receptors in the rat amygdale. *Pharmacology, Biochemistry & Behavior, 52,* 701-706.

Sher, K. J., Frost, R. O., Kushner, M., Crew, T. M., & Alexander, J. E. (1989). Memory deficits in compulsive checkers in a clinical sample. *Behavior Research and Therapy,27,* 65-69.

Stroebe, M. S., Gergen, M. M., Gergen, K. J., & Stroebe, W. (1992). Broken hearts or broken bonds. *American Psychologist, 47,* 1205-1212.

Susser, E., Neugebauer, R., & Hoek, H. W. (1996). Schizophrenia after prenatal famine: Further evidence. *Archives of Genral Psychiatry, 53,* 25-31.

Turk, C. L., Heimberg, R. G., & Hope, D. A. (2001). Social anxiety disorder. *Clinical handbook of psychological disorders: A step-by-step treatment manual* (3rd ed.) (pp. 114-253). New York: Guilford Press.

Wade, C., & Tarris, C. (2006). *Psychology.* Upper Saddle Rover, NJ: Prentice-Hall.

Wince, J. P., Leitenberg, H., & Agras, W. S. (1972). The effects of token reinforcement and feedback on the delusional behavior of chronic paranoid schizophrenics. *Journal of Applied Behavior Analysis, 5,* 247-262.

Zurrilla, L. T., Cannon, T. D., & Kronenberg, S. (1997). Structural brain abnormalities in schizophrenia: A family study. *Biological Psychiatry, 42,* 1080-1086.

第八章

人際關係

　　每個人生活在世上，勢必要與他人往來，即使是剛出生的嬰兒，也必須與母親及家中的其他近親往來。透過與他人的交往，我們了解自己是個什麼樣的人，可以做什麼事，並學習做到自己要做、想做的事。為什麼我們要與他人來往？在實際生活中，有些人在與他人交往的過程中似乎總是事事順利、朋友一堆、人氣旺盛；有些人則總是形單影孤，就算想與他人來往，別人也避之唯恐不及。為什麼條件相似的人，有人身邊朋友一堆，有人卻無人理睬？沒有朋友就會生活不如意嗎？我一定要成天和許多人膩在一起嗎？人際關係的好壞是評判一個人身心健康的標準嗎？如何才能有效的增進人際關係呢？本章將就上述問題一一探討。

第一節　人際關係的定義及理論

　　所謂人際關係（interpersonal relationships）是指我們在一段時間裡與某些人經常保持的某些社會接觸。通常這種接觸不包含一些較為浮面的接觸（例如與郵差或車掌的互動關係），而是可能會存著一種的「依附」（attachment）或「關連」（bonding）之感覺，彼此間有經常性的社會互動，而且彼此之間的互動在可預見的未來還會繼續一段時間（苗延威譯，1996）。這種人與人之間的關係，可以用下列向度來描述：

　　緊密的（intense）　　　——浮面的（superficial）
　　友善的（friendly）　　　——敵意的（hostile）
　　平等的（equal）　　　　——不平等的（unequal）
　　任務取向的（task）　　　——社交的（social）

　　除此之外，人際關係的描述還包括人際關係之間的規則和其他成分。例如，婚姻關係的探討除了從上述四個向度討論之外，還應探討婚姻關係中的家庭財產、家族制度、性生活及子女等；探討師生關係，除探討上述四個向度外，一樣要從師生關係的遊戲規則（包括社會文生中對師生關係的約束、學校文化及其次級文化對師生關係規則的訂定）及其它成分（如教師角色、師生年齡、性別等）探討。

　　事實上，所謂其他成分，從人際關係的特徵來看，包含下列因素：

　　‧目標：即滿足的來源。一般人都必須由人際關係中獲得某種滿足，而且這種滿足必須大於所付出的代價，否則不會去維持特定的關係。當然，不同類型的人際關係，所要求的滿足類型也不同。

　　‧步驟：指在達成目標的過程中，典型的活動型式或雙方可接受的相關程序。

　　‧角色：指在相關人際關係中，每個人所扮演的角色。例如在學校人際關係中，角色包括教師、學生、校長、行政主管、行政人員等角色。

　　‧環境條件：是指人際互動歷程所處的場地和範圍。

　　‧規則：指大多數人（亦即一個團體、鄰居，或次文化團體的大部分成員等）所認為或相信他們應該表現或不該表現的行為。

　　例如在友誼關係中，「朋友」的定義，根據《簡明牛津辭典》上的解釋，是指「一個人因互惠與親密而與之結交的他人」。我們描述友誼這種人際關係，通常是緊密的、友善的、

平等的、社交的（上述的四個向度）。此外，我們也可分析友
誼關係中，互動雙方的目的可能在於「互惠與親密」；友誼成
長的步驟包括：偶然碰面而對他人產生印象，安排或邀請聚會，
經常性的會面與相互依賴等幾個步驟；其中的角色即彼此互為
朋友，或由工作場中的同事改變為朋友，甚至密友，甚至更有
成為虛擬的親戚關係者（如同穿一條褲子的兄弟、姐妹淘等）；
環境條件則是指與他人成為朋友的環境，例如大多數人的朋友
是童年玩伴、工作伙伴、鄰居、親戚、社團成員，這顯示朋友
的互動與來源與個人活動的空間有相當的關係；最後則是規則，
朋友相交，在不同文化中各有其規則，如中國人講究「朋友有
信」、「對朋友要講義氣」、「朋友有通財之義」等，都是所
謂的規則。

　　就上述人際關係的定義與特徵來看，人際關係的範圍相當
廣，只要是牽步到在某一段時間內與與些人保持經常的接觸，
都有人際關係的存在。在個人日常生活中常見的人際關係，如
朋友、愛情、婚姻、親子、親戚、工作中的人際關係、鄰居關
係等。

　　綜合學者的觀點（朱敬先，1992；苗延威譯，1996；詹火
生、張苙雲、林瑞穗，1988），茲將解釋人際關係的理論，整
理為下列五種。

一、鏡我說

　　此學說是由顧里（C. H. Cooley）所提出，他認為個人與社
會是同時存在的，而且每個人都必須透過他人的眼睛才能了解

自己，透過他人對自己的評斷來評斷自己，透過他人對自己的認可來認可自己。就好像每個人都不可能直接看到自己，必須透過外在的媒體（如鏡子）。同樣的，我們也不能直接看到個人的人格特質、自我或身分地位，需要透過別人像鏡子一樣的反射出自我，當個人接收到別人的反應與判斷後，會將之內化到心裡，而後以之構成自我概念及人格特質中的一部分。

根據顧里的鏡我說，人際關係對個人來說是用以建立自我概念、自尊心及自我評斷的訊息來源。在人際互動的過程中，個人將外在的反應和判斷視為一面鏡子，而調整自己的行為；而他人亦會因自我的行為而調整，在此你來我往中，一方面發展自我，一方面學習社會文化。

二、重要他人說

重要他人說是由米德（George H. Mead）所提出。米德認為個我的存在需要，以與他人確切的關係作基礎，個人的自我是社會互動的產物，是個人社會及人格發展主要的特徵。換句話說，米德認為「自我」並不是單獨存在的實體，它必須依賴人際間的互動才能產生，也只存在於人際互動中的情境。因此，與個人互動以產生「自我」的他人就變得相當重要了，但就實際生活看，並不是每個與「自我」互動的他人都很重要，只有少數與個人關係密切、互動頻繁，而且對個人有影響力的人才能算是「重要他人」。例如在個人的幼年期，父母是最重要的他人，其次是手足；在大學時同儕與社會精英（楷模）亦是個人的重要他人。

　　根據米德的理論，人際關係的發展，在個人不同生命發展階段有不同的重要他人，個人在與重要他人互動時受其潛移默化，模仿其動作、手勢，甚至說話的語氣，逐漸形成自我，因此人際關係可說是個人建立自我必要的因素，不同階段的重要他人在個人發展中扮演不同的角色。不同階段的重要他人，也可說是個人基本的人際關係網。

　　顧里和米德的理論，加上湯瑪士（W. I. Thomas）及布魯默（Herbert Blumer）的觀點，融合成後來互動學派的理論基礎。在互動學派的理論中，社會是由一群互動協調的個人所組成，個人對情境的解釋是決定其行為的主要因素，因此社會對個人的影響，需要視個人對情境的界定和解釋才能落實。這個觀點對於改善人際關係非常重要。

三、社會交換論

　　社會交換論是由霍曼斯（George Homans）和布勞（Peter Blau）所提出。社會交換論主要是從經濟學的觀點出發，將人與人之間的互動，視為一種計算利弊得失的理性行為。社會交換論認為基本上人都是謀自己好處的，人與人之間的交換行為是維持社會利弊得失，如果利大於弊，得大於失，互動就會維持下去；如果個人在互動中無法獲得滿足，互動就會停止或者變成另一種形式。因此就這個觀點看，每個人都是在與他人互動中交換彼此所需要的事物或感情，人際互動是講求利己的，是自我中心的行為。

　　在人際互動中，人與人之間需要雙方都獲得滿足的情況下，

關係才能繼續維繫下去，問題是：彼此之間交換的是什麼？也就是人際互動的酬賞是什麼？根據馬斯洛（A. H. Maslow）的需求階層論及行為主義論者的增強物、增強原理，筆者認為在所有人際互動的酬賞中，最有力的是「社會讚許」，亦即社會性增強物。它不易飽足、容易獲得，而確實每個人都有隸屬、安全感及自尊的需要，因此在日常生活中，大多數的人都會在人際互動中表現出能獲取別人喜愛、讚許或尊重的行為避免別人的討厭與批評。換句話說，人際互動中，大多數人所交換的是感情、精神上的支持，不一定是可見的物品。

四、自我成長論

　　自我成長論是由羅吉斯（Carl Rogers）提出。羅吉斯認為個人人格的正常成長需要在個人能感到真誠、溫暖、安全、同理心的情況下完成，在這種條件下，個人才能毫無顧忌的展現真實的自我，才能完成獨立及自我實現的需求。良好的人際能夠提供上述的溫暖情境，幫助個人彼此接納與探索自我，因此人際關係是自我成長必要的因素。

五、社會生物學

　　社會生物學者（sociobiologist）認為人類天生具有一種照顧自己基因幸福的傾向，所謂自己基因包括自身及下一代，以及與自己共有同樣基因的親人。這種生物上的傾向，使我們自然地走向特定的關係，如母子關係、男女間的配偶關係，以及親

戚間的關係。然後再從這種基本的基因相同的人際關係擴大，藉由社會化學習與朋友、鄰居、同事等之間的關係。

在社會生物學的觀點中，人際關係最早是透過生物延續下一代的自然傾向建立的，因此最親密的人際關係存在於人類最早的生活環境──家庭，而後再往外推移至生活中其他的層面，如工作世界。

第二節　良好人際關係的重要性及其影響因素

一、良好人際關係的重要性

在有關人際關係的理論中，鏡我說、重要他人說及自我成長論都強調人際關係是個人自我及人格健全發展的重要關鍵，事實上，良好的人際關係還能讓個人活得久一點、活得快樂一點，身心健康一點。

根據阿蓋爾及韓德生（苗延威譯，1996）的研究與統整，良好的人際關係對個人的生活有如下好處：

(一)壽命

有良好人際關係或經常與他人保持良好互動的人，壽命較喪失人際關係的人要長。例如：已婚男性在配偶死亡六個月內的死亡率上升百分之四十，自殺率也有上揚的趨勢；已婚女性

則是在配偶死亡二至三年間有最高的死亡率，最常見的死因是
心臟病。美國一項調查，六千九百人經九年之久的研究結果顯
示：在各年齡層裡，最缺乏人際關係的人較可能死亡。

㈡生理疾病

　　已婚者和單身者相比，比較不會死於各種疾病。而且人際
關係的親密與否，對男性的影響大過女性，對年紀輕者的影響
大過年紀較大者。此外，有不少的研究發現，配偶、親朋好友
能幫助病人克服疾病，加快痊癒的速度。擁有工作上的人際關
係，對於健康也有幫助，尤其是女性。有工作對單身、喪偶、
或離婚者有顯著的幫助。

㈢心理疾病

　　未婚者罹患精神疾病的比例高於已婚者。綜合四十個大型
研究結果所得的平均數是：「男性單身者罹病率是已婚者的 3.13
倍；在女性則是 1.74 倍。」另有研究顯示，擁有健康的婚姻及
工作的女性比較不會感到沮喪，因為這種人際關係是一種社會
支持。

㈣幸福感

　　在「美國生活品質」的調查研究中，不論男性或女性，已
婚者都比未婚者有較高的幸福感，尤其是那些沒有子女的夫妻。
針對孤獨感的研究結果顯示，覺得孤獨的人也較傾向於覺得不
幸福、沮喪、沒有自信、缺乏自尊等，而人之所以覺得孤獨，
通常是因為缺乏朋友或其他的人際關係。

為什麼良好的人際關係對個人的身心健康有幫助呢？其機轉在於良好的人際關係提供下列社會支持網絡，幫助個人因應社會壓力：

・親密依附

提供一種沒有條件的依附安全感，也包含關懷和信任感在內。

・知心朋友

知心朋友間相互的自我揭露（self-disclosure）類似心理治療的過程，能幫助個人紓解壓力，增進對自我的了解與接納。

・肯定、增強信心、提高自尊，以及相信自己的能力

就如顧里的鏡我說，來自別人的肯定，能強化個人對自己的信心，他人的關懷與友誼也會讓個人認為自己是值得愛的人，對自己更有信心，更相信自己的能力，也有較高的自尊。

・實質上的幫助

良好的人際關係網絡，能提供個人實質上的協助，以因應生活上的瑣事雜務，讓個人不致因不斷連續的小困擾而形成大壓力，這是最直接的社會支持方式。

・資訊上的幫助

廣泛而良好的人際關係能提供個人較多資訊上的幫助，以便快而有效的解決問題。例如職業婦女如有良好的人際關係網絡，在解決托兒問題時就比沒有人際網絡者有較好的效率。

• 社會整合

　　受到朋友的接納，或能參與一些團體活動，讓個人感到在整體社會關係中得到接受與肯定，提高個人的價值感。

二、影響人際關係的因素

　　人與人之間要在一段時間裡與某些人保持經常的社會接觸，有些人基本的條件會影響人與人之間是否能維持關係。一是空間因素，指人與人的空間距離如何，中國人有句話說「近水樓台先得月」，就是如此；二是時間因素，理論上，想要經常保持接觸的人就會想辦法挪出時間，熱戀中的情侶就是如此。但在日常生活的人際關係中，彼此時間的配合以及時間的多寡，都會影響人際間的效率。

　　如果空間接近、時間允許，是不是人與人之間就一定能形成緊密的、友善的、平等的、社交的人際關係呢？事實不然，還需要如下所述的其他條件。

㈠人際吸引的條件（Levinger & Snoek, 1972）

　　所謂人際吸引是指人與人之間彼此相互欣賞、愛慕與關注的心理好感（葉重新，2000），是影響人際關係的第一個條件，其中又包含三個項目：

1.外表吸引力（第一印象）

　　第一印象指的是人際交往時第一次見面時對彼此的觀感，

包括：(1)個人的外貌、衣著、身材等方面；(2)個人的名聲、他人的評價等；(3)言行舉止，包括非語文的肢體語言在內。通常一個受歡迎的人，對於自身的舉止、衣著、言行等都會盡力修飾，在與人交往時能夠自然表現善意（包括表情、動作、言語等）。

2.互動與喜歡

人際交往如缺乏互動的機會，即使每天同處一室也不容易產生緊密、善意的人際關係。原因無他，因為缺乏了解彼此的機會，也就無法進一步交往；但反過來說，即使有機會交往，但彼此間缺乏好感，相處久了只會更痛苦而已。因此，良好人際關係的建立，首先必須讓彼此有互動的機會，而且讓對方對自己有好感。

3.相似或互補

所謂「物以類聚」，意思是說人與人相處總會找與自己特質相近或互補的人在一起。人際交往中，能夠符合人際關係的定義：經常保持與社會接觸，就不是僅僅良好的第一印象，彼此有互動機會及好感能夠維繫的，還需要交往的個人間在人格特質及態度、價值觀或社會條件等方面有某種程度的相似或互補，這些相似或互補可以讓互動的雙方相互吸引，保持較長時間的經常往來。

㈡互動規則的遵守

在第一節中提到人際關係的五項特徵，其中規則指的是大

多數人（亦即一個團體、鄰居、或次文化團體的大部分成員等）
所認為或相信他們應該表現或不該表現的行為。在人際交往歷
程中有許多應遵守的規則，如果未能遵守規則，則人際間的互
動關係可能因此破壞或者中止。例如中國人講究面子，中國人
的面子情結，使得人際交往中有些事不可做，否則將破壞人際
交往的規則（張老師月刊編輯部，1987）。因此在中國人的社
會中，為維持面子所表現的面子行為包括（詹火生、張苙雲、
林瑞穗，1988）：

1.聲明性行為

所謂的「醜話講在前面」。

2.恪守禮儀

以講禮節來增加自己和他人的面子。

3.加強能力

增強自己的能力，以減少行為失誤，增加籌碼。

4.自我防衛

逃避面子的壓力，所用的策略包括否認、從社會接觸中退
縮等。

　　為了增加面子，個人可能表現的行為是自我顯揚、逢迎他
人及貶損他人，對於這些行為，人際互動的大忌諱是「揭穿這
些面子行為」，也就是所謂的「規則」。下一節將就「規則」
這一主題作進一步的探討。

㈢人際溝通的暢通

溝通是指將個人的意思、觀念、消息、知識、情感等傳達給別人，且為別人覺知到的行為。這種行為可以是語言的或非語言的，只要是傳達意思就算是溝通（邱錦昌，1981）。人際間的溝通常以下列三種型式出現：

1.互補溝通

互補溝通是一種適當的，也是預期中的溝通方式，同時也遵循正常人際關係的自然法則，溝通雙方對對方期望的互補滿足。如以柏恩（Berne, 1961, 引自邱錦昌，1981）的溝通分析而言，刺激與反應在 P-A-C 圖中成平行線時，就是互補溝通。例如：父母角色對父母角色。

2.交錯溝通

當一個人對另一個人有所期盼，而沒有得到預期的反應，兩人之間的溝通就是交錯溝通。當交錯溝通出現時，一般人可能採取逃避、退縮或改變溝通方式的策略因應。事實上，當交錯溝通出現時，它是人際關係出現障礙的訊號，而人際關係中的痛苦通常也是由此衍生出來的。

3.曖昧溝通

曖昧溝通最複雜，溝通的雙方可能有兩個以上的意圖，而且表面上的意圖往往與真正的意圖毫不相同。

例如：表面溝通：女孩對男朋友說：那個男的好奇怪喲！像個
　　　　　　　　　跟屁蟲似的，整天跟在女朋友身邊。
　　　暗藏溝通：我希望你也能像他一樣緊跟在我身邊。

　　在曖昧溝通中，人際之間充滿心理遊戲，亦即表面上看起
來很好，而實際上卻不好的溝通方式。這種溝通方式之所以不
好是因為它除了表面上的訊息以外，還隱藏著許多不為人知的
訊息，與採取曖昧溝通的人交往，隨時都需細聽他話中的含意，
好像在玩捉迷藏一樣。玩心理遊戲的結果常讓人覺得好累、動
輒得咎。尤其戀愛中的男女，有些期望不便直說，只好大玩曖
昧溝通遊戲，結果讓雙方都覺得戀愛的辛苦，甚至不歡而散。

　　由上述三種溝通方式的陳述可知，互補溝通是良好人際關
係的基礎，而交錯溝通及曖昧溝通則往往是製造人際關係障礙
的重要因素。

㈣互動關係的滿足

　　根據交換理論及社會生物學的觀點，人際間持續交往的理
由中，有一部分原因來自於彼此需求的滿足。事實上，在現實
的人際關係中，我們也會發現，如果人與人之間不能再滿足彼
此的需求，關係會漸淡，甚至遺忘。例如多年前曾經異常親密
的朋友、同事或同學，甚至人際關係中彼此相互利用的人們，
一旦需求不再獲得滿足，人際間的互動可能就中止。因此有人
說：世間沒有真正的朋友，也沒有永遠的敵人。這句話不一定
是真實的，但卻可用以描述個人無法在互動關係中獲得滿足的
結果。反過來說，如果個人在人際互動中滿足他的需要，是否
就表現這樣的人際關係會持續下去呢？答案很簡單：不盡然。

例如在親子關係，不論子女年紀大小，父母總想盡辦法滿足子女的需要或願望，親子關係不容易因需要的滿足與否而改變。但在非親屬關係的人際交往中，如果交往的動機僅止於表面需要（如尊重、讚許或物質報酬，甚至利益交換）的滿足，既是因利益結合，當利益不存在時當然關係也就隨之中止了。因此，有助於良好人際關係中互動關係的滿足，應是精神上的、無條件的支持、接納的提供。

人際互動間為什麼會產生困境？根據教育部《大專院校導師手冊》（張雪梅主編，1993）中所述，其原因包括：1.過多的忠告；2.不當的解釋；3.負面的自我概念；4.缺乏有效的溝通技巧；5.不能自我肯定；6.消極的內在對話。

第三節　人際關係的規則

如前節所述，所謂規則是指「大多數人（亦即一個團體、鄰居或次文化團體的大部分成員等）所認為或相信他們應該表現或不該表現的行為」。

每個社會都會為其人際關係訂定各種規則，分別如下。

一、法律

事實上，法律就是將約定俗成的規則加以明示的結果，例如手足不得通婚、個人不得重婚等。法律對人際關係的約束力最大，但也是最特定的（只及於法律條文中的行為）。

二、道德

次於法律的規則是道德，它是指受到多數人認可的規則。在人際交往中，違反道德的行為將受到他人的抵制，嚴重影響人際交往。例如宣揚他人的隱私，這種行為是不道德的，而宣揚者將受到他人的抵制，包括拒絕與他互動、唾棄他等等。

三、民俗與禮節

民俗或禮節通常是個人為了避免失禮或與他人不同而自動遵循的規則，它的強制性不如法律及道德，但其影響層面卻最廣，大至婚宴儀式，小至出門穿不穿襪子都是。

除上述的規則分類外，與人際關係有關的規則還可依人際關係的目標，分為下列類型：

一、規範性規則

所謂規範性規則是用以維繫人際關係使之得以繼續運作者，在所有國家或文化中共同者是：㈠尊重對方的隱私；㈡不透露別人的秘密；㈢不公開批評對方。

二、酬賞性規則

所謂酬賞性規則是規範個人在人際關係中獲得，或供應報酬的種類或質量者，在所有國家或文化中共同者是分享成功的

消息、回報恩惠與讚美、表現情緒支持等。

三、親密性規則

在不同的人際關係中，有不同的親密性規則。例如家庭中的人際關係親密程度及分寸與朋友間不同，我們要求家庭中的人際交往方式是要較高的親密行為，而對朋友則沒有對家人的高，至於同事、鄰居那就更低了。

四、協調與避開困難的規則

這類規則適用於特定關係，並具有協調集體行為的功能以達成人際關係的目標，例如「朋友妻不可戲」。

五、與第三者之間的規則

在人際交往的過程中，可能牽涉到第三者，如何處理第三者的問題也應加以規範，例如不在場的第三者的隱私、意見處理。

在所有人際關係中，規則的存在是一定的，所有情境中的行為都受到某些規則的支配或影響，這包括正式和非正式的場合中的人際關係。規則之所以重要，是因為：第一、規則在人際關係當中具有兩項主要的功能：㈠它們是規範行為以減低可能導致關係破裂的潛在衝突來源（這些規則扮演確保關係自身存廢的功能，而非為特定目標）；㈡規則提供了社會的交換以誘使個人保持社會關係。換句話說，規範性的規則可以引導行

為，以使個人能夠藉著關係的維繫而達成其目標；報償性規則則指出能夠達成個人目標的行為，為關係的發展提供誘因；第二、了解規則可以做為個人學習社交技巧的指引。藉著事先了解人際間互動關係的規則，個人能夠比較有效率的事先學習人際互動中必備的社會交往技巧，增加個人良好的人際關係；第三、規則是個人了解人際關係的關鍵，例如我們知道友誼關係中有許多規則和彼此間的互惠、酬賞交換有關；婚姻關係中的互惠、酬賞規則較少，但有較多親密關係維持的規則；了解規則後可以幫助個人避開常見的困擾。

　　如何發現規則？有兩種策略可以尋找規則，一是詢問團體的成員，什麼是他們認為應該做的，然後歸納出其中意見一致的地方；二是詢問團體成員，如果某種規則被破壞的話會發生什麼情況？是否會導致關係的破裂、崩潰，如果是，那麼這種規則就是團體重要的規則。

第四節　增進人際關係的策略

　　生活中最正向的事，也是令人感到快樂的事是：建立關係；而最讓人難過的事是喪失關係（苗延威譯，1996）。因此幫助個人建立良好的人際關係是使個人身心健康、心理衛生的一個重要工作。根據前面對於人際關係的剖析，以及參酌相關學者之論著（朱敬先，1992；沈自強編譯，1996；苗延威譯，1996；Kaplan & Stein, 1984; Keirsey & Bates, 1984），筆者提出增進人際關係的綜合策略如下。

一、建立正向信念

通常人際關係不好的人,他有較差的自我概念、消極的自我對話,對事情常有不當的解釋;也正由於這種消極、負面的信念,他的人際關係也就愈不好。大多數人並不喜歡和一個沒有自信、畏畏縮縮的人交往。換句話說,每個人其實是以自己的「個性」在與他人交往,將自己的「個性」表現於行動舉止上,因此,要改變自己的人際關係,首先要建立你對自己正向的信念。這些信念幾乎包括所有的道德,或者良好的人格特質,如愉快的心情、寬容大量、真誠、堅毅、同情心、正直無私、可信賴、知恩圖報、自制、謙恭有禮等等。問題是:如果有個人真能擁有這些特質,不必刻意也會有相當好的人際關係,因為誰都喜歡這種人。因此,建立正向信念並非要我們先成為一個具有各種良好特質的人,再談建立人際關係,而是要求自己先做到下列:

(一)保持愉快的心情

對於周遭的人、事、物要有正面的評價,遇到不愉快的事時,要保持冷靜的頭腦、愉快的心,往好的方面想。這也許要花上自己好久的時間,畢竟負面的思考模式也是花上好久的時間才養成的,因此對於自己要有耐性。

(二)相信自己有能力改變現狀

不要太快放棄自己。當別人放棄自己時,要相信自己有能

力改變現狀,其實就是要你能堅持信念,繼續努力不懈。對自己保持信心是成功最重要的條件之一。

(三)隨時尋找協助與支持

在現實生活中人際關係不好的人,並不表示就沒有任何人能支持或幫助他。專業的輔導機構通常能提供必要的協助與支持,如張老師、生命線、學校內的輔導中心、輔導教師,或者社會上類似的輔導機構,通常都能在我們面對挫折時提供澄清自己情緒、觀念並再出發的力量。

二、做好印象整飾

人際吸引的第一個條件是良好的第一印象。前面提過,第一印象包括生理外貌、衣著、談吐、舉止及非語言肢體動作等。因此要讓人印象深刻,第一次就有好印象,要做好印象整飾工作,包括:

(一)整潔的外表

大多數的人不喜歡邋遢、不清潔的人。不一定要讓自己衣著光鮮亮麗,樸素的衣著有時候反而更平易近人,但很重要的是應保持乾淨、整齊、適合個人的年齡、身分。

(二)適應的舉止談吐

所謂適應的談吐很難加以確實定義,因為在不同的場合有不同的要求。例如在同學之間,要求的是自然、真誠、符合青

年次級文化的用語及舉止,這時候正經八百的舉止,反而讓人覺得這個人像古人再世一樣的格格不入;相反的,在正式的討論會中,太過隨便率性的行為讓人覺得輕浮、不尊重他人,因此在進入團體,表現行為之前,應先觀察環境,了解自己處在何種情境而後調整自己的行為舉止。

三、了解規則

規則可以幫助自己盡快的打破限制與他人溝通交往,因此要有良好的人際關係,應先了解人際交往的規則。每個團體、不同情境,甚至面對不同類型的人就會有不同的規則。沒有人可以告訴他人所有的規則;規則在哪裡?很簡單,在嘴上,不知道規則,問問別人就知道了。不知道該穿什麼樣的衣服去參加學校舞會,問問要去參加的人、過來人,再看看其他人,就可以得到答案。

了解規則是要讓個人知道不同人際關係網絡中的遊戲規則,以免自己觸犯規則被排斥,也是讓個人盡早融入人際關係的好辦法。問題是對於不能接受的規則應如何?其實,不要要求自己成為萬人迷,事實上當上萬人迷也不是一件令人愉快的事。因此我們雖不一定要去改變人際關係的規則,但要尊重規則。例如禮節與民俗,其建立過程相當漫長且影響層面廣泛,不可能在短時間內就有極大的改變,因此先要尊重它,再依情形決定如何自處。

四、社會技巧訓練（含溝通技巧）

　　為了有較好的人際關係，社會上出現許多有關社會技巧訓練、溝通技巧訓練的課程，如卡內基訓練等，提供個人在短時間內增進自己的社會技巧及溝通能力，如果行有餘力，不妨多參加這種課程，可以有效率的增進自己的人際關係。一般學校的輔導單位也可能辦理類似的小團體輔導活動，在課程中會教個人如何與陌生人談第一句話、意見不同如何交談、如何說「不」、如何維繫關係等等，對於人際關係的改善提供實質的幫助。

五、增進自我的覺察力

　　覺察力其實就是敏覺力、敏感力，也就對情境的觀察力。以史坦柏格（Sternberg）的智力理論看，就是所謂的人際智慧。人際智慧是個人洞悉環境中人際關係的能力，有些人天生這種能力就較高，但這種能力也可以經由後天的訓練而增強。通常人際覺察力強的人以能適應環境自豪，願意做個乖男巧女，他有多面的自我，因此對於任何一個特殊的情境，他都會先想想自己「應該」怎麼做，「為所應為」。人際覺察力低的人，對自我的概念則是較單純而肯定的，他只問「我是誰？」，而真實的反應出他的感覺與想法，因此他的態度與行為是較一致的（劉兆明，1984）。我們應成為哪一種自我，在心理健康的領域中有兩派不同觀點的學者，一派認為人應為真實自我的表現，

另一派則認為人應能隨環境調整自我。事實上,每一種情境要求個人對自我的表白不同,因此,如就適應的觀點來看,個人仍應有相當的人際覺察力才能適應各種環境,要不要成為乘男巧女則要看個人的價值觀來決定。

六、主動參與

　　人際關係不好的原因之一可能是個人欠缺適當的社會交往機會。因此要擴大個人的交際範圍,隨處結好緣,加強與同好間的交往或互動,積極參加社團活動,經常參加服務性的活動等,都有助於人際關係的擴展。日常生活中參與活動的機會有很多,因此人際關係不好的人並不是因為沒有活動可參加,而是因為處處自我設限。因此最需要突破的是自己參與人際活動的觀念,初次參與可以找熟悉的人一同前往,也可以參與半強制或強制性的活動,幾次下來就感覺較自在。

七、提供他人需要的互惠條件

　　依據交換理論的觀點,人際間的互動必須是互惠的,才能維持長久。所謂互惠並不一定是物質上的互惠,反而更要重視精神上的互惠,因此經常為他人服務、富於同情心、接納不速之客或初入團體的人等,都能讓個人受歡迎。

本 章 摘 要

人際關係是指我們在一段時間裡與某些人經常保持的某些社會接觸。通常這種接觸不包含一些較為浮面的接觸，而是會存著一種的「依附」或「關連」之感覺，彼此間有經常性的社會互動，而且彼此之間的互動在可預見的未來還會繼續一段時間。

人際關係的描述還包括人際關係之間的規則和其他成分。所謂其他成分，從人際關係的特徵來看，包含了：目標、步驟、角色、環境條件和規則。由人際關係的定義與特徵來看，人際關係的範圍相當廣，只要是牽涉到在某一段時間內與某些人保持經常的接觸，都有人際關係的存在。

解釋人際關係的理論，包括有：一、鏡我說；二、重要他人說；三、社會交換論；四、自我成長論；五、社會生物學說等五種相關之不同理論與觀點。

良好的人際關係對個人的生活有四項好處：一、壽命較長；二、生理疾病較少；三、罹患心理疾病的比例較低；四、有較高的幸福感。良好的人際關係對個人的身心健康有正面幫助，其主要機轉在於良好的人際關係，可提供較佳的社會支持網絡，幫助個人因應社會的壓力。

人與人之間要在一段時間裡與某些人經常保持的社會接觸，有些基本的條件影響人與人之間是否能經常保持接觸，一是空間因素，接人與人的空間距離如何；二是時間因素，理論上想要經常保持接觸的人就會想辦法挪出時間來。其他的因素還包

括：一、人際吸引的條件；二、互動規則的遵守；三、人際溝通的暢通；四、互動關係的滿足。

　　每個社會為其人際關係所訂定的各種規則，分別是法律、道德、民俗或禮節。同時，與人際關係有關的規則還可依人際關係的目標，分為五種類型：一、規範性規則；二、酬賞性規則；三、親密性規則；四、協調與避開困難的規則；五、與第三者之間的規則。

　　在所有人際關係中，規則的存在是一定的。規則之所以重要，是因為第一、規則在人際關係當中具有兩項主要的功能：㈠它們是規範行為以減低可能導致關係破裂的潛在衝突來源，㈡規則提供了社會的交換以誘使個人保持社會關係；第二、了解規則可以做為個人學習社交技巧的指引；第三、規則是個人了解人際關係的關鍵。

　　生活中最正向的事，也是令人感到快樂的事是——建立關係；而最讓人難過的事是——喪失關係。根據前述對於人際關係的剖析，提出增進人際關係的七項策略：一、建立正向信念；二、做好印象整飾；三、了解規則；四、社會技巧訓練（含溝通技巧）；五、增進自我的覺察力；六、學習主動參與；七、提供他人需要的互惠條件。

研 討 問 題

一、在解釋人際關係的五種相關理論中，你比較同意哪一種觀點？請加以說明並探究之。

二、在影響人與人之間是否能經常保持接觸的四項因素（如：人際吸引的條件、互動規則的遵守、人際溝通的暢通與互動關係的滿足），你個人對自己最有利的條件為何？試深入討論之。

三、在人際關係的諸項規則中，對你個人平日生活與他人往來過程上，哪一項對你的影響最大？並請說明其原因為何。

四、請提出你自己在生活中，有關增進人際關係的策略與技巧。且一一加以探究之。

參 考 文 獻

一、中文部分

朱敬先（1992）。**健康心理學**。台北：五南。

沈自強（編譯）（1996）。**受人歡迎的交際法**。台南：文國。

邱錦昌（1981）。**人際溝通技術誰學校輔導上的應用**。台中：台灣省教育廳。

苗延威（譯）（1996）。**人際關係剖析**。台北：巨流。

張老師月刊編輯部。（1987）。**中國人的面具性格**。台北：張老師。

張雪梅（主編）（1993）。**良師益友──大專院校導師手冊**。台北：張老師。

葉重新（2000）。**心理學**。台北：國立空中大學。

詹火生、張苙雲、林瑞穗（編著）（1988）。**社會學**。台北：國立空中大學。

劉兆明（1984）。假面的告白──我扮演了哪些社會角色。載於顧雅文、古碧玲等（著），**強者的哲學**。台北：張老師。

二、英文部分

Kaplan, P. S., & Stein, J. (1984). *Psychology of adjustment.* Belmont, CA: Wadsworth.

Keirsey, D., & Bates, M. (1984). *Please understand me.* CA: Prometheus Nemesis.

Levinger, G., & Snoek, J. D. (1972). *Attraction in relationship: A new look at interpersonal attraction.* Morristown, NJ: General Learning Press.

第九章

感情、婚姻
與家庭生活

　　在大多數人的生命中，感情往往是最令人陶醉與珍貴的部分。有些人為了感情不惜放棄個人的財富、地位與榮譽，亦有人為它情願犧牲自己的生命；當然，也有少數人因得不到對方的愛，瘋狂地採取玉石俱焚的偏激反應。可見感情與戀愛在吾人的生活中，確實具有不可忽略之魔力。

　　而家庭對個人的影響更是重大。人一生自幼到老的生涯成長過程中，幾乎都脫離不了家庭因素的影響。人出生後即生長、發展於家庭之中，即使是一位孤兒也多半是先在破碎問題家庭中，無法得到一般正常家庭父母的撫養與照顧，而後才淪為由孤兒院或其他寄養家庭等單位予以收留。

　　即使個人成家立業而自立門戶後，其原有的培育家庭（original family），仍然會以直接或間接地方式來影響他往後的一切發展。由此也呈現出大多數人的一生都有以下之循環方式：出生、長成於原有的父母家庭→獨立後追求個人感情的歸宿→建立屬於自己的家庭並生兒育女→介入、影響兒女們成年後所建立的新家庭→無憾地走完人生。

　　在本章內容方面，將分別針對感情與戀愛，擇偶、約會與感情承諾，如何維持美好的婚姻和家庭生活，以及家庭婚姻問題的困擾與諮商等方面，一一加以探討如後。

第一節　戀愛與感情生活

　　到底什麼是「愛」呢？當我們在孩童階段，可能向一些比我們年長且有這方面經驗的人，問過這一類的問題；但往往卻

得到如此這般模糊的答案：「哦！這實在是難以說明與描述的，然而一旦你戀愛了就會知道愛是什麼啦！」

一、兩性間「愛」的定義與愛的親密關係

著名的心理學家佛洛姆（Erich Fromm）曾說過，他認為「愛」是一種能力。就如同，不是找到一個風景秀麗的處所就能繪出名畫，而需畫者真正具有繪畫的才能方可如此。同理可知，並非遇到了完美對象就能彼此產生美好的愛情，而必須自己先具有愛的能力才成。

在此要先澄清某些概念──通常我們所談「愛」的觀點，會因對象的不同而有所區分。譬如：父母對孩子的愛、老師對學生的愛、情侶之間的戀愛等，都不一樣。因此，本章所談的愛均係指「男女間的戀愛」（romantic love）。

愛情是一種內在的感受，每個人都可能根據自己的背景經驗來解釋「愛情」。心理分析師Rollo May於一九七五年曾將愛情定義為：「當在另外一個人的面前時，有愉悅的感受，及一種自我價值與自我發展被證明的感覺」。心理學家Rice（1993）指出：「愛情是一種深度、有關生命情感的需要與被滿足。在親密關係之中，彼此照顧、接受與被愛。」愛情的本質是去接受對方本身，而非想要用自己的力量去改變對方，或去迎合對方期望。在愛情中，個人是自由的，可以自然地表明自己的感覺、脆弱與意志力。愛情不是毫不保留的自我犧牲奉獻，也不強迫他人得到我們所要給的感覺。

根據吳就君與鄭玉英（1987）及Kaplan與Stein（1984），

歸納佛洛姆認為男女間的愛應包括以下四方面：㈠願意了解對方的種種；㈡用實際行動來表示對他／她的關心；㈢接納與尊重對方；㈣為彼此相關的行為負責任。倘若能將這四點充分發揮在男女間感情的互動上，那樣的愛將是何等地美好！人們天生具有愛戀的潛能，這是多數人均表同意者，只是個人未有適當的學習與啟發時，則無法將愛的光輝充分發揮出來。

吳靜吉（1985）與吳靜吉等（1986）依照國外歐羅福斯基（Jacob L. Oulofsky）等幾位心理學家，以所謂「親密關係」（intimate relationship）觀點來討論兩性的交往與互動，同時提出了親密關係的四個效標：㈠給與取的互惠關係；㈡責任感；㈢承諾感；㈣性成熟。同時，亦可依據這四項親密效標，將兩性間的親密關係，再區分為以下五種不同親密程度的人：

㈠親密的人。這些人在兩性關係互動方面有以下幾項特性：

　1.能夠發展出給與取互惠的互動關係。

　2.擁有一個或幾個親密的異性朋友。

　3.如果是已婚者，與配偶的性關係應可互相滿足。

　4.能和伴侶或配偶，共同承擔自己的憂慮與問題。

　5.相當了解自己，真正地喜歡別人。

㈡親密前奏的人。這些人在兩性關係互動方面有以下幾項特性：

　1.雖然已有些社會經驗，但與別人親密的愛情關係還未建立。

　2.有一些親近的同性及異性朋友。

　3.尊重別人，開放心胸，有責任感，也有互惠心態。

　4.對他人的承諾或獻身，還在猶豫和衝突階段。

　　5.對自己了解蠻清楚，對他人也有興趣。

㈢刻板關係的人。這些人在兩性關係互動方面有以下幾項
　特性：

　　1.與異性之約會關係，建立在膚淺的層面上，如花花公
　　　子型者。

　　2.與同樣的異性朋友或所愛的人經常見面，可是幾個月
　　　後還是無法繼續深入。

　　3.雖然可以享受性關係，但常處於動態中，也就是戰勝
　　　一個又換一個。

　　4.對他人的興趣，是看能不能從對方身上得到什麼，而
　　　非建立在相互滿足的關係上。

　　5.空虛且缺乏自覺者。

㈣假性親密的人。這些人在兩性關係互動方面有以下幾項
　特性：

　　1.這類假性親密也可說是一種刻板關係。

　　2.可以類似親密的人，卻又是「假性的」；因從表面上
　　　看來，他跟伴侶或配偶之間，比較具有長期的獻身或
　　　承諾。

　　3.之所以是假性親密，是因兩人間只有動作儀式的外表
　　　關係，內心則缺乏互惠、深度的滿足。

　　4.雙方在一起只當作一種方便，這種關係表面上看起來，
　　　給人一種親近或親密的感覺。

　　5.這種關係亦可說是在親密的面具下相互孤立。

㈤孤獨無依的人。這些人在兩性關係互動方面有以下幾項
　特性：

1.雖有些相識的朋友，但很少主動去跟別人接觸。

2.偶而約會但次數很少，且不會與同一個人約會三次以上。

3.跟他人親密的接觸所產生的焦慮，使其從人群中撤退，而把自己孤立起來。

4.較焦慮與不成熟的，通常也缺乏果斷力與社交技巧。

5.可能讓別人覺得是刻薄或是不相信人的，也可能讓人覺得是一個自鳴得意而沾沾自喜的人。

二、愛情心理學的主要觀點與理論

㈠浪漫與成熟之愛

曾有幾位心理學者（Knox & Sporakowski, 1968; Rubin, 1970）將愛情區分為浪漫之愛（romantic love）與成熟之愛（conjugal love）。其中，浪漫之愛的戀人，將整個心思完全專注於已被理想化的伴侶身上，並強調愛情是不分種族、教育、文化、金錢與社經地位者。而成熟之愛則不像浪漫之愛對愛具有絕對的激昂態度，而能採取較理性態度來肯定與伴侶的關係，欣賞對方優點的同時，亦不忽視與排斥對方的缺點。根據相關研究發現（Dion & Dion, 1973），男女在這方面有顯著的差異，女性比男性在愛情上持有較強的浪漫態度。

㈡愛情三角形理論

此為近來一位美國心理學家提出者（Sternberg, 1986），他

認為愛情具有以下三個主要成分：

　　1.親密（intimacy）：親近、分享、相屬與支持的感覺。

　　2.激情（passion）：是促使個人在愛情中，產生浪漫、性和外在吸引的驅力。

　　3.承諾（commitment）：短期看來是決定去愛一個人，長期看來是指對愛情關係持續的一種允諾。

　　Reiss 於一九八一年亦曾提出三個強化許諾的決定因素：施與受的平衡、價值觀分享及社會規範的約束（引自藍采風，1996）。同時，在大多數的情況之下，人們認為兩性的親密關係乃是屬於一種浪漫的愛情。人們所認知羅曼蒂克的愛情則常由一些語言及行為來表達，如向對方說明「我愛你」、在關係中有較深層的自我坦露、陳述在關係中所感受到幸福快樂的感觸、給與對方情緒上、精神上或物質上的協助、多用肢體動作表達個人心中的愛意，以及能夠接受、容忍對方的缺點等（藍采風，1996）

　　隨著交往時間的增加與相處方式的改變，所具有的三種愛情成分亦會有所改變；而愛情三角形會因其中組成成分的增減，其形狀和大小也會跟著改變。三角形面積代表著愛情的質量及塑成之型態，大量的親密、激情與承諾，自然會構成較大的三角形。通常，所構成的三角形面積愈大，其愛情就愈加豐富。

㈢愛情色彩理論——六種愛情類型

　　陳皎眉、江漢聲與陳惠馨（1996）曾依據一位加拿大社會學家 J. A. Lee 在一九七三年所作的實證性調查研究，將男女之間的愛情分為以下六種類型：

1. 浪漫之愛（eros: romantic love）：建立在理想化的外在美，是羅曼蒂克與激情的愛情。

2. 遊戲之愛（ludus: game playing love）：視獲得異性青睞為一種有趣的挑戰性遊戲，且喜歡更換對象；是一種只享受過程，卻不是一定要有結果的愛。

3. 友誼之愛（storge: friendship love）：是指如青梅竹馬似的感情，由於長期相處而不自覺地視彼此的相屬，有如兄妹、好友般的自然習慣，是一種細水長流、寧靜無波的愛。

4. 占有之愛（mania: possessive love）：這種人的情感需求，幾乎達到強迫性的程度，經常因戀愛而心神不寧，且其情緒起伏甚大。

5. 現實之愛（pragama: pragmative love）：這種人傾向於選擇能夠帶給自己利益，而同時減少成本付出的對象，是一種理智且顧慮現實條件選擇對象的愛情。

6. 利他之愛（agape: altruistic love）：是一種帶著宗教情操，視愛為一種犧牲、奉獻與不求回報的愛。

第二節　擇偶、約會與感情的承諾

婚姻幾乎是古今中外，在成年人社會裡的一種最基本而常有的親密聚集。從大自然的觀點來看，不論動物、植物都必須經由雌雄兩性的結合，才能帶來其生命源源不絕的繁衍與延續。同樣地，人類成熟的個體都會有親密感情與性滿足的需求，透過婚姻制度是解決此些需求與養育下一代的最佳方式。雖然，

今天的社會強調男女平等，對於傳統婚姻中夫妻、父母的角色，有了一些不同的調整，但藉由兩性婚姻結合而建立的新家庭，仍是人們感情的主要歸宿。

一、人際間的相互吸引

在談到經由婚姻建立新家庭之前，先要有另一半的追尋與挑選。在茫茫人海中，如何去找到最適合自己的婚姻伴侶，共同攜手走過人生的大半輩子，就是一件非常令人關注的重要事件。往往人們會將配偶的選定，歸諸於「緣定三生，佳偶天成」等較為抽象說法。事實上，無論是朋友關係、情侶關係或夫妻關係，都屬於人際關係中的一種；凡有助於兩人間相互吸引與互動的因素，亦為交友、擇偶的重要影響條件。何以在社會芸芸眾生中，情誼只產生在某些人之中，愛情僅滋生於某二人之間？這個答案可由黃國彥與李良哲（1986）歸納出，心理學家們從實驗中研究人與人互相吸引的六個因素，加以說明如下。

(一)彼此的接近

人與人相互接近，是形成友誼的主要原因；相處的時間久，交往的機會自然較多。因接近而相識，終而建立情誼，中國人所謂的「近水樓台」，也就是指這個意思。

(二)態度的相似

在人與人交往初期，空間的距離是決定誰與誰較有往來的重要因素；但到了後期，彼此之間態度、價值觀與人格特質的

相似，卻超過了空間距離的重要性，而成為建立情誼的重要基礎，愈相似者彼此間的吸引力也愈大。

(三)需求的互補

有時發生互動的兩個人，彼此的態度、觀念雖不相同，但一方表現出來的行為，正好可以滿足另外一方的心理需求，則倆人之間將會產生強烈的吸引力，這種情形在配偶互動中常可見到。綜合言之，相似與互補兩因素在由友誼而感情到婚姻的過程中，有其發展的三部曲：1.初交時，社會性的相似顯得重要，如家庭社經地位、宗教信仰等的相似與否；2.深交後，個人性格的相似面顯得很重要，如興趣、態度、價值觀等的相似與否；3.愛情與婚姻的長期維持時，雙方在人格特質上的互補顯得格外重要，這樣方能彼此依附、相輔相成。

(四)能力的表現

通常，能幹聰明的人總比平凡庸碌的人令人喜歡；在人際互動中，我們喜歡親近能力比我們高的人，但是聰明才幹如果超過我們太多，反而會產生相反的排斥作用。因此，能力稍微高一些的人，常是較具有吸引力的。

(五)外在吸引力

外在吸引力在第一印象（first impression）的形成上，扮演著很重要的角色；尤其在選擇異性交往對象中，對方的外在吸引力對男性的影響大於對女性的影響。也有人針對個人外在吸引力，做了以下的評述：臉蛋漂亮不如身材姣好，身材姣好不

如風度翩翩，風度翩翩不如氣質高雅。

㈥自我的開放

　　人們往往為了自我防衛，而經常帶著一副假面具，藉此將個人內心的思想與感覺隱藏起來。一個人要被喜歡或被愛以前，必須要能被別人所了解，否則根本就沒有與你建立關係的機會；自我的開放，大膽表露自己的思想和感覺，是人際真誠交往的基石。因此，自我開放是建立持久感情與婚姻關係的重要因素。

　　何種特質引導著人們相互吸引呢？在評斷個人「吸引」的特質上，每個時期的社會都有著不同的標準。儘管男女間的「吸引力」是件神秘的事，但似乎我們能夠一眼就認出自己想要的人。吸引著我們的，通常是異性外表的第一印象，雖然格言常常警告人們勿以貌取人，但當我們與人初次接觸交往時，絕大部分的初始印象往往是受到外表有無吸引力的強烈影響，而我們也通常被外表較美好的人所吸引。個體的外貌通常是我們獲知人際訊息的第一管道，因此我們會給與較高的印象分數，而他或她其他的特質也容易獲得類似外貌的評價。社會心理學家的研究證實，人們總是容易「以偏概全」。人際間的「月暈效應」（halo effect）乃是說明在最初接觸的人際訊息過程中，易於形塑個人後來對對方的知覺，而月暈效應表現在外表吸引力的刻板印象則非常明顯。例如容貌姣好、具吸引力的人容易讓別人認為心地善良，甚至在觸犯法條時也易獲判較輕的刑罰；而外貌較不具吸引力的人則可能被認為較不聰明或心胸險惡。

二、抉擇理想約會對象的優先選擇條件

雖然傳統式的約會（dating）型態目前仍然存在，但是在最近幾十年間快速的經濟發展與文化轉型過程中，男女約會的型態、方式與扮演的角色有著相當大的改變。對時下的青年人而言，約會已經變得更為輕鬆、非正式且逐漸走向角色平等的原則。「約會」這個名詞一般在非洲及中南美國家是較罕見的，而在歐洲、美國等歐洲體系國家卻是男女交往過程中一個很普遍的現象。在歐美體系國家所認為的「約會」，乃是指「一般年輕男女相互接觸、認識，進而學習相處、相互選擇配對的過程」（Rice, 1993）。

而根據吳武典與洪有義（1987）所述，在美國曾有人針對大學生理想約會對象的特質，做了一番調查，結果發現，男生認為理想約會對象的重要特質依序是：㈠看起來順眼；㈡具有成熟的人格；㈢具有性吸引力；㈣聰明靈巧；㈤個性隨和開朗；㈥具有幽默感；㈦彼此談得來；㈧誠實。而女生認為理想約會對象的重要特質依序則是：㈠看起來順眼；㈡具有成熟的人格；㈢體貼關心；㈣具有幽默感；㈤誠實；㈥使人尊敬；㈦彼此談得來；㈧聰明。

三、擇偶優先條件顯示對婚姻的期望

在男女彼此喜愛的過程中，如何去區別友情與愛情是一項先決的要件。選擇配偶不只是欣賞、喜愛而已，某些前述決定

友誼的相互吸引因素，也會影響到配偶的選擇。自由意志下結合的婚姻，必先經歷過兩人熱戀過程，而熱戀之前應有密切的接觸，接觸則來自彼此的相遇與碰面；因此，單身的成年人，在哪裡求學與工作、家住在哪兒，都限制了挑選伴侶的某種範疇。當然，一對交往中的男女，要能進一步發展成一種持久而親密的關係，更有賴於彼此之間能有共同的興趣、觀點與人生奮鬥目標等（Wong, 1981）。

在吳就君與鄭玉英（1987）探討婚姻是什麼當中，引述了《張老師月刊》在一九八四年，針對台灣社會青年及大專學生為對象調查他們的擇偶觀，以了解其選擇共度一生的終身伴侶條件為何。結果男人娶妻的十大條件依序為：(一)能共同奮鬥的；(二)孝順的；(三)身體健康的；(四)善良的；(五)以家庭為重的；(六)專情的；(七)體貼的；(八)無不良嗜好的；(九)溫柔的；(十)善解人意的。而女人找丈夫的十大條件則依序為：(一)有責任感的；(二)顧家的；(三)上進的；(四)踏實的；(五)可靠的；(六)身體健康的；(七)坦誠的；(八)品格端正的；(九)有抱負的；(十)有內涵的。

另外，亦有針對台北市現代上班族的未婚工作者，所進行的一項婚姻觀念問卷調查研究（陳淑珍，1987），結果發現因性別的不同，對於十大婚姻條件的排行有下列之差異。男性擇偶的十大條件依序分別是：(一)人品個性；(二)學歷；(三)健康；(四)家庭背景；(五)愛情；(六)年齡；(七)職業；(八)容貌身材；(九)收入；(十)省籍。而女性擇偶的十大條件依序則為：(一)人品個性；(二)學歷或職業；(三)健康；(四)收入；(五)家庭背景；(六)愛情；(七)年齡；(八)容貌身材；(九)省籍；(十)誠實。

從上述兩項調查研究結果可以看出某些有趣的現象：尚在

大專學校就學的學生，其擇偶條件較之已就業的社會人士來得稍富理想色彩。在此結果中也顯示了一些社會變遷的軌跡，但傳統的色彩也沒有完全消退；可見時下未婚青年在追求終身伴侶時，正是融合了傳統與現代化二者之精華。

有一份調查報告，刊載於一九九七年五月三十日中國時報的家庭生活版，根據二百多位未婚女性反應之擇偶十大條件依序為：㈠投緣──要談得來；㈡有穩定工作──具一技之長；㈢具經濟基礎──有房子；㈣能尊重女性──不可有大男人沙文主義；㈤有責任感──對家庭負責；㈥博學、能力比自己強──有安全感、能依靠；㈦有上進心；㈧風趣幽默；㈨沒有不良嗜好；㈩會玩──懂得生活情趣。

其次，擇偶亦會考慮同類結合與異類結合（homonym and heteronym）問題，其中除了地理的限制之外，社會階層也是重要的擇偶考量條件，而相同教育程度的結合，更占了婚姻的多數。因而在選擇另一半時，一般人會傾向於具有相近特質的人所吸引，這些相似點可能是生理的、社會的、人格心理的特質。生理的特質包括膚色、年齡、身高、體重、穿著等；社會的特質包括宗教信仰、教育程度和社會階級；人格心理特質則包括態度價值觀和人生觀等（彭懷真，1998）。

其實，前述之交友、擇偶條件等，都是較為理想化的思考結果。根據筆者在許多公開演講、座談中，從許多結婚超過十年以上的中年婦女反應中，歸納出經過長久真實的婚姻生活後，她們心目中理想丈夫的條件已改變為：有責任感、顧家與對妻子忠誠。

身為現代的未婚年輕人，在接觸到周遭部分社會人們婚姻

生活的不幸，又要顧及到上述種種對交友、婚姻的憧憬與期盼，
至少需要有三項調和現實與理想的基本原則：

㈠不存幻想

　　「王子與公主結婚了，從此過著幸福快樂的日子」這種小
說、故事情節，在現實生活中早已不適用。期盼戀愛時的甜甜
蜜蜜能保存（永存）於現實婚姻生活中，是不可能也不必要的。

㈡不必悲觀

　　雖然放眼往社會看去，離婚率節節升高、怨偶比比皆是，
但這些負面現象並未阻止許多人投入婚姻，大多數人仍然選擇
了婚姻的生活方式。不要對婚姻抱太悲觀的態度，也不要在婚
姻之初就假定會失敗，這都不是健康的心態。

㈢建立現實而努力的意願

　　青年人面對未來的婚姻，應以現實的觀點出發；認清婚姻
中有艱苦的適應過程，以便事先做好心理準備。在男女朋友的
交往當中，要建立彼此共同的婚姻觀，這些婚前懇談有助於為
未來的婚姻建立共識。

　　今日社會中也存在有不少的單身貴族，並且有學歷與社經
地位愈高者單身比例也相對增高之趨勢。在性別差異方面，美
國官方 U. S. Bureau of the Census, Statistical Abstract of the United
States 於一九八九年的一項調查指出：四十歲以下的各年齡層
中，男性未婚者的百分比較女性未婚者顯著的高些；但四十歲
以後到六十五歲之間，女性未婚者百分比卻較男性未婚者來得

高（在台灣亦有此一類同現象）。也許他們對於交友、擇偶的條件另有標準，抑或對於婚姻制度與個別適應有其特殊的困難或見解。

四、維繫感情的承諾

交友、約會、擇偶、結婚而進入到成家立業的人生另一階段，其中有一項共同的重要因素，就是對彼此之間感情承諾的持續。男女雙方藉由接觸而認識，經過交往、約會而產生感情，彼此因感情深厚相互需求而有終身相許的承諾。事實上，今天吾人所說的訂婚，究其內涵即為個人終身感情承諾（commitment）的公開化，進而結婚成家完成社會既定規範，並可獲得法律的保障。

透過一連串頻繁的約會過程，有些情侶終會步入結婚的禮堂，以圓滿彼此在感情上的追求。在我們這個社會文化中，個人有某種程度的自主權，來決定結婚年齡及選擇婚姻伴侶。但對某些年輕人而言，準備結婚是按照社會標準時鐘來行事，各個不同社會階層對於最佳適婚年齡有其個別的期盼，當個人超過此一適婚年齡許多還未結婚時，難免在周遭生活環境中會產生這方面的相關壓力，尤其對台灣的單身女性同胞更是如此。

然而當今社會之中，亦有所謂的單身貴族、同居生活、同志之愛等其他感情生活模式，因其非為社會之主流或共相，在此也就不另外加以深究，僅以上述交友、約會、擇偶而承諾於婚姻來談。固然，人生長久感情的維持必須要進入婚姻體制內加以保障，同時美滿婚姻的延續也需要以真正感情承諾的實踐，

方有「白頭偕老，愛河永浴」的可能。至於，如何能維持美好
的婚姻與家庭生活，將在下一節中再做詳細的探討。

第三節　如何維繫美好的婚姻與家庭生活

　　由婚姻建立家庭的社會體制中，個人必須去適應婚姻組織
中的社會角色。結婚初期，夫妻二人發展出一套處理家庭權力
分工的方式。在國人傳統婚姻中，男人主宰著這種關係，並做
最後的決定；女人卻往往只是接受男人的決定，或是很技巧而
間接地表示她的影響力。這也就表示，傳統家庭中妻子遵循「假
如家庭圓滿，我就滿意了」的基本原則；而丈夫的原則卻是「假
如我好，家庭就圓滿了」。雖然，有些婚姻並不適合於這種傳
統模式，但大多數者仍是如此，丈夫擁有著家庭中傳統的主宰
權（蘇建文，1991）。

　　結婚的頭幾年，是夫妻間一個非常重要的相互適應時期，
這幾年有時過得十分辛苦，主要是他們剛成家時並未料到要面
臨的嚴峻考驗。有資料顯示：結婚第一年離婚的可能性頗高，
在第二到第四年中達到最高，這種情形在國內、外也很相似。

　　根據綜合性歸納分析，容易導致夫妻婚姻衝突的主因，包
括以下九項（吳武典、洪有義，1987）：一、對婚姻期望過
高、過低，或不一致；二、有彼此互爭勝負的習慣；三、破壞
性的爭吵方式；四、消極反抗另一半；五、挫折感的作祟；六、
觀念體系的差距；七、嫉妒心理；八、因不信任對方而要求時

刻在一起；九、配偶個人的不良適應。

從積極面來看，有關如何能維繫美好的婚姻及家庭生活，可從以下五方面分別加以探究之。

一、婚姻初期進行的調適

結婚初期導致夫妻間關係緊張的原因很多，其中的一個重要因素就是金錢的收入。收入不穩定、債台高築的家庭，與收入雖低卻穩定的家庭相比，前者與婚姻解體有著更密切的關係。當妻子和丈夫賺得同樣的收入或收入更高時，妻子的收入與婚姻解體有密切的關連性；而當妻子的收入低於丈夫時，這種關連性則不存在。這和中國人傳統婚姻關係中，強調的「婚姻斜坡律」（marriage gradient）有關，要求丈夫在各方面都要高於妻子，譬如：在年齡、身高、學歷、能力、社會地位、經濟收入等各項上，丈夫都必須高過妻子才能維持斜坡式的動態平衡關係。

同時，夫妻之間教育程度、宗教信仰或社會階層背景不同，也會造成彼此相處上的衝突，這時二人必須學習在許多價值選擇上，作出某種程度的讓步。夫妻間應調整建立一種相互滿意的性關係，安排好生活中的開銷和儲蓄，彼此適應對方的飲食偏好、睡眠方式、工作型式、盥洗習慣與對方父母的要求等方面。

二、溝通與婚姻的調適

　　婚姻滿意度高的人往往聲稱夫妻間有較多的良性溝通，較高的自我坦露（self-disclosure）亦和婚姻的滿足感之間有密切的相關。那些對自己婚姻感到滿意的人，往往也善於傳達和理解彼此間的訊息（Noller, 1980）；反之，夫妻間愉快交往減少、缺乏任何溝通，甚至彼此間經常發生衝突，都與高離婚率有明顯地相關。

　　男女間溝通方式，可分為以下四種互動風格（Hawkins, Weisberg, & Ray, 1980）：㈠傳統式互動（conventional interaction）：習於掩蓋問題，僅是維持彼此表面互動，卻不投入太多的情緒或探討對方觀點；㈡控制式互動（controlling interaction）：將自己意見說得很清楚，但不大會考慮對方觀點；㈢推測式互動（speculative interaction）：僅探究對方的觀點，但不充分表露出自己的立場，相當的自我防衛；㈣接觸式互動（contactful interaction）：既聽取對方的意見觀點，又清楚地表達出自己的立場。

　　一般說來，夫妻雙方都認為彼此之間的溝通，以接觸式的互動最好，控制式的溝通最不可取。但是，因著個人成長背景、人格特質的不同，其慣常的表達互動型式，難免也會有些差異；只要雙方能透過任何的互動方式，達到有效地溝通效果即可。

　　筆者個人認為夫妻有效溝通的六項技巧與態度，分別是：㈠基本的三心：關心、耐心與細心；㈡彼此真誠理性的表達，務必棄絕謊言；㈢學習傾聽及行為語言的運用；㈣盡量多以同

理心方式來與對方交談；㈤經常發揮適度的創造力與幽默感；㈥多有彼此單獨接觸的時間，去感覺、了解與體恤對方。同時，夫妻溝通並非萬能，除主動調適以外，更需彼此相互體諒。愛是恆久忍耐又有恩慈。

三、性別在婚姻調適上的差異

在婚姻調適中，女性比男性體驗到更多的緊張。此一情形可從以下二方面加以說明：㈠很多步入婚姻的女性，自我認同的程度不如其丈夫，生養子女的準備不足，經濟保障與社會地位都要靠其丈夫；這方面的差別，使得女性比男性體驗到較多情緒上的壓力；㈡與男性相比，女性充分地準備建立一種親密而開誠布公的夫妻關係。他們期待與需要一定程度的親近，而這種親近常常是不被對方給與的。

婚姻中的相互滿足似乎與丈夫的特點有相當地關連，包括他男性認同的穩定性、對自己父母婚姻的滿意程度、所受的教育程度與社經地位等。傳統上，男性在婚姻的初期權力較大，因他們有穩定職業、自我認同意識強，社會地位也較高；而婦女的體驗大多取決於男性在他們的關係中，如何與之分享權力。然而，隨著男女平權與新女性主義的大力倡導，這種婚姻調適中男女間的差異，也在迅速地減弱或消失。

四、雙生涯夫妻間的調適

近年來因多數婦女都投入工作市場，產生了所謂的「雙生

涯夫妻」（dual-career couples）。根據行政院主計處有關台灣地區人力運用調查發現，一九七五年至一九八五年間，國內女性人口占總就業人口的比例，由百分之三十二緩緩上升至百分之三十六；但從已婚婦女參與勞動的比例來看，無論子女在哪一個年齡階段中，已婚婦女參與的勞動力均在明顯上升。有關這方面的詳細發展、變化與現況，將在本書第十一章中再探討。

當丈夫與妻子都投身於勞動市場，就會要求重新定義家庭的角色和分工；夫妻雙方婚後好一陣子沒人洗衣服，才意識到必須規定由誰來洗衣服及分擔其他家務。當夫妻雙方都外出工作時，兩人的假期可能不同，他們工作和在家的時間也可能不一致。往往妻子被期望多做些家事、照料孩子，並擔負其他一些傳統女性角色，凡此種種常導致妻子精疲力盡或對婚姻生活大為不滿。

針對以雙生涯家庭與婚姻行之多年的美國，所作過的相關調查、分析主要發現，討論說明如下（Macklin, 1987）：

㈠對婚姻的滿意程度：滿意與否和夫妻彼此間的態度、信念有關。通常具有傳統性別角色愈濃厚的夫妻，所感受到的緊張和壓力愈大。

㈡在同行中找終身伴侶的影響：與不找同事結婚的女性相比，與丈夫專業領域相同的妻子其成就較高些（當然不如丈夫的成就來得令人滿意）。

㈢家中家務分擔的影響：雙生涯家庭的夫婦雙方，會更主動地分擔傳統上由女性承擔的家中事務。

㈣地理流動性的影響：流動性對妻子的事業有不良影響，因她的需求通常不會成為流動抉擇中的主要決定因素。

同時，根據相關研究發現，高品質的雙生涯婚姻與家庭，大致具有十項的特點（Thomas, Albrecht, & White, 1984）：㈠收入適中，且丈夫賺得比妻子多；㈡夫妻倆一致認為，應以丈夫的職業優先；㈢丈夫支持妻子的職業；㈣孩子已長得較大些；㈤令人滿意的社交生活；㈥丈夫對妻子的壓力體貼入微；㈦彼此間的性關係良好；㈧討論與工作有關的問題；㈨角色互補和分享；㈩共同的活動和朋友關係。

五、良好的夫妻相處之道

夫妻關係是各種人際關係中最親密與重要者。在此，先針對建立良好夫妻關係應有的基本認識，敘述如下：

㈠配偶既是自己的另一半，更應善加珍惜。

㈡與其要求對方改變，不如調整自己來設法加以適應之。

㈢經常保持彼此良好的溝通，也要學習去尊重對方的隱私。

針對成熟婚姻中的夫妻相處之道，亦提出六項來說明：㈠重視情調彼此才能情投意合；㈡相互了解及欣賞對方的優、缺點；㈢學習彼此間相互的尊重；㈣彼此無條件的照顧；㈤要絕對忠於你的另一半；㈥責任與和諧性關係之調整。

當結婚數年後，有了孩子且忙於營生之所需，加上步入固定模式的家庭生活中，這時要如何避免婚姻生活發生問題而觸礁，提出了以下六項建議以供參考（Kaplan & Stein, 1984）：

㈠好好經營你的婚姻：雖然婚後二人都難免會忙於家庭、孩子與個人工作，但夫妻二人仍需找出時間單獨相處，並做親密有效的溝通。

㈡允許另一半的成長：每個另一半都有其特殊的才幹與潛能，應鼓勵其自我發展。

㈢共同分擔養育子女的責任：夫妻二人均應積極投入孩子成長過程中每一階段的教養工作。

㈣在夫妻生活中應允許對方有個人自由的空間：二人在生活中固然需要多有彼此溝通的機會，但有時亦需要有自我獨處的時段。

㈤要能敏覺於二人關係的變化：隨時察覺出夫妻間溝通方式的改變，當這些變化嚴重傷害二人關係之前，就應採取有效的步驟導正之。

㈥在生活中嘗試一些新的事物：夫妻生活久了，難免會有些沈悶、呆板與無趣，故需要二人能共同嘗試些新奇事物，以調和夫妻生活。

在夫妻良好相處之中，需要雙方以積極正向心態面對婚姻家庭中各種問題，並能互相不斷溝通和調適。在此提出吳就君與鄭玉英（1987）所論及之夫妻在婚姻適應中應具有的三項共同立足點，加以探討如下：

㈠多思念配偶的好處。天下沒有一個十全十美的配偶，美好的配偶是在自己的搭配之下產生的。與其緊盯著對方的缺點，不如多欣賞對方的優點，這樣的夫妻生活其衝突和摩擦自然會減少。

㈡保持對配偶的興趣。結婚多年之後，彼此之間不似戀愛時的強烈吸引時，如何去培養與維持彼此共同的興趣更形重要。安排一些共處的時間，幾個彼此都喜歡的朋友，找些二人都樂於交談的話題等，均可維持雙方興趣而不至枯燥乏味。

㈢認清對方的脾氣及處事習慣。夫妻間要用中性而非批判的眼光去觀看對方的脾氣，是出於許可、包容而非嚴苛、責備的眼光，如此才能真實的認識對方。唯有在熟知對方脾氣之後，才能參照自己個性找出彼此有效的調適之道。

第四節　家庭婚姻問題的困擾與諮商

透過婚姻所建立的家庭可能是一個人最溫暖的窩，也有可能是最殘酷的地獄。美滿的婚姻與幸福的家庭是需要長期而有心地經營，否則難免淪落於婚姻是愛情的墳墓中。丈夫在外受氣或工作不順遂，沒有理由（或不便於）對別人發脾氣，只好回去罵太太、孩子，情緒變得十分激動，一個小小的事件，往往能釀成大禍；家是最危險、殘酷的地方，也可能是最溫暖的地方。每當看到小孩子的成長，或跑過來要求抱抱時，那種感覺真好。當你發現家的殘酷大於溫暖時，應趕緊找人傾訴、協談，設法尋求解決之道，以免愈陷愈深；等到家庭發生不幸的悲劇再後悔，可就來不及啦！

一、外遇與離婚的困擾

所謂「外遇」（extramarital sexual relationship），乃泛指婚姻中夫妻一方情感有所轉移；而狹隘的定義則認為，當婚姻一方與配偶以外的異性發生性關係時，才構成外遇的事實（簡春安，1991）。一般社會制度為了鞏固現存婚姻體制，多對男女

外遇關係採取反對及抵制的態度，但從研究統計數字來看，外遇情況卻從來沒有下降的趨勢。台灣本土的研究中，外遇曾被調查是婚姻關係中，婦女最擔憂發生的事，而外遇現象也往往被歸納為破壞婚姻關係的首因（彭懷真，1996）。

　　隨著今日社會的快速變遷，除了在家庭結構方面產生了頗大的改變外，離婚率也在不斷地升高。根據研究顯示：台灣地區平均每八對新人結婚中，將會有一對夫妻離婚；有將近百分之八的兒童生活在單親家庭（徐良熙、林忠正，1984）。近來國內離婚率更是快速竄升中，根據內政部公布的統計數字，台灣在一九八九年每年只有二萬五千對離婚，但隨後每年以增加近一千對的速度一路攀升，到了一九九三年首度突破三萬對。到了一九九六年更又超過三萬五千對，在這一年中共計有三萬五千八百七十五對離婚，比一九八五年增加 7.55％，平均每 14.7 分鐘就有一對夫妻離婚；到了二〇〇四年的調查發現更為驚人，已超過六萬對，平均每天約有二百對夫妻離婚。而在美國離婚的情形則更是令人咋舌，約有一半的家庭最後都會以離婚收場，有百分之四十到百分之五十的兒童，會居住在單親家庭中（Shaffer, 1989）。

　　根據藍采風（1986）以「離婚的原因為何」進行調查訪問，發現國人離婚最大的原因在於溝通不良，其次依比例順序分別為：外遇與遺棄、失去愛情、厭倦、虐待、酗酒、個性不合、吸毒或施打藥品等。而國外一項針對離婚因素的研究中指出，促使配偶選擇中斷婚姻關係的內在因素包括（依重要性排列）：外遇的發生、婚姻情感的消失、個人情緒問題、經濟財物問題、性生活失調、親戚關係的處理、子女問題、婚姻暴力與虐待、

酗酒與犯罪行為、就業問題等十項因素（George & Michael, 1995）。比較國內外在針對離婚因素中比較特別的不同點，國外男女離婚主因經常是在於性生活不協調；但這項卻在國內相關調查中未見出現，或許是因隱藏於國人保守風氣之下不便直接表達。

離婚之後，當事人受傷的程度，先要看是誰提出來要離婚的。若非出於自己意願，而在無可奈何之下離婚的一方，固然在感情上受到很大的傷害；但是另外一方也會在離婚前後，承受相當程度的壓力、煩惱與受傷。我們可以說離婚的雙方都是犧牲者，二人在適應上都要做些努力。離婚也會影響當事人對自我形象產生較負面的觀點。許多離婚的人，都感到自己是個失敗者，覺得自己在婚姻中沒有能夠成功地讓自己及對方滿意，而這種失敗的感受，往往需要一段時間來紓解才可能康復。若他們的婚姻中已有了孩子，則單親家庭帶給孩子的衝擊，又是另一個嚴重問題。因此，正在考慮是否要以離婚來解決問題的夫妻，應先仔細考慮以下幾項後再作定奪：

㈠冷靜地思考。走出婚姻和走入婚姻一樣是一件重大的抉擇，切勿在一時衝動的情況下匆匆定案。冷靜地思考包括在情緒上適度的處理和疏導，對離婚的後果十分清楚並願意自我負責而不後悔等。

㈡妥善安排子女。父母離婚勢必會對孩子造成某種傷害，若考慮到與其讓孩子在爭吵中生活，不如讓他們在單親的撫養下安定成長，那就需要幫助孩子去了解他們沒有任何責任，父母絕不是因為其不乖或犯錯而分手。此外，離婚是夫妻關係的分手，但不是親子關係的結束；對於日後要如何安排探視子女

的方式,也應一併考慮在內。

㈢考慮經濟因素。離婚後如何使雙方和孩子,都能在往後的日子上不虞匱乏,而維持某一水準的生活,這些都是必須修先考慮者,特別是針對負有監護權的一方。

㈣是否再給眼前婚姻一個機會。有不少的婚姻,在面臨離婚情境時,再給與彼此最後一個機會,而使婚姻獲得了轉機。特別是把最後機會,用來向專業輔導機構或諮商專家求助。因此,在簽下離婚協議書或步上法庭之前,如果能夠也考慮在專業人員協助下,再做一番協調與努力,可能是值得的!

二、單親家庭的問題

伴隨著離婚率揚升帶來大量單親家庭(single-parent family)的產生,因此進一步探究。所謂「單親家庭」,係指因離婚、喪偶或未婚的單一父親或母親,和其十八歲以下未婚子女所組成的家庭(王以仁,2000)。近一、二十年來,單親家庭在中、美等國家的社會,均相當快速的增加當中。其中,絕大多數是以女性為主(female-headed)的單親家庭,根據調查此類單親家庭占百分之八十八,而以男性為主(male-headed)的單親家庭只占百分之十二(Greif, 1985)。

同時,以女性為主的單親家庭在財務方面較不穩定,且其平均收入往往只有以男性為主單親家庭收入的一半(Moore, Peterson, & Zill, 1985)。因此,單親媽媽通常較正常雙親家庭中的母親,缺乏可以用來教養子女的資源;因經濟問題的考量,單親媽媽必須上班,而將年幼孩子交給他人廉價白天照顧(day care），在此情形下，對親子關係與孩子的發展，都會造成相當嚴重的負面影響；故在單親家庭的相關問題中，又以單親媽媽的情形來得較為嚴重，包括有：經濟問題、感情困擾、孩子的發展與管教等，在在都是難以擺平的窘境及困惑。

在國內單親家庭的比率也在快速上升中，筆者所接觸的許多國小老師紛紛反應，在一個班上，大約有五分之一的學生來自單親家庭。國內學者薛承泰（2002）提到，現代婦女就業比例高，使得婦女在經濟方面較以前獨立，加上女性主義抬頭及其他原因導致台灣地區離婚率逐漸升高，相對的單親兒童的人口數亦由 5.64％提升為 7.31％。同時，根據《商業周刊》二〇〇四年八六二期「落跑父母激增」一文中，調查發現，父母放棄孩子有愈來愈多的情形，全台各小學的學生當中，單親兒童占 7.88％，隔代兒童占 3.19％，二項合計占 11.07％。而依官方行政院主計處所調查單親家庭戶數的比例統計資料顯示，亦由一九九一年的 6.47％ 快速攀升到二〇〇四年的 8.21％。

三、婚姻與家庭諮商

無論是婚姻或家庭諮商，雖然當事人帶來的是一個棘手的問題或困境，但諮商員的工作卻不是要替他們解決婚姻問題或打開家庭困境，而是要讓他們能自我成長並產生較佳的溝通方式與能力，以便其自我突破婚姻或家庭生活的困境。所以，諮商的成功在於導引個案本身成長的過程，而非僅是著眼於達成某一項具體的結果。

在婚姻諮商過程中有以下四項要點：

㈠協助夫妻發展親密關係。婚姻諮商是要協助夫妻加深二人的親密性，但又不侵犯他們的個別性。

㈡婚姻諮商協助夫妻正視痛苦。諮商員要求夫妻去看他們的失望是什麼？他們的傷害在哪裡？但是不必覺得自己該為對方的痛苦負責。

㈢婚姻諮商是鞏固婚姻關係的結構。夫妻間的關係具有許多層面，婚姻諮商若能將此諸多層面標示得更為清楚，對鞏固他們的結構關係十分有幫助。

㈣婚姻諮商與夫妻一同面對離婚抉擇。當一對夫妻決定放棄把婚姻當作生存架構，而以二個單獨、完整的人在一起時，他們需要諮商者相當大的協助，以幫助他們來界定與澄清離婚的困境。

諮商員面對婚姻諮商個案時，應將相關的層面納入整體結構中考量，包括：㈠對婚姻的期待；㈡對彼此溝通的期待；㈢對夫妻性關係的期望；㈣家中相關事務如何做決定；㈤對彼此宗教信仰或行為如何認可；㈥家務事如何分工；㈦如何來教養子女；㈧如何與親戚朋友往來；㈨金錢的使用與休閒安排等。

人類亦屬一種群居的動物，其思想、行為莫不受到周遭他人的影響；然而個體如果有了心理或行為上的困擾，以往都採個別的方式，針對個體本身的症狀去進行輔導、諮商，其效果難免會有所限制。其實，這樣的考量基本上是不夠周延的；因為個體之所以會產生困擾，主要是起源於他與環境的互動，而家庭更是個人生活中最根本也最重要的一環。

家庭是社會的一小部分，家庭當然也是一個系統，每個成員都在系統的支持下運作，且每一成員都會主動地尋找自己的

搭檔，做為擋箭牌以保護自己在家庭中的地位，這些被當作擋箭牌的人可能就成為「被認定的個案」（Identified Patient, IP）。也許他會鬧的家庭不可開交，也有可能是靜靜的自生自滅，通常家中也經常會看到這些哭鬧上吊的人，以自殺、離家出走來向周遭的人求救。但是，也應同時注意那些不做聲響的人，他們往往才是最危險份子，身為夫妻和父母者應隨時注意你的另一半及家中的每一位成員。

家族治療（family therapy）認為家庭是個體第一個接觸到的社會組織，對個體的思想、行為有著深遠的影響力。因此，欲了解個體的困擾，必不能忽視探究其家庭成員間的互動關係。這樣的觀點，在美國的社會引起很大的迴響。而十五年前張老師文化事業股份有限公司出版的暢銷書——《熱鍋上的家庭》（李瑞玲譯，1991），其原文書名是：*The Family Crucible*（Napier & Whitaker, 1978），本書是在描寫一個瀕臨破碎的家庭，接受家族治療的過程及其心路歷程。從這本書中可以使人深刻的體認到，家庭原本是個人最溫暖的避風港，然而一但經營不善，也可能成為危害個體人格發展的大殺手。

台灣的破碎家庭比率雖不像美國那麼高，然而卻有逐年增加的趨勢，這樣的現象實在是相當令人憂心的。根據許多的資料顯示，問題青少年大多是來自於不完整的家庭；同時亦有研究指出，即使家庭結構完整，如果家庭成員的關係不佳，彼此疏離、冷落與對抗，也會促使青少年產生問題行為。因此，婚姻諮商、家庭諮商與家族治療在今日台灣社會，實應廣泛而有系統地大力提倡，每一對有困擾的情侶、夫妻或有問題的家庭成員，也應有勇氣去尋求專業性的諮商與協談。

本 章 摘 要

在大多數人的生命中，感情往往是最令人陶醉與珍貴的部分，亦有人不惜為它情願犧牲自己的生命。而家庭對個人的影響也頗大，人一生自幼到老的生涯成長過程中，幾乎都脫離不了家庭因素的影響。

親密關係的四個效標，分別是給與取的互惠關係、責任感、承諾感及性成熟。同時亦可依據這四項親密效標，將兩性間的親密關係區分為：親密的人、親密前奏的人、刻板關係的人、假性親密的人與孤獨無依的人。

愛情可區分為浪漫之愛與成熟之愛。愛情具有親密、激情和承諾等三種成分。男女之間的愛情亦可分為以下六種類型：浪漫之愛、遊戲之愛、友誼之愛、占有之愛、現實之愛及利他之愛。

人與人互相吸引的六個因素為：彼此的接近、態度的相似、需求的互補、能力的表現、外在吸引力與自我的開放。而男生認為理想約會對象的前三大特質是看起來順眼、具有成熟的人格及具有性吸引力；而女生認為理想約會對象的前三大特質則是看起來順眼、具有成熟的人格與體貼關心。男人娶妻的前三大條件為能共同奮鬥的、孝順的及身體健康的；而女人找丈夫的前三大條件則為有責任感的、顧家的與上進的。

交友、約會、擇偶、結婚而進入到成家立業的人生另一階段，其中有一項共同的重要因素，就是對彼此之間感情承諾的持續。事實上，今天吾人所說的訂婚，究其內涵即為個人終身

感情承諾的公開化，進而結婚成家完成社會既定規範，並可獲得法律的保障。

　　結婚初期導致夫妻間關係緊張的原因，包括金錢的收入、教育程度、宗教信仰、社會階層背景、性關係、生活中的開銷和儲蓄、飲食偏好、睡眠方式、工作型式、盥洗習慣與對方父母的要求等方面。

　　婚姻滿意度高的人往往是夫妻間有較多的良性溝通，較高的自我坦露亦和婚姻的滿足感間有密切的相關。那些對自己婚姻感到滿意的人，往往也善於傳達和理解彼此的訊息。一般說來，夫妻雙方都認為彼此之間的溝通，以接觸式的互動最好，控制式的溝通最不可取。

　　近年來許多雙生涯夫妻，因二人都外出工作時，彼此的假期可能不同，他們工作和在家的時間也可能不一致；往往妻子被期望多做些家事、照料孩子，並擔負一些傳統女性角色，而常導致妻子精疲力盡並大為不滿。

　　成熟婚姻中的夫妻相處之道，應該重視情調彼此才能情投意合，相互了解及欣賞對方的優、缺點，學習彼此間相互的尊重，彼此無條件的照顧，要絕對忠於你的另一半，責任與和諧性關係之調整。

　　隨著今日社會的快速變遷，除了在家庭結構方面產生了頗大的改變外，離婚率也在不斷地升高。國內離婚最大原因在於溝通不良，其次依序為外遇與遺棄、失去愛情、厭倦、虐待、酗酒、個性不合、吸毒或施打藥品等。而國外卻在於外遇的發生、婚姻情感的消失、個人情緒問題、經濟財物問題、性生活失調、親戚關係的處理、子女問題、婚姻暴力與虐待、酗酒與

犯罪行為、就業問題等。

　　伴隨著離婚率的揚升，帶來大量單親家庭的產生，其中絕大多數屬於以女性為主的單親家庭。這些單親媽媽面臨的難題有經濟問題、感情困擾、孩子的發展與管教等，在在都是難以擺平的窘境及困惑。

　　無論是婚姻或家庭諮商，雖然當事人帶來的是一個棘手的問題或困境，但諮商員的工作卻不是要替他們解決婚姻問題或打開家庭困境，而是要讓他們能自我成長並產生較佳的溝通方式與能力，以便其自我突破婚姻或家庭生活的困境。

　　婚姻諮商、家庭諮商與家族治療在今日台灣的社會，實應廣泛而有系統地大力提倡。每一對有困擾的情侶、夫妻或有問題的家庭成員，也應主動尋求專業的協談，以免拖延到不幸悲劇發生時再後悔，可就來不及啦！

研 討 問 題

一、兩性間親密關係可分為親密的人、親密前奏的人、刻板關係的人、假性親密的人與孤獨無依的人等五類，請自我評估你是屬於其中哪一類？你個人對此是否滿意？請分別加以說明探究之。

二、若你目前仍是單身，試列出你心目中理想終身伴侶的五大條件，然後與本章第二節中所列的相關條件加以對照比較之（單身者請作答本題，第三題不必回答）。

三、若你是已婚者，試回想當初你選擇理想終身伴侶的五大條件為何？假設要你以目前的情形再重新訂出理想擇偶的五大條件，會有何不同？請一一加以說明（已婚者請作答本題，第二題不必回答）。

四、請提出你個人認為維繫夫妻間美好婚姻生活的五大要件，並詳細予以探究之。並可多舉實例來加以說明。

五、你對於目前多數雙生涯夫妻生活模式有何看法？若因此二人產生頗大衝突時，你認為應如何來調整或因應？請提出你的高見。

六、當你個人的婚姻或家庭發生重大問題時，是否會主動去尋求專業機構或諮商人員的協助？若你答案是肯定的，你會如何去進行；若你答案是否定的，請說明理由為何。

參 考 文 獻

一、中文部分

王以仁（2000）。**單親學習型家庭方案執行彙編**。台北：教育部。

吳武典、洪有義（1987）。**心理衛生**。台北：國立空中大學。

吳就君、鄭玉英（1987）。**家庭與婚姻諮商**。台北：國立空中大學。

吳靜吉（1985）。**害羞、寂寞、愛**。台北：遠流。

吳靜吉等（1986）。**心理學**。台北：國立空中大學。

李瑞玲譯（1991）。**熱鍋上的家庭——一個家庭治療的心路歷程**。台北：張老師。

徐良熙、林忠正（1984）。家庭結構與社會變遷——中美單親家庭的比較。**中國社會學刊**，8，11-22。

陳淑珍（1987）。上班族的婚姻觀——黑白配、男生女生配。**生涯雜誌**，14，44-53。

陳皎眉、江漢聲、陳惠馨（1996）。**兩性關係**。台北：國立空中大學。

黃國彥、李良哲（1986）。**心理學**。台北：華視。

彭懷真（1996）。**婚姻與家庭**。台北：巨流。

彭懷真（1998）。**ABOUT 愛情學問**。台北：天下。

簡春安（1991）。**外遇的分析與處置**。台北：張老師。

薛承泰（2002）。台灣地區單親戶的變遷：1990 年與 2000 年普查的比較。**台大社會工作學刊**，6，1-34。

藍采風（1986）。**婚姻關係與適應**。台北：張老師。

藍采風（1996）。婚姻與家庭。台北：幼獅。

蘇建文（1991）。發展心理學。台北：心理。

二、英文部分

Dion, K. L., & Dion, K. K. (1973). Correlates of romantic love. *Journal of Consulting and Clinical Psychology, 41,* 51-56.

George, E. D., & Michael, R. (1995). *Understanding families diversity, continuity, and change* (2nd ed.). Harcourt Brace Collage.

Greif, G. L. (1985). *Single fathers.* Lexington, MA: Heath.

Hawkings, J., Weisberg C., & Ray, D. (1980). Spouse differences in communication style: Preference, perception, behavior. *Journal of Marriage and the Family, August,* 585-593.

Kaplan, P. S., & Stein, J. (1984). *Psychology of adjustment.* Belmont, CA: Wadsworth.

Knox, D. H., & Sporakowski, M. (1968). Attitudes of college students toward love. *Journal of Marriage and the Family, 30,* 638-663.

Macklin, E. (1987). Non-traditional family forms. In M. B. Sussman & S. K. Steinmetz (Eds.), *Handbook of marriage and the family* (pp. 330-331). New York: Plenum.

Noller, P. (1980). Misunderstandings in marital communication: A study of couples' nonverbal communication. *Journal of Personality and Social Psychology, 39,* 1135-1148.

Rice, F. P. (1993). *Intimate Relationship, marriages, and families* (2nd ed.). Mountain View, CA: Wadsworth.

Rubin, Z. (1970). Measurement of romantic love. *Journal of Personal-*

ity and Social Psychology, 16, 265-273.

Shaffer, D. R. (1989). *Developmental Psychology* (2nd ed.). Pacific Grove, CA: Brooks/Cole.

Sternberg, R. J. (1986). A triangular theory of love. *Psychological Review, 93,* 119-135.

Thomas, S., Albrecht, K., & White, P. (1984). Determinants of marital quality in dual-career couples. *Family Relations, 33,* 513-521.

Wong, H. (1981). Typlologies of intimacy. *Psychology of Women Quarterly, 5,* 435-443.

第十章

生涯發展

　　每年鳳凰花開的季節，成群的學子步出校門，有的對未來充
滿信心，經過一段決定與選擇的過程後，已對自己所選擇的職業
成竹在胸；有的則是依照父母的期望，或準備畢業後克紹箕裘；
有的人對於未來雖然努力思索尋找，但對於未來仍如墬五里霧
中，相當徬徨猶豫；有些人則可能抱持「船到橋頭自然直」的心
態過一天算一天。以上四種類型的畢業生，正是馬西亞（Marcia,
1966）認為一個人在面臨職業危機時所可能出現的四種狀態。如
果我們希望學子在步出校門時都對未來充滿信心，準備迎接自己
要求的挑戰，個人需具備的必要條件為：了解自己的能力與興
趣、探索工作世界（尤其是與自己興趣、才能相符的職業）及能
做出生涯決定，並安頓在所選擇的職業之上。因此本章將探討個
人生涯發展、生涯決定的歷程及其影響因素，以便幫助讀者更有
效率地面對工作世界。

第一節　生涯發展的意義

　　一九七一年美國聯邦教育署長馬蘭博士（Dr. Marland）提出
生涯教育的構想後，學術界陸續提出生涯發展與生涯規畫的觀
念及課程，美國教育研究學會（American Educational Research
Association）等重要學術團體也為「生涯發展」正名，生涯發展
正式成為學術研究的一個領域。近年來，國內各大學院校也漸
重視學生的生涯發展與規畫教育，於通識課程中陸續開設相關
課程提供學生修習，以及早協助學生做好生涯規畫。其主要目
標在於：

．增加自我了解；

．了解工作世界；

．進行生涯試探、生涯規畫和生涯準備；

．增強社交能力；

．培養生涯能力；

．提升自我實現動機。

所謂「生涯」（career），就字面上的定義來看，指的是個人一生的歷程。但今日在學術上所稱的生涯，由於生涯發展理論的推廣，大多指個人一生中與職業、事業、工作有關的歷程。生涯發展研究的著名學者 Donald Edwin Super 曾對「生涯」一詞說明：「是生活裡各種事件的演進方向與歷程，統合個人一生中的各種職業和生活角色，由此表現出個人獨特的自我發展組型；生涯也是人生自青春期以迄退休之後，一連串有酬或無酬職位的綜合，甚至也包含了副業、家庭和公民的角色」（引自羅文基，1991：6-7）。但是 Super 最早對於「生涯」的定義則只是認為是指一個人終生經歷的所有職位之整體歷程。我們可以由此了解，「生涯」的概念隨著社會的變遷，有愈來愈廣的趨勢。

根據《國際教育百科全書》（1985）的定義，所謂「生涯發展」（career development）是指個人選擇或決定進入某一行業時，為謀適應此一行業的種種規範或要求，扮演和學習該行業的工作角色，由低層級逐漸升遷發展到高層級的整個歷程。從上述定義我們可以了解，每個人的生涯發展因其生活歷程的不同，可能會有差異，但由於生命週期的相似性，也有其共通性。

第二節　生涯發展理論

　　有關生涯發展的理論最早見於一九○八年帕森斯（Parsons）「職業選擇」一文，文中提到「個人欲做明智的職業選擇，首先必須了解自己的能力、興趣、性向、資源及優缺點；再則了解各職業成功之必備條件、利弊、機會及前途；而且合理了解上述兩者之關係」（引自陳麗娟，1982）。

　　生涯輔導理論源自二十世紀初期的職業輔導理論。克立提斯（Crites, 1965, 引自張浣芸，1987）認為職業輔導理論可分為兩大派別，一是非心理學取向，包括情境論、經濟論、文化論及社會學理論；二是心理學理論取向，包括特質論、心理動力論、生涯發展理論及抉擇論。本章所探討的生涯發展是從心理學理論取向的生涯發展理論中發展出來的，現今有關個人生涯發展的論著，絕大多數是採取此一學派的觀點。因此以下介紹生涯發展理論中的兩位著名理論家金氏柏格（Ginzberg）及舒伯的理論。

一、金氏伯格的理論

　　金氏柏格是在一九五一年與其同事（張浣芸，1987）以一群八至二十三歲的兒童及青年進行研究所提出的職業選擇理論。其理論重點包括：

　　㈠一個人的職業選擇受到四個因素的影響，這四個因素分別是：1.現實的因素；2.教育的過程；3.情緒的因素；4.個人

的價值觀。

　　㈡職業選擇涵蓋人生相當長的時間，大約從兒童期到青年期之間，其中又可分為三個階段：

1.幻想期

　　由出生到十一歲之間，個人對職業的選擇充滿了幻想，常透過遊戲的方式，模仿成人的工作世界，並由此獲得成人的增強而認為自己可以做自己所幻想的職業，並未考慮現實或實際狀況。

2.嘗試期

　　十一歲到十七歲之間，個人對自己的興趣、能力、個性、價值觀等開始有較清楚之認識，能考慮如何將自己的特性與職業選擇配合，其間又包括下列四個小階段：

⑴興趣階段（十一～十二歲）

　　開始注意並培養自己對某些職業的興趣。

⑵能力階段（十二～十四歲）

　　以個人的能力為核心，衡量並測驗自己的能力所在，然後表現能力於各種職業相關活動上。例如木工、簡易電器修護、電腦操作等。

⑶價值階段（十五～十六歲）

　　個人逐漸了解職業的價值性，並能兼顧個人及社會上的需

要，在進行職業的選擇與評估的時候，漸以職業的價值性為主要考量因素，其次才是個人的興趣與能力。

(4)綜合階段（十七歲）

將前三階段所考慮的因素都納入職業選擇的考慮因素中，統整相關的職業選擇資訊，以進行初步的生涯決定。

3.現實期

十七歲以後到成年期間，個人對自己有更深入的了解，並從現實的觀點考慮自己的選擇。其中包括：

(1)試探階段

個人根據嘗試期的統整結果，實際進行各種試探活動，試探各種職業機會及可能的選擇。

(2)具體化階段

藉著試探階段的經歷作更進一步的選擇，因此而獲得具體的職業經驗。

(3)職業化階段

就自我選擇的目標進行就業的各種準備。

根據金氏伯格的觀點，在生涯決定的過程中，這三個階段的發展順序是不可變換的。過去已決定的事，每個人都無法予以改變後期的決定受制於前期的決定。因此每一個人的發展都是先出現幻想期，而後是嘗試期，最後才進入現實期。

　　金氏伯格的理論是由一群社會學者、經濟學者、心理學者、精神醫學者等所組成的團隊所共同研究提出的，其理論著重在個人就業前的職業選擇，可說是生涯發展論的早期架構者，但其論點有其不足之處，後由舒伯的理論加以補充，包括：

　　㈠金氏伯格理論中的發展階段主要論及就業前的各個生涯決定階段，未提及就業後的改變及調適。

　　㈡金氏伯格談到個人生涯發展的過程，是個人興趣、能力、價值觀等與外在環境、機會不斷妥協後的結果，但並未論及影響妥協的內在動力。

二、舒伯的理論

　　舒伯是提出生涯發展理論中最受重視的一位學者，他的理論、思想，除了受到傳統職業輔導學說的影響外，更容納羅吉斯（Carl Rogers）、卡特（Carter）及伯丁（Bordin）等人有關自我概念的觀點，以及巴赫勒（Buehler）的發展心理學觀點，使得舒伯的生涯發展理論集各家之大成，並成為當代最重要的生涯輔導理論。

　　舒伯以生涯階段及發展任務為理論的重心，特別強調職業選擇是一漫長的發展歷程，個人發展階段中自我概念的發展、發展任務、生涯發展成熟的意義，以及生涯發展中個人與其環境的關係。因此歐斯咆（Osipow, 1973）認為舒伯的理論可被稱為「發展的自我觀念」，但舒伯自己卻認為應以「差異—發展—社會—現象學的心理學」（Differential Developmental Social Phenomenological Psychology）的名稱較符合。舒伯最早是在一

九五三年提出十項他對生涯發展的基本論點，後來修正為十二點，分別是（張浣芸，1987）：

‧職業生涯發展是一個繼續不斷在運行的過程，且發展階段的前後次序不可變換。

‧職業生涯發展的過程，是有次序、有常模可循且可預測結果的。

‧職業生涯發展是一種動力的過程。

‧自我概念在青春期之前就已形成了，但到了青春期，個人的自我概念變得更為清楚，並且會轉換到職業選擇中。

‧在進行職業選擇時，現實因素的考慮會隨著年齡的增加而愈見其重要性。

‧一個人在一生中各種角色的發展及角色間的統整，與個人對父母的認同程度有極高的相關；而且這種認同程度高低會影響個人未來的生涯發展及其最終狀況。

‧個人在某項職業領域中升遷的速度與方向，受個人智力、父母社經地位、個人對地位的需求程度以及價值觀、興趣、社交技巧、外在經濟環境中供需情形的影響。

‧個人選擇某種職業的決定，受個人興趣、價值觀、需求、對父母或重要他人的認同，以及接近到社會資源、個人教育背景、外在工作世界結構、社會趨勢及周遭的人對職業的態度的影響。

‧雖然表面上看來具有某種人格特質、能力、興趣的人來擔任某種職業是最適合的，事實上，職業與人的配合並不是特定的組合方式，而是某種職業可以適合許多不同特質的人，而某一種人也可能適合許多種不同的職業。

・個人在工作中能否獲得滿足感，視其個人能力、興趣、人格特質及價值是否能在工作中充分發揮而定。

・個人在工作中獲得滿足感的程度與他是否能在工作中充分發揮自我有關。

・對大多數人而言，職業的選擇與發展正是一個人個性的展現。

由上述基本觀點，我們可以將舒伯的理論特色歸納為如下三大部分：

(一)階段論的生涯發展觀

舒伯引用發展心理學中的階段論，將個人生涯的發展區分為五個階段，每個階段皆有其發展活動及任務，而且這些階段具有循環、重複的特性，各階段特有的活動及任務如下表。

表 10-1　舒伯生涯發展階段與生涯發展任務

一、生長期（出生～）
經由認同，逐漸發展其自我觀念，需要與幻想是此期最重要的特質；隨著社會的參與及真實試驗之增加，興趣能力變得更為重要，主要的學習活動為生活自理、社會互動等。 　　小階段： 　　1.幻想期（四～十歲）：以個人之需要為主，幻想的角色扮演相當重要。 　　2.興趣期（十一～十二歲）：興趣是期望與活動的主要決定因素。 　　3.能力期（十三～十四歲）：能力逐漸具有重要性，並會考慮工作所需。 　　任務： 　　1.發展自我形象。 　　2.發展對工作世界的認識，並了解工作的意義。

二、探索期（十四歲～）

在學校、休閒活動及兼差的工作經驗中進行自我試驗、角色試探及職業探索。

小階段：

1. 試探期（十五～十七歲）：考慮興趣、能力、價值觀與機會，做暫時性的選擇。並經由幻想、討論、課業及工作來加以試驗。
2. 過渡期（十八～二十一歲）：進入就業市場或專業訓練中，更為重視現實的考慮並企圖實踐自我觀念，一般的選擇轉為特定的選擇。
3. 試驗並稍作承諾期（二十二～二十四歲）：找到第一份似乎頗適合自己的工作，並試驗是否能成為長期的工作。若不適合可能會再重複上述具體化、特殊化與實踐偏好的過程。

任務：實踐職業偏好。

三、建立期（二十四歲～）

尋獲適當的職業領域，並逐步建立穩固的地位。職位、工作可能有變遷，但職業不會改變。

小階段：

1. 試驗－承諾期（二十五～三十歲）：逐漸安定下來，在選定的職業內尋找一個穩固的職位。在找到終身的工作前與生活上的變動，而可能感到不很滿意。
2. 精進期（三十一～四十四歲）：致力於工作上的穩定。對多數的人而言，此時是最具創造力之期，資深且表現優異。

任務：穩固與精進。

四、維持期（四十四歲～）

逐漸取得相當的工作地位，重點在於如何維持既得的地位。保持已建立的模式、甚少突破，須面對新進入人員處於精進期優異表現所帶來的挑戰。

任務：維持既有的成就與地位。

五、衰退期（六十四歲～）

身心狀況逐漸衰退，從原先之工作中退休，需要發展新的角色。只能選擇參與部分活動，並只做為旁觀者。必須尋找其他可能使其滿意的來源，以取代退休後所失去的事物。

小階段：

> 1.衰退期（六十五～七十歲）：工作的步驟放慢，改變職務與
>   工作性質，以配合漸衰的能力。許多人會改換兼差的工作以
>   代替原先全日的工作。
> 2.退休期（七十一歲以上）：完全從工作中退休，或改換兼差
>   工作、當義工、或從事休閒活動。
> 任務：衰退、退休。

資料來源：本表轉引自何麗儀（1990：16）。

(二)生涯發展與角色理論的交互作用

　　舒伯認為人生的整體發展，通常是由下列三個層面所構成
（羅文基，1991）：

1.時間

　　個人的年齡或生命時期，分為成長、試探、建立、維持及
衰退等五個階段。

2.廣度或範圍

　　指個人一生所扮演的各種角色，例如在校學生可能同時扮
演學生、教庭教師、同學、社團領導人、男朋友等角色。

3.深度

　　指個人對所扮演角色的投入程度。

　　每個人一生中所扮演的各種角色的消長，除了與年齡及社
會期望有關外，也和個人投入角色行為的程度及時間，以及情
緒有關，因此每一階段都有所謂的「主要角色」，例如個人在
十五～二十歲之間的主要角色為「學生」，二十五～三十歲之

間的主要角色是「工作者」。不同階段的個人，因其角色的不同，發展的任務也有所不同；同樣的，不同性別的個人一生中所扮演角色的分配也可能有所不同。

表 10-2　各生涯發展階段男女角色區分

性別＼年齡	0歲-18歲	18歲	25歲	35歲	46歲	55歲	60歲	65歲
男	準備期	探索期	職業的自立期	就業安定期（升遷、再訓練期）		就業維持期		衰退期
女	準備期	未婚就業期	生產育兒期	再就業	就業後期		衰退期	

　　舒伯融合生涯發展理論與角色理論，就二者的交互影響關係，描繪出「生涯彩虹圖」，以說明個人多重角色生涯發展的情形。

　　如彩虹圖所示，個人一生扮演的角色，就如同彩虹的多種顏色一樣。在彩虹圖最外圍表示個人一生主要的生涯發展階段，內圈有多重長短範圍不一的陰暗部分，表示個人在各種年齡、階段對各種角色投入的程度。依圖中所示，每個人在同一年齡或階段可能同時扮演多種不同的角色，而這些不同的角色可能彼此重疊，但在個人生活中的所占的比例及分量則有所不同（林幸台，1987）。

　　透過彩虹圖，我們可以具體的了解一個人的生涯發展情形，以及不同角色對不同年齡或階段的個人的意義。

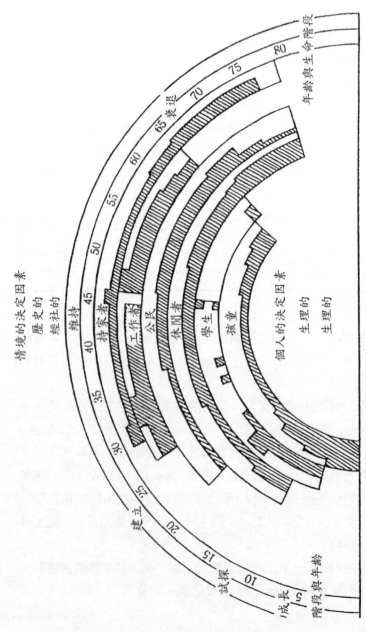

圖 10-1　人生的彩虹：人生整體發展的三個層面

資料來源：引自林幸台（1987）。

(三)自我概念與生涯發展

　　個人職業發展的過程可說是發展職業認定的過程，而自我的認定是其中最重要的項目。所謂自我概念就是個人對自己的評估。根據舒伯的觀點，自我概念在青春期以前就已定型，到了青春期則是更加的具體而清晰。而職業的自我概念是個人與職業有關的自我屬性的集合體（何麗儀，1990），包括個人的興趣、能力、價值觀、人格特質等。

　　舒伯在一九六三年評論有關自我概念的研究，提出自我概念與職業自我概念的關係，包括（沈彩梅，1994）：

　　1.個人自我概念與職業自我概念的一致程度，與影響職業偏好、職業滿足的內外標準有關。

　　2.個人自我概念與重要他人的職業角色概念的一致性有關。

　　3.個人的職業自我概念，與個人所知覺到重要他人對自己的職業角色期望有關。

　　4.自我概念與其他相似特質的測量是一致的（例如自我了解），而且其一致性在青少年時期，會隨著年齡而增加。這種一致程度同時也與特質的需求強度有關。

　　5.青少年對父母的認同與其職業興趣的型態有關。男孩對父親的認同，與其對父親職業的興趣有關。

　　舒伯認為職業自我概念的發展與自我概念一樣，可以分為下列三個階段：

1.形成期（the formation process）

　　個體從嬰兒開始，逐漸形成自我概念，發展對重要他人的

認同感。這個過程包括：

⑴探索（exploration）

　　探索自我與環境。從嬰兒期開始直到老年，探索的歷程貫穿個人的一生。

⑵自我分化（self-differentiation）

　　隨著年齡的增長，幼兒開始覺察到自己的身體與外界的區分，由此開始自我分化的發展。自我分化的產生，部分源於個人追求自我認定，個人逐漸覺察到自我與他人之間的差異，此種認識使個人在做教育或職業決定時，會考慮到這些教育或職業的選擇機會與自我概念是否一致。

⑶認同（identification）

　　個人對他人的認同，可以促使自我分化。自我分化的產生，一部分是來自對他人的認同，尤其是個人對同性父母的認同。男孩注意到自己與父親的相似處，以及與母親的不同；女孩則相反。在認同過程中，個人漸發展出個人特定的行為模式。

⑷角色扮演（role playing）

　　角色扮演也會促進職業自我概念的發展。男孩由認同於父親進而模仿他；也可能認同心目中的偶像並模仿偶像的一言一行。隨著年齡的增長，個人所扮演的角色愈來愈多，角色行為愈來愈複雜精細，而角色扮演正好提供個人嘗試各種職業角色的機會。

⑸現實考驗（reality testing）

角色扮演後，現實生活提供個人考驗角色扮演中所思所行的機會，例如與同伴遊戲、學校課程、打工等，皆是考驗個人角色扮演中以為對的事，個人再由此強化或修正自己的自我概念。

2.轉換期（the translation process）

隨著年齡增加，個人的自我概念中會增加與工作世界有關的資訊，並由此開始將自我概念轉換為職業自我概念。其方式可能包括：⑴向成人的角色行為認同；⑵偶然機會經驗到一種職業角色，促使個人將自我概念直接轉換為職業自我概念；⑶覺察到自己具有適合某種職業的特性或能力，進而學習符合該職業的角色行為。

3.實踐期（the implementation process）

其中包括獲得職業有關的教育與訓練，或尋找這方面的就業機會。在這個階段中，個人會將自我概念轉換成一種較為現實而具體的型式，個人在轉換過程中，如果沒有遭受挫折，可能會產生成就感；相反的，如果處處不如意，就不容易發展出積極的職業自我概念。事實上，由工作中提供了個人肯定自己自我概念的機會。

第三節　生涯發展成熟度

一、生涯發展成熟度的涵義

生涯發展的概念，必須以生涯成熟來定義。而生涯成熟的概念，最早可追溯到卡特對青少年興趣發展的研究，以及伯丁發展職業興趣成熟量表所做的研究。他們的研究指出：職業行為隨年齡而產生系統性的發展，亦即，隨年齡而成熟改變（陳麗娟，1981）。一九五〇年，戴辛吉（Dysinger）首先引用「職業成熟」（vocational maturity）一詞，並強調其意義比過去使用「職業選擇」、「職業決定」來描述個人職業的發展變化更為妥切；他的理由是：後兩者只含有時間序列上「點」的意義，而「職業成熟」以「連續性」的歷程觀點看個人職業的發展則較廣泛（何麗儀，1990）。在舒伯的理論中也提到職業選擇是一個過程，並不只是一個事件而已，而職業選擇一詞易引起誤解。

舒伯是最早引用生涯成熟概念的學者，他認為生涯發展是個體發展的一個層面，而「生涯成熟」與「心理成熟」在意義上是類似的概念。克立提斯則首先創用「生涯成熟」（career maturity）一詞，他認為生涯成熟是個人在職業事件發展的速率與程度，是一種多層面的架構。根據舒伯和克立提斯的看法，我們可以了解生涯發展成熟度所指的就是，個體在面對其生涯

發展任務所具有的一種準備程度（degree of readiness）。而一個
生涯發展成熟度之個體，其特徵是有周詳之生涯計畫，背負起
職業選擇的責任，對職業擁有正確之了解，並能表現出做決定
的能力。

有關生涯發展成熟的界定，舒伯及克立提斯皆認為應以職
業行為和發展任務來定義。舒伯界定了六個生涯成熟的向度，
這六個向度成為後來一般生涯成熟量表編製的參考依據（金樹
人，1987），其結構模式如下：

㈠職業選擇的取向（orientation to vocation choice）

包括個人對職業選擇關心的程度及對資源訊息的利用程度。
其假定為：較關心選擇個人，較可能準備妥當或較能做選擇。

㈡訊息與計畫（information and planing）

指個人對某職業所有的條件、責任、工作情境、機會的清
楚程度及計畫的程度。在比較之下，有經驗的工作者比新手能
掌握訊息，且已實行其職業計畫。

㈢職業偏好的一致性（consistency of vocational preference）

指個人的職業偏好在某一職業領域、職業層級（level）、職
業體系（family）之一致性的程度。因為較高的生涯成熟程度，
可以窄化個人的目標，除去較不具吸引力的偏好，而將探索嘗
試性的偏好具體化。

(四)個人的特質具體化（crystallization of traits）

指個人的興趣類型、工作價值、工作態度、工作責任感等個人特質方面的發展情形。假如個人能將其特質高度發展、統整，他愈有把握去因應職業選擇適應上的發展任務，而且我們可將「成熟」視為能力、特質的塑形，做為個人行為一致的基礎。

(五)職業獨立（vocational independence）

指個人對工作選擇的獨立程度。

(六)職業偏好的睿智（wisdom of vocational preferences）

指個人職業偏好與一些現實因素（如能力、興趣、價值觀、社經地位等）的一致程度。

二、生涯發展成熟度的影響因素

個體生涯發展成熟度之高低與個體從幼年期開始的整個成長經驗有關，根據國內外文獻資料，以下歸納個人成長過程中與生涯發展成熟度有關的背景因素及心理因素：

(一)家庭因素

家庭因素被肯定與個人整體發展有關，而家庭因素也與生涯成熟之發展極為相關。影響生涯成熟的家庭因素包括親子關

係、父母親教育程度、父母親職業水準、父母親社經地位、父
母親教育態度、父母親對子女教育期望、父母親對子女職業期
望等，其影響的路徑包括個人自己的因素及父母的因素。其中，
最常被提到的是家庭社經地位。

　　林幸台（1976）提及不同社經地位的父母對子女的管教態
度不同：社經地位高的家庭，父母對教育採積極態度，更重要
親子女的職業成就，鼓勵其向上流動，而社經地位低的家庭，
父母對教育常持懷疑態度，此種不同的父母價值觀與態度會影
響子女；此外，家庭可以傳遞訊息，在社經地位高的家庭，對
時事的討論較多，較有文化刺激，此點有利於子女的生涯發展。
不同的社經背景提供子女不同的教育機會、角色示範、職業知
識、興趣及能力，進而影響其職業與教育期望與職業發展。

　　陳麗娟（1983a，1983b）研究結果顯示，高社經地位學生的
職業成熟程度比低社經地位者高，她回顧文獻認為：家庭社經
地位會影響個人的教育與職業決定，進而影響其職業發展。

　　由上述研究中可以得知：一般而言，社經地位會影響個人
的職業自我概念與生涯發展。

(二)性別

　　在生涯發展的過程中，性別差異現象是存在的。學者在回
顧文獻時發現，多數研究男女性之生涯成熟不同者，都支持女
性比男性的生涯成熟度高（King, 1989）。此外，根據多位學者
的研究指出，父母對女性的生涯看法會影響其子女的生涯選擇，
尤其是女性，此過程係透過家庭互動而影響子女的職業自我概
念，或經由父母期望、示範作用而影響生涯選擇，進而提高她

們的生涯發展程度。而國內江福清（1993）研究高中男女生，發現兩者在生涯成熟向度上有顯著差異，女生在各分量上分數顯著高於男生。

(三)年齡因素

　　夏林清、林黛蒂在修訂「生涯成熟態度量表」所進行的一些相關研究中，發現受試者的生涯成熟態度由國小到大學確實隨年齡而增加，但在高中階段卻不顯著。而黃淑芬（1982）發現大學生的生涯發展成熟度有隨年級呈逐漸升高的趨向，雖然其差異都要跨越兩個年級以上才會達到顯著。林幸台（1983）的研究結果也很類似，對高中及大一學生職業決策行為而言，年級間差異相當顯著。以高三分數為最高，次為大一學生、高二學生、高一學生為最低，唯高三學生與大一學生之差距不顯著。

(四)自我概念

　　自我概念是個體所能意識到對自己的看法。舒伯很清楚說到：「個體選擇職業，事實上就是為實現個體的自我概念。」因此自我概念與生涯發展成熟度應有極密切關係，有一些的研究支持這個看法（如：Fitts, 1977; Korman, 1966; Morrison, 1962, 引自張浣芸，1987）。舒伯強調生涯發展與自我概念之間的關係，是特別對青少年及成年人而言。

(五)自尊

　　自尊（self-esteem）是個體對自我的積極或消極的態度。自

尊高的人，能夠接納自我，設法改進並克服自己的缺點，達到
自我成長的目的。而自尊低的人，不但拒絕自己、不滿意自己、
藐視自己、不尊重自己，而且希望自己變成別人。自尊的高低
也會影響到一個人的抉擇。

　　舒伯認為高自尊有助於個人對生涯環境之覺知，因此可間
接促進生涯發展成熟度之產生。有一些研究支持自尊與生涯發
展成熟度之間是正向相關（Kahn & Aivi, 1983; Munley, 1975, 引
自張浣芸，1987），研究結果一致認為高自尊的人，擁有較成
熟之生涯發展程度。

㈥內外控

　　心理學家羅特（J. B. Rotter）於一九六六年，提出了內外控
（locus of control）的概念。內外控差異，簡言之就是內控者認
為事件或行為的發生，是由於自己所造成的。而外控者卻認為
事件或行為的發生，是由於外在原因，如：運氣、命運、機會
等。事實上，內控與外控並非一定截然不同，只是在對事情的
責任歸屬時有程度上的差異。這兩者反映到人格特質上，內控
者傾向自信，獨立、果斷、勤奮、有成就、有效率；而外控者
傾向沒信心、懷疑、自我防衛、尋求讚許，具有焦慮、無助感、
被動等特質（Johnson, 1979）。

　　基休（Kishor, 1981）曾就內外控、自尊與生涯抉擇行為，
進行研究發現：1.有生涯抉擇行為的人比沒有生涯抉擇行為的
人，更具有內控傾向；2.有生涯抉擇行為的人比沒有生涯抉擇
行為的人，具有較高之自尊；3.雖然自尊與內外控都分別與生
涯抉擇行為有顯著正向關係，但是內外控比自尊更能解釋生涯

抉擇行為之變異量；4.自尊與內外控並未在生涯抉擇行為上產生交互作用。

㈦工作價值

　　價值是一個人對行為、對事情的態度，存在於內心則為信仰，表現於生涯實踐則為行為準則。工作價值觀則是一個人對工作所持有的態度或看法，工作價值觀在生涯發展過程中，占有重要的地位，因為它對於生涯抉擇具有很大的影響力。一個人在做生涯抉擇時，不只是決定一種職業，也同時決定了他未來的生涯型式，所以說一個人的職業選擇，事實上也就是個人價值觀的反映。一個成熟的人，一定很清楚自己的價值觀之所在，也很希望在自己的生涯發展過程中，經由自己的努力追求，實現自己的價值觀。同時一個成熟度高的人，基本上對工作是持正向的看法；而成熟度低的，對工作多持負向看法（張浣芸，1987）。

㈧工作經驗

　　在學生時代擁有工作經驗，對自己各方面的發展是不是有幫助呢？舒伯在一九六〇年的生涯模式研究（Career Pattern Study）中發現，工作經驗對人格發展不一定有所幫助。而後來的一些研究卻認為，工作經驗可促進學生對學校課程之興趣及對未來職業上的適應，甚至有助於成績的進步；工作經驗與所學有關，對於成績有正向影響。工作經驗對於個人的成熟度、自我認同、自我信賴及養成好的工作習慣有所幫助。

第四節　生涯決定

一、生涯決定的涵義

　　生涯發展的過程必然面臨許多抉擇的情境，需要個人做出明智的決定。因此若干生涯輔導的學者認為生涯發展歷程是一連串抉擇所得的結果。「生涯決定」觀念最早係源自於英國經濟學家凱因斯（Keynesian）的理論，認為一個人選擇目標或職業，以使其獲得最高的報酬，並將損失減至最低。此類生涯決定理論的主要觀點之一，是個人握有數種選項，每一選項對個人而言均有不同程度的價值，「決定」即是個人在諸多選擇之間權衡輕重，達成最大價值的歷程（吳芝儀，1991）。

　　個人生涯決定程度的衡量，通常是根據馬西亞的自我認定狀態理論而建立。馬西亞按照「探索」與「承諾」兩個指標向度將自我認定狀態分為「自主定向」、「他主定向」、「尋求方向」、「迷失方向」四類。其內容分別是：

　　・「自主定向」：指個體在經過一段時間的尋找之後已經形成一個安定的自我認定，表示認定危機已由個體自主自發的達成解決。多了一段「探索」的過程也使得自主定向者的內在力量不像他主定向者般的僵化，而是具有彈性能適應的。

　　・「他主定向」：指個體毫不懷疑的全盤接受父母的價值觀並作出承諾，個體並未經歷認定危機。對部分的人而言，他

主定向是一個發展的起點，可以經由進行探索而成長。

　　•「尋求方向」：指個體主動的對以往的價值提出質疑並尋求認定，但是個體尚未有所承諾，因此個體正處於認定危機中。馬西亞認為尋求方向者，正以各種方式努力在職業及價值層面達成認定。

　　•「迷失方向」：指個體拒絕或沒有能力達成承諾，個體不求內在價值觀目標的一致和承諾，也未進行探索（或只有表面性的探索）。迷失方向者傾向往最少抗拒的方向走，有時看似瀟灑但卻充滿了空虛和挫折。這是四類自我認定中發展得最不好的類型。

　　生涯決定基於此一理論，依個人在生涯決定上的「生涯定向程度」、「對決定狀態之滿意度」分為「定向／滿意」、「定向／不滿意」、「未定向／滿意」、「未定向／不滿意」四類，各類型所代表的意義如上（紀憲燕，1994）：

　　•「定向／滿意」：指個人已經確定未來的職業方向，而且對於自己目前所處的決定狀態感到滿意。

　　•「定向／不滿意」：指個人已經確定未來的職業方向，但對於自己目前所處之決定狀態感到不滿意。

　　•「未定向／滿意」：指個人尚未確定未來的職業方向，但對於自己目前所處的決定狀態感到滿意。

　　•「未定向／不滿意」：指個人尚未確定未來的職業方向，且對於自己目前所處的決定狀態感到不滿意。

二、生涯決定的迷思

　　由於影響個人做生涯決定的歷程，涉及許多不可知的因素，因此個人在做決定時可能遭遇若干問題。尤其當這種得與失的概率在與其他選項相比的時候，更為複雜。張春興（1983）指出一般大學生正值青年期，職業準備、婚姻抉擇……等問題都有待解決，心理上挫折衝突的困境是免不了的。而這種心理的徬徨並不是指機會的有無，而是指在多重機會中因選擇和決斷的困難而感到的煩惱。此種說法不僅反映當前國內大學生的處境，也確定掌握了生涯決定的本質。而在大學生的眾多問題或抉擇情境當中，個人事業方向的選擇與決定，與個人一生關係密切。人生存於世，必須擁有一份工作，以為個人謀求生活、扮演社會角色、發揮個人才能的機會。事實上，個人一生中所面臨的重要問題，或多或少與此一課題有關（林幸台，1984）。

　　根據舒伯生涯發展論的觀點，大學生正處於生涯探索階段的轉型期（transitional stage），不僅要從事具體特定的職業或生涯選擇，且要採取行動來履行選擇。而影響個人生涯決定的因素中，認知（cognition）已被許多學者視為是影響行為的中介變項（mediator of behavior）。認知在生涯決定歷程中扮演一個關鍵性的角色，生涯行為顯然係受到認知中介的影響。而從未定向的相關研究中也可發現，認知因素對於未定向的影響相當明顯。因此，生涯決定理論漸漸走向認知取向則是必然的趨勢。在認知因素中，生涯迷思（亦即個人對生涯發展或生涯決定所持的不合理的假設）是重要影響來源。

赫瑞（Herring, 1990）認為「生涯迷思」（career myths）可被定義為「對於生涯發展歷程所持的不合理態度」（irrational attitude），會限制，並且會持續阻礙個人生涯發展。他更進一步闡述信念的來源，認為這些迷思源自於忽視生涯，或有負向生涯發展經驗的家庭。

國內學者金樹人（1986）亦贊同個人生涯決定的結果係受到某些信念的影響。這些觀念在東方稱之為「執著的觀念」，在西方的心理學家稱之為「非理性的想法」。這些「執著的觀念」或「非理念的想法」常束縛我們謀職與就業的腳步，造成不少負面的影響。

這些迷思各家學者歸納結果不一，如佛瑞亞（Fauria, 1983）廣泛蒐集全國學校輔導員、諮商員於輔導大學生及輔業者時，從個案身上所發現的生涯迷思。共可歸納為十四項，內容：「大學文憑是獲得生涯成功的保證」、「工作代表身分」、「薪水必須隨著生活消費做調整」等。內瓦（Nveo, 1987）整理歷年來諸多學者於生涯諮商中所發現的非理性信念，認為此等信念可能和生涯未定向及生涯選擇的挫折有關。他整理出十項信念，並歸為四大類，分述如下：

㈠有關職業的非理性期待

1.世界上只有一種最適合我的職業。
2.除非我能找到最佳的工作，否則我不會感到滿意。

㈡有關生涯諮商員及測驗的非理性期待

1.總有某位專家或比我懂得更多的人，可以為我找到最佳

的職業。

2.也許有某項測驗可以明確指出我最優越的特質。

㈢有關自我的非理性期待

1.我必須在我的工作領域中獨占鰲頭，或者成為專家。

2.只要我努力，便可以做任何事。

3.我所從事的職業也應該要讓我的家人、親友感到滿意。

4.從事某項職業，有助於我克服許多個性、特質上的問題。

㈣有關決定歷程的非理性期待

1.我可以僅憑直覺而找到最適合的職業。

2.職業選擇是一生一次的重大決定。

金樹人（1986）從實物工作中歸納國內大專學生常出現的生涯迷思包括：

・走入工作世界，是大學教育的延伸。

・畢業那天再來找工作即可，現在急也沒有用。

・這年頭找工作都得靠人情、找關係，公家機關的就業通報或是報紙的廣告都不可靠。

・我的大學成績極為優異，不怕找不到事做。

・只要我有技術專長，就能在生涯事業上出人頭地。

伍瑞克（Woodrick, 1979）提出影響生涯諮商的迷思有：

・正確無誤的迷思或水晶球迷思。

・完美無缺的迷思或完美工作迷思。

・最後行為的迷思或怕事者永不能獲勝的迷思。

・決策是單一事件迷思。

・幸福端賴於職業成功的迷思。

・工作是個人生活的核心、最重要的部分。

・工作能滿足需欲的迷思。

・任何人都能成為領袖或工作倫常的迷思。

・吾子（女）為醫的迷思。

・專家的迷思。

・大學是職業訓練的迷思。

・機會與環境的迷思。

・直覺的迷思。

・理性的迷思。

・性別角色的迷思。

・興趣和能力之間因果關係的迷思。

・及早定向迷思。

・不成功就是失敗迷思。

・時間流逝的迷思。

　　以上的生涯迷思以因素分析轉變成十三個因素，包括（Dorn & Welch, 1985）：

　　・放棄者絕不會成功：有此迷思的人相信一旦做了生涯決定，絕不改變。

　　・性別角色：此迷思與傳統對男性、女性角色的刻板印象有關。

　　・大學教育是為職業做準備。

　　・專家迷思：相信所謂專家充分專精於生涯發展或生涯選擇，可以指示個人選擇某項工作。

　　・完美工作：相信每個人都會獲得完美的工作。

‧時間的推移：相信時間的推移就會促成生涯決定。

‧早期定向：相信多些努力、及早計畫、快速行動，就能達成生涯選擇。

‧工作中心論：相信工作是他們生活中最重要的層面。

‧水晶球神話（the crystall ball myth）：視生涯規畫為純然科學的事。

‧工作倫理神話：相信任何人只要努力工作，便可以做任何他們想做的事。

‧幸福感乃決定於生涯的成功。

‧吾子為醫：相信人們實質價值可以從他們所選擇的職業來判斷。

‧興趣和能力的關係：相信只要興趣很高就能成功，即使能力很低也無妨。

克魯伯茲（Krumboltz）認為倘若個人在做生涯決定時，抱持一些不適應的生涯觀或錯誤的信念，將會對生涯發展造成某些阻礙，譬如（引自吳芝儀，1991）：

‧故步自封：很多人以為人生中所遭遇的不幸或困厄都是必然的、命定的、無法改變的，以致於放棄了積極的努力。如「我們生於世就是要來忍受痛苦的」這樣的假定，使得個人終其一生也無法改善困厄的環境。

‧猶豫不決：很多人由於把持著一些不適應的想法，使他過度小心、謹慎或憂慮，以致很難做決定。如：「我非常崇拜父親，我做任何決定都必須獲得他的肯定才行，所以目前還無法做決定。」

‧裹足不前：有的人因為接收到不正確的訊息（並以此做

錯誤的假定，武斷的推論），使他誤以為某個職業領域或生涯
路上布滿荊棘，坎坷難行，所以始終不敢跨出生涯決定的腳步。
如：「會計是一項很單調乏味的工作，但除此之外我也不知道
能做什麼？」

　　・自甘屈就：有的人根本對自己的生涯事業不具信心，為
了逃避失敗危險，寧願選擇冒險性較低的輕鬆工作。如：「像
我這種人根本不是做大事的材料，那太難了，還是做小職員容
易一些！」這樣的想法使他掩埋了內心更上一層樓的企圖，寧
可窩在輕鬆的小職位中過太平的日子。

　　・杞人憂天：有時因個人所設定的生涯目標太不切實際，
卻又一味以為唯有達成目標才能獲得自我實現的價值感，因而
經常感到苦惱、焦慮，深以為憂。如：「我希望找到一個與我
的興趣、能力、專長相契合，同時又可以完全自主、大顯身手
的工作，但我知道這是不可能的。」在夢想與憂慮相互雜間，
的確很難明智的決定。

　　由此可見，不適應信念極易導致個人進行生涯決定時的情
緒困擾與行為阻礙，因此，若能找出不適應信念癥結，當可對
症下藥，修正錯誤認知歷程，以達成良好有效的生涯決定。

　　「生涯發展」是指個人自探索至衰退之生涯發展歷程中所
達到之發展程度，或個人面對生涯發展任務的準備度。個人在
生涯發展的每個階段都有其階段發展任務，如何順利達成任務
是所有青年朋友共同的疑惑。根據前述探討，筆者建議可由下
列方式進行：

　　㈠積極參與學校社團活動：學校社團活動可以增進個人與
他人的互動，幫助個人學習人際互動技巧、發展適當的自我概

念、學習與工作世界有關的各項技能。

㈡在能力範圍內，爭取工讀機會：工讀經驗有助於個人對工作世界的了解，幫助個人澄清有關職業的想像與期望，提早進入工作世界。

㈢澄清自己的工作價值，破除生涯迷思：不適當的生涯迷思會影響個人生涯發展與決定，因此個人有必要尋求專業的職業輔導協助，幫助個人破除生涯迷思並澄清自己的工作價值，以其發展到較高的「定向／滿意」的生涯決定層次。

本 章 摘 要

　　所謂「生涯發展」，是指個人自探索至衰退之生涯發展歷程中所達到之發展程度，或個人面對生涯發展任務的準備度。有關生涯發展的理論中，最受重視的是舒伯的理論，他的理論採取階段論的生涯發展觀，引用角色理論解釋個人生涯發展的複雜性，並運用自我概念的觀念說明生涯發展階段。

　　根據舒伯的觀點，生涯發展是個體發展的一個層面，並提出界定生涯成熟的六個向度。由有關生涯成熟的相關研究可知，在個人成長過程中，與生涯發展成熟度有關的心理社會因素包括：家庭社會地位、性別、年齡、自我概念、自尊、內外控、工作價值觀、工作經驗等。

　　生涯發展過程必然面臨許多抉擇的情境，因此生涯發展歷程可說是一連串抉擇得到的結果。影響生涯決定的因素中，個人認知因素在生涯決定歷程中扮演一個關鍵性的角色，其中尤以生涯迷思對個人生涯決定可能造成負面的影響而深受重視。要破除這些生涯迷思，幫助個人探索生涯世界，筆者建議大專學生平日多參與各項社團活動，寒暑假期慎選打工場所以進行職業試探，並破除自己的生涯迷思，以有效的進入工作世界。

研 討 問 題

一、根據馬西亞的觀點，職業的自我認定狀態分為四種，你認為
　　自己屬於哪一種類型？為什麼？

二、就你的背景，你認為要讓自己在職業選擇方面成為一個自主
　　定向的人，在學時應做哪些努力？

三、在舒伯的生涯彩虹圖中可看出：每個人在生命的階段中，可
　　能同時扮演多個角色，你目前正扮演哪些角色？你自覺勝任
　　嗎？

四、你對工作世界的了解中，有哪些是文中所謂的「生涯迷思」？
　　你認為合理的職業信念應是什麼？

參 考 文 獻

一、中文部分

江福清（1993）。**高職學生性別角色取向、生涯角色重要性與生計成熟之相關研究**。國立彰化師範大學輔導研究所碩士論文，未出版，彰化市。

何麗儀（1990）。**生涯試探計畫對國中三年級男生職業自我概念、生涯成熟、生涯決定之影響研究**。國立台灣師範大學教育心理與輔導研究所碩士論文，未出版，台北市。

沈彩梅（1994）。**青少年家庭功能、職業自我概念與生涯發展之相關研究**。國立台灣師範大學教育心理與輔導研究所碩士論文，未出版，台北市。

金樹人（1986）。理情治療原則在生計決定上的應用（上）、（下）。**諮商與輔導**，11、12，27-29。

金樹人（1987）。生計成熟量表在生計輔導上之應用（上）。**諮商與輔導**，17，22-23。

林幸台（1976）。影響國中學生職業選擇態度的家庭因素——職業發展歷程研究。**教育學院學報**，1，79-105。

林幸台（1983）。我國高中及大一學生職業決策行為之調查與實驗研究。**國立台灣師範大學輔導學報**，6，91-124。

林幸台（1984）。我國大學生職業決策型態與職業決策行為之研究。**國立台灣師範大學輔導學報**，7，41-66。

林幸台（1987）。**生計輔導的理論與實施**。台北：五南。

吳芝儀（1991）。**五專五年級學生生涯決定信念、情境—特質焦慮與生涯決定行動之研究**。國立台灣師範大學教育心理與輔導研究所碩士論文，未出版，台北市。

紀憲燕（1994）。**大學生生涯決定類型與生涯決定信念之研究**。國立台灣師範大學教育心理與輔導研究所碩士論文，未出版，台北市。

陳麗娟（1981）。職業成熟發展與自我觀念的關係，**輔導月刊，17**（9）（10），16-28。

陳麗娟（1983a）。舒波職業發展論的剖析及其在輔導上的應用。**教與學，12月號**，20-24。

陳麗娟（1983b）。家庭社經地位、排行、家庭大小與國中學生職業成熟之關係。**教育學院學報，8**，93-112。

張春興（1983）。**成長中的自我探索**。台北：東華。

張浣芸（1987）。**我國專科學生生涯發展成熟度之相關研究**。台北：國立台灣藝術專科學校出版委員會。

黃淑芬（1982）。**大學生自我統整與職業成熟及自我確認的關係**。國立台灣師範大學教育心理與輔導研究所碩士論文，未出版，台北市。

羅文基（1991）。**生涯規畫與發展**。台北：國立空中大學。

二、英文部分

Dorn, F. J., & Welch, N. (1985). Assessing career mythology: A profile of high school students. *School Counselor, 33,* 136-146.

Fauria, T. (1983). *Opening the doors Career myths.* ERIC, ED230731.

Herring, R. D. (1990). Attacking career myths among native Americans: Implications for counseling. *School Counselor, 38*(1), 13-18.

Johnson, D. W. (1979). *Educational psychology.* Englewood, NJ: Prentice-Hall.

King, S. (1989). Sex difference in a causal model of career maturity. *Journal of Counseling and Development, 68,* 208-215.

Kishor, N. (1981). The effect of self-esteem and locus of control in career decision making of adolescents in Fiji. *Journal of Vocational Behavior, 19,* 227-232.

Marcia, J. E. (1966). Development and validation of ego identity status. *Journal of Personality and Social Psychology, 3*(5), 551-558.

Nevo, N. (1987). Irrational expections in career counseling and their confronting arguements. *Career Development Quarterly, 35*(3), 239-250.

Osipow, S. H. (1973). *Theories of career development.* NY: Prentice-Hall.

Woodrick, C. P. (1979). *The development and standarization of an attitude scale designed to measure career myths held by college students.* Unpublished doctoral dissertation, Texas A & M University. (DAI, 40, 4506A)

第十一章

工作與休閒

人的一生年日幾乎都在忙忙碌碌中度過。有人是為生活而工作（work），另有些人則是為工作而生活，當然亦有二者兼具的。工作對人而言十分重要，除了賺錢維生的經濟作用之外，同時也有促進社會整體發展與肯定個人自我價值的心理功能。然而，人不能像機器一般，一天二十四小時不停的運轉，事實上機械轉久了，也得停下來予以保養和維修；人工作一段時間之後，則更需要放下手邊工作進行休閒活動，以獲得充份之休息。正如吾人常說的一句名言——「休息是為了走更長遠的路！」

在本章內容方面，將分別針對工作與人生，休閒的意義、類型與功能，以及如何維持個人工作與休閒間之平衡等方面，一一加以探討如后。

第一節　工作與人生

一、工作的意義

有些人認為工作不過是一種朝九晚五的上班（或類似的情形），以賺取生活之所需。但對許多其他的人而言，工作絕非僅是為了賺錢謀生而已；工作同時也主宰了個人日常所思，及每天生活之主要內涵。每個人對工作觀念與態度之不同，會造成工作的結果是給人帶來喜悅與名望，或是無聊和挫折。

工作對個人人生的影響實在至為深遠，根據調查研究分析：平均來說每個人一生中有三分之一的時間（大約八萬個小時）

在工作（Kaplan & Stein, 1984）。同時，工作不但關係到個人的經濟收入，更會影響一個人的自我概念（self-concept）及其自我認同（self-identity）。

工作對於個人而言，具有滿足多方面需求之功能。最明顯的是工作能提供每個人物質需求的滿足（the satisfaction of material needs）；從事不同的工作其待遇收入，自然亦會有所差異。而工作所獲薪資的多少，則會直接影響到生活的許多層面，譬如：居住的房屋與社區、休假時到哪兒度假、孩子能進哪類型的學校讀書，以及個人在社區和鄰居間所獲得的尊重等方面。有工作且能勤於工作是個人心理健康的重要指標之一，事實上工作往往是個人生活的重心及其自我實現的必經過程。工作不但對個人有其重大意義，工作也同時具有相當的社會功能，在此分別說明如下。

㈠工作之個人意義

國內，黃堅厚（1996）曾說到工作在心理上有五層意義：1.工作可以增進個體發展；2.工作可以使人獲得滿足感；3.工作給與個人自我表現的機會；4.工作可以使人保持和現實環境的接觸；5.工作可以使人不過於注意自己。

國外，內夫（Neff, 1968）針對工作意義之相關研究中發現，工作本身至少可以包括對個人有以下六方面需求的滿足：1.親和的需求（在工作中能結交好朋友）；2.自尊的需求（感到自我成熟且有價值）；3.創造的需求（產生一些不錯的新點子）；4.獨立生存的需求（賺錢且有安全感）；5.被他人尊重的需求（個人在其中能獲得平等的對待）；6.活動的需求（可

以免於無聊）。

當然，不是每一項工作或每一個工作者，都能同時從工作中獲得以上六方面需求的滿足。因為有些人辛苦工作只是為了掙錢養家，或是餬一口飯吃罷了。所以，個人在其工作環境中若沒有較佳的安排與調適，工作也就有可能會成為個人生活中挫折的一項主要來源。

(二)工作的社會功能

如上面所討論的，藉由工作個人可以獲得物質方面之享受與心理需求的滿足。此外，若是每個人都能各盡心力在其工作中，就能夠發揮服務社會、國家，甚至全人類的廣大功能。先總統 蔣公曾經說過：「生活的目的在增進人類全體的生活，生命的意義在創造宇宙繼起的生命。」我們的國父也曾大力提倡「服務的人生觀」，這些都可說是個人於其工作中發揮了最大社會功能的表現。

在整體工作的環境中，強調分工與合作確有其必要性。在面對人類二十一世紀的工作發展時，甚而有人特別提倡合作（collaboration）生產工作方式之重要性（Marshall, 1995）。在合作工作的過程之中，相關人員共同計畫、執行、評估與做決策，結合每個人的工作能力及付出，創造了組織整體的生產和利益，而後再由每個成員來分享此一豐碩之共同成果。

同時，服務的本質就是要個人能站在其工作的崗位上，憑著自己的能力盡心竭力地去努力，只要有心每個人都能對社會有所貢獻。人類社會的進步，就是依靠互助與合作；只有幫助別人才能得到別人的幫助，也唯有得到他人的幫助，自己的工

作才得以順利進行。個人許多理想與目標,可藉由工作而實現,以達成美好的人生。因此,若要使社會繁榮進步,就需要每個人都盡力工作,同時亦能夠發揮服務的精神,如此方能確保我們的社會必能明天更美好(吳武典、洪有義,1987)。

二、工作的態度

根據個人對其從事的工作所賦予意義與評價之不同,而產生了不同的工作態度(work attitudes)。一般的研究(Kalleberg & Berg, 1987)是按照與個人工作相關之期待、價值和需要,將工作態度加以區分成為:滿足(satisfaction)及承諾(commitment)兩大類別。

滿足主要在描述工作者的個人感覺,較傾向於情感導向(affective orientation),其中最常被探討的就是工作滿足(job satisfaction),這是指個人對其目前工作角色是否滿意的綜合評價;而承諾則指一個人對其工作實際所投入的程度。因此,在工作態度是否滿意的評估中,不需要具備任何行動的產生;而在工作承諾中則必需同時具備態度與行為二個部分,也就是說在工作承諾之中亦包含了對工作組織的忠誠度(loyalty)。

工作滿足又可分為內在滿足與外在滿足兩種。其中,由工作本身產生的滿足感稱為內在滿足,如工作本身富於變化或刺激,頗能滿足其個人內在刺激尋求的動機。而外在滿足僅與工作的報酬有關,如金錢、名望、權力或安全有保障等。一般而言,對工作的內外在條件都滿足的人,能有最好的適應,其次是對工作產生內在滿足的人,再次為內在滿足的人;如果內外

都不滿足，工作對個人而言，便成為一種負擔與折磨了（吳武典、洪有義，1987）。

一個工作態度滿意而良好的個人及組織環境，必然是生氣蓬勃且充滿著信心和希望；反之，置身於一個工作意願低落且士氣消沈的環境中，自然會覺得工作中如同背負重擔，不但使人難以承擔更令人急於去設法逃避工作。因此，個人工作態度的積極與否，不但會影響到整體的工作士氣和效率；同時對於個人日常心理健康的維護，亦同樣會有極重大之影響。

三、婦女工作與雙生涯家庭的調適

在本世紀七〇年代以後，不論是美國或台灣的劇烈社會變遷中，婦女地位的改變是其中最重要的特色之一，尤其是在婦女就業狀況這方面。根據最近的調查發現（Apter, 1993）：美國整體工作勞動力（workforce），將近有半數是女性在從事工作。相較於二十世紀初期女性成年人口中，就業者僅僅不到百分之二十，一九七七年增加到百分之三十二，一九八八年則為百分之五十二，而至一九九三年幾乎到達百分之六十。台灣婦女就業人口百分比的成長，也與美國的情形大致類似。

近來婦女就業人口比例快速成長，其主要原因是女性的教育水準不斷地提高與其自我的覺醒，紛紛走出廚房投入生產行列；其次是一般家庭如果僅靠丈夫一份薪水的收入，實難以維持現代生活高水平之需求。雙生涯家庭（dual-earner family）就是指這類夫妻二人都同時外出上班的家庭。

雙生涯家庭要想同時兼顧到家庭與工作，且想要在此二方

面維持某一程度的均衡，確實不是一件容易的事。尤其是外出工作的婦女，下班回家後仍然同樣需要擔負處裡家務和照顧小孩的主要責任。根據相關研究指出：職業婦女往往抱怨她們實在沒有足夠的時間與心力，同時去充分完成工作與家庭二方面的職責（Apter, 1993; Kaplan & Stein, 1984）。

因此，婦女就業固然可促進其個人之自我實現，增加家庭的經濟收入，提昇社會整體的工作生產勞動力。然而，在此同時雙生涯家庭中難免會產生較多的子女養育、教育問題，家務分擔問題，夫妻間和諧相處等問題（在本書第九章第四節中亦有討論），在在都可能會影響其家庭成員彼此間之關係及其心理健康。在此，僅針對雙生涯家庭中的兩大難題，扼要分析如下（吳就君、鄭玉英，1987）：

㈠家事的分工

夫妻二人都上班，繁雜的家事如何解決？尤其當孩子幼小時，沈重的育兒工作如何能顧及是最大的挑戰。雙方工作壓力，身體的疲憊、因疲憊而來的耐心不足、性生活受影響等都可能發生。事實上，雙生涯家庭能否運轉得當；職業婦女能不能有效地兼顧自己的工作與家庭，端視丈夫在家事分工上的參與度如何而定。

㈡能力的競爭

雙生涯家庭中，有可能妻子走出傳統發揮潛能而積極地自我實現。許多雙生涯家庭中，妻子的工作能力、收入、職位等相關表現，都有可能跑到丈夫前面去。在一般雙生涯家庭中的

丈夫，能否接受這種情況，其男性自尊會不會受到威脅，都是需要慎重考慮的事。

　　針對這些雙生涯家庭的有關困擾問題，將在本章第三節中再舉一例來加以探究說明之。

四、工作的壓力及其調適

　　在前面第三章「角色與壓力」中，介紹壓力的來源時，曾討論過有關工作的壓力源。在此，要針對工作的壓力與調適層面，做進一步的探討。當個人對其工作感到不愉快、不想去做時，就表示他可能已有了工作壓力；人們生活在此忙碌的工商社會中，比起過去傳統農業社會更容易感受到工作的壓力。一個人過久、過多的工作壓力，往往會造成其個人的情緒困擾，例如：憂鬱、焦慮、不安、煩躁、易怒、倦怠等；同時，因著超重的工作壓力，也會產生一些對個人健康不利的「身心症疾病」（psychosomatic diseases），諸如：頭痛、耳鳴、胸痛、心悸、失眠、肌肉酸痛和胃腸疾病等（王以仁、陳芳玲、林本喬，2005；鄭泰安，1986）。然而，在日常生活與工作中，壓力似乎是無可避免的，儘管壓力對個體的意義不全然是負面的，適度的壓力反而可激發個人補償或競爭心理以實現理想及成就；但當壓力持續過久或超過個人所能負擔時，則可能危及個體的健康狀態。醫學臨床研究採科學實驗的方式，證明了壓力對於消化和免疫系統、心血管疾病的嚴重影響（潘正德譯，1995）。

㈠工作壓力的來源

　　參考本書前面第三章中所討論過壓力的來源以及相關文章，可將造成工作壓力常見的因素歸納為以下六項：1.工作環境不良（如：工作環境光線不足、空氣污濁、噪音太大、溫度濕度不宜、空間太小或太大、盥洗設備不良等）；2.工作性質不佳（如：工作的目標不明、責任不清、難度太高、時間太長、份量太重、報酬太低等）；3.工作期望過高（如：自己、家人、朋友、長官對工作者個人之期望過多或過高等）；4.人際關係不睦（如：同事之間或長官與部屬之間彼此猜忌、歧視等）；5.身體狀況不好（如：身體健康欠佳、意外造成身體殘障等）；6.家庭問題困擾（如：夫妻關係、親子關係、婆媳關係發生衝突與失調現象等）。

㈡工作壓力的調適

　　面對工作中的各種壓力，我們不該以消極的方式去設法逃避，而應以積極的態度去設法因應與化解工作壓力。茲提出以下四種調適工作壓力的途徑，說明如後：

1. 設法調整目前的工作

　　更換適當的工作環境，往往可以立即減輕部分或全部的工作壓力。至於工作環境的變動又可分為局部與全面二種，前者是指在原機構中調整到其他較適合的工作部門，後者則為完全更換到一個全新的工作機構（甚至是與過去完全不同類型之工作）。

2.建立合理的工作期待

面對工作中各種不同的挑戰與壓力，個人應先了解自己的相關能力與個性，並設法找出自己的優、缺點，以此基礎建立一個合理的工作期待和發展計畫，再經過與周圍重要他人良好的溝通後，則可朝此方向去努力。

3.學習自我鬆弛的技巧

當個人在工作環境中突然遭遇較大的工作壓力而感到驚恐時，多作幾次深呼吸可使情緒立刻穩定下來；亦可藉著肌肉鬆弛或安靜冥想等方法，來紓解因壓力而造成個人緊繃的神經。關於肌肉與冥想鬆弛二方面，在前面第三章第三節中已有說明。

4.以適當的休閒來調和

利用閒暇時間從事適當的休閒娛樂，是化解工作壓力最經常性的活動。若能安排適於全家人的休閒活動，亦可同時解決一些家庭問題的困擾；至於如何安排適當的休閒娛樂，在本章以下第二、三節之中會有十分詳細的說明。

第二節　休閒的意義、類型與功能

在過去農業社會中，不論中外均將「休閒」視為有錢有閒貴族階級的專利品；一般老百姓整年都在忙碌之中，根本談不上什麼休閒活動。尤其在中國人的傳統觀念裡，總是認為「業

精於勤，荒於嬉」、「少小不努力，老大徒傷悲」、「一分耕
耘，一分收穫」，這些教導代代相傳，使得我們中國人成為世
界上少見的勤勞工作者，但也因為如此而成為最不懂得休閒情
趣的民族。

　　然而，面對人類即將步入高度工業化、科技化與電腦資訊
化的二十一世紀，個人的工作時間勢必減少，而相對的閒暇時
間隨之增多；同時因著工商社會人們生活中的競爭、壓力與煩
忙日趨嚴重，更需要較多的休閒活動來加以調劑。又根據世界
休閒與遊憩協會（World Leisure and Recreation Association）於
一九七九年所制定之《休閒憲章》（Charter for Leisure）第一條
就強調，在合於社會常規及價值觀下，所有人都有參與休閒活
動的基本人權，而政府亦應承認並保證此公民之權力（World
Leisure, 2000）。因此，休閒在今日人類生活中，已是一個非常
重要而值得深入探討的課題。

一、休閒的意義

　　簡單而言，休閒（leisure）可以定義成：在沒有工作情形
下，所從事讓個人想要去做且感覺愉快的活動。休閒時間
（leisure time）則是個人在沒有固定義務和責任下，而可進行自
由活動的時段（Roberts, 1970）。根據 Webster's New World Dic-
tionary（Neufeldt & Guralnik, 1994），休閒的字義為「休閒是個
人在從容不迫、自由且無拘束下，可以享受放鬆或娛樂中」（頁
772）。至於中文的休閒則有「休息」和「閒暇」兩層面的意
義，即為一個人擁有的閒暇自由時間，以及從事可以恢復精神

或體力的活動（林東泰，1992）。而在《牛津字典》中提到：休閒是在工作之餘，個體有機會自由做一些事情；亦即在餘暇時間中，個人能純粹為自己作計畫、安排的情形。

在此將國內一些學者專家對休閒的看法列舉如下：

㈠柯永河

休閒就是指一個人可以按照自己的意思支配時間，在這個自己安排的時間裡，不需要負起任何責任，也不需要為每天的生活品質操心。也可說休閒就是暫時離開對身心健康不甚佳的環境，而到另一健康環境去享受有益於身體和精神的經驗；或暫時離開煩惱、焦慮、忿恨、不安與矛盾的地方，去享受一下輕鬆的日子（柯永河，1991）

㈡林一真

廣義的休閒是指任何人都自願從事，且能獲得心靈安適滿足的活動。而狹義的休閒是指個人在正規工作與責任外，自願從事的活動以放鬆身心，使生活多彩多姿，可充實知識及增進創造力（林一真，1987）。

㈢蕭文

休閒最簡單的定義就是鬆弛，個人經由操作或參與某些活動後，獲得生理、心理的滿足，進而能有效地回到現實生活（蕭文，1989）。

㈣劉焜輝

休閒活動可視為有效利用閒暇時段所展開之活動。休閒活動具有以下四個特徵：1.休閒活動是在自由時間內的活動；2.休閒活動不是以賺錢為目的的活動；3.休閒活動是沒有強迫性或義務性的活動；4.休閒活動是為了滿足自己而展開的，且活動本身就是其目的（劉焜輝，1985）。

根據國外學者 Kelly（1996）認為休閒是一多元的概念，其定義是由參與者所定義的，著重於個人的經驗及其結果，而非外在一連串的目的；他並回顧過去文獻整理出八種對休閒的認識論，簡述如下：1.休閒是此時此刻的經驗；2.休閒是存於生活經驗的行動；3.發展理論——休閒就是行動；4.社會認同理論；5.互動理論——人藉由與他人互動來學習與成為現今的自己；6.制度理論——休閒是社會系統中的一種制度；7.衝突理論——休閒是一種社會控制及消費方式；8.人道主義理論——休閒是成為一個人的一部分。以下圖 11-1 則簡要地呈現出 Kelly 對休閒的觀點。

從上述文獻可知，學者對於休閒的意義各有其觀點，不論是由時間或活動觀點定義休閒，然仍須以個人主觀認知在何時、進行何種活動，此活動是否提供了足夠的選擇自由或身心的滿足感才為最適當。

在國外，美國人對於工作與遊戲優先順序的排列正在轉變之中，根據意見調查結果發現（Yankelovich, 1978）：五分之四的美國人從休閒活動中獲得的滿足，超過從工作中獲得的滿足。另外，Gray（1973）也從以下三種不同的角度來定義休閒：

休閒是：

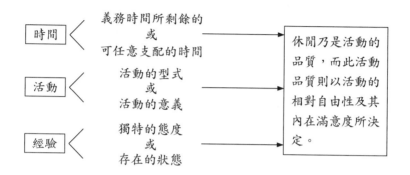

圖 11-1　休閒的定義

資料來源：譯自 Kelly (1996: 22)。

1. 自由裁斷時間的觀點

　　將休閒視為當工作與生存的基本需求滿足之後，剩下來可隨己意自由支配的時間，在此時段內個人可隨心所欲地渡過。

2. 哲學的觀點

　　視休閒為思考活動的時間。在古希臘哲學時即將休閒看做個人學習與內省的時間，含有追求自我了解的意味。

3. 自我實現的觀點

　　把休閒當做享受遊戲與娛樂活動的時間，否認每種活動都需擁有經濟價值的看法，並將休閒活動本身即視為一種目的。

　　綜合上述休閒的意義，吾人可以得知休閒活動是人類日常

生活中，運用閒暇時段所進行的活動，這些活動可使我們輕鬆、愉快而滿足，並可調和個人情感、豐富生活經驗、促進身心健康。因此，休閒是人生的潤滑劑，足以滋潤生活、平衡身心、充實知能並進而創造新的契機。

二、休閒的類型

根據休閒活動目的來區分，有以下四類（劉焜輝，1982）：

㈠逃避性的活動：為了逃避日常工作而從事的休閒活動。如：閱讀課外書籍、看電影、電視、運動、打牌等。

㈡一般教養及鑑賞性的活動：並非想逃避工作，而是可以充實人生的活動。如：觀賞戲劇演唱、參觀美展、學習技能等。

㈢創造性的活動：是指個人自己去創造生產的活動。如：作曲、著作、陶藝、雕刻、縫紉等。

㈣服務性的活動：是以服務為目的之休閒活動。如：義務性質的義警、義消、社區服務等。

根據休閒時間的長短來分，有下列四種（姚榮齡，1986）：

㈠片刻休閒：指家居或工作處所短暫的休閒，以零碎時間的運用為主。如：伸伸懶腰、韻律操、散步等。

㈡日常休閒：在生活圈內的遊憩，所用時間約半日到一日。如：公園烤肉、看電影等活動。

㈢週末休閒：指遠離生活圈的遊憩，須在週末假日方可實施。如：旅遊國家公園、名勝古蹟等。

㈣長假休閒：可在國外及不同的地點長期休閒，只有連續

假期或寒、暑假方可為之。如：出國觀光、度長假等。

根據休閒活動性質來分，有以下六方面（吳武典、洪有義，1987）：

㈠娛樂性活動。如：看電影、看電視、看球賽、聽音樂會、彈琴、下棋、打牌等。

㈡益智性活動。如：閱讀書報雜誌、採集生物標本、蒐集郵票、古蹟探訪等。

㈢健身性活動。如：打球、游泳、郊遊、爬山、露營、釣魚、溜冰、滑雪等。

㈣創造性活動。如：寫作、繪畫、編曲、攝影、雕塑、插花、養殖、種植等。

㈤社團性活動。如：扶輪社、青商會、獅子會、同濟會、同鄉會、同學會、教會、廟會、學會或其他學生社團等。

㈥服務性活動。如：義務勞動、慰問孤殘、擔任「張老師」或「生命線」義工、義警等。

根據過去調查研究發現（Roberts, 1970），英、美二國人民於週末或夜晚自由活動的閒暇時間（free time），大約有七、八成以上的人，都是待在家中與家人一起共同度過，而他們在家中的主要休閒活動則為看電視（watching television）。另外，依據近十年的相關研究發現：今日百分之九十九的美國家庭擁有電視，每天平均看電視的時間為六小時，同時電視對個人行為發展影響甚鉅（Liebert, Sprafkin, & Davidson, 1988）。

在台灣的個人休閒活動調查統計中，看電視也同樣占了極高的百分比，且其對未成年孩子的影響頗為深遠。同時，休閒活動亦是一個社會文化的表現（leisure as expressive of cul-

ture），以此可直接反應出社會大眾的涵養。國人在其大部分的
休閒時間係從事藝文活動還是去花天酒地、打麻將、觀看暴力
色情錄影帶，這的確是值得吾人加以深思的問題！

三、休閒的功能

　　傳統社會對休閒的看法，常侷限在暫停工作全心休息來恢
復體能的消極觀點，而較少涉及休閒活動之積極層面。其實，
休閒活動的主要功能，不但有助於個人現在的生活，對其一生
的發展也有決定性的影響。

　　國外學者 Iso-Ahola（1980）曾指出，從事休閒活動有六種
功能：㈠經由遊戲與休閒的參與可獲得社會化經驗而進入社會；
㈡休閒所增進的技能技巧有助於個人的表現；㈢可發展並維持
人際行為與社會互動技巧；㈣娛樂與放鬆；㈤透過有益的社會
活動可增進人格的成長；㈥避免懶散與反社會行為。

　　Kelly（1996）整理出休閒對人們的益處，包括有：自我表
達、友誼、身心的整合、身體健康、休息及放鬆、嘗試新事物
或認識新朋友的機會、建立關係、接觸大自然、嘗試冒險與競
爭、達成重要他人的期望，甚至只是不知所以然的舒暢。

　　以下針對國內學者之觀點，來探討休閒活動的功能。柯永
河（1991）認為休閒不應只是消極地逃到一個沒壓力的地方，
還要更主動去追求積極正面的經驗，使我們能快速恢復活力，
對生活更具挑戰力、更存有希望。

　　陳彰儀（1988）對國內成人參與休閒活動所作的研究指出：
休閒活動能使身體鬆弛與休息、使腦力休息、學習新的事務、

擴張知識等，這些功能驅使人們樂於從事各種休閒活動。

　　黃堅厚（1985）曾將休閒活動的功能，歸整為以下四項：

　　㈠休閒活動可以幫助我們鬆弛身心。

　　㈡休閒活動可以使我們在工作以外獲得滿足。

　　㈢休閒活動可以擴展我們的生活經驗。

　　㈣休閒活動可以增進個人身心的健康發展。

　　劉焜輝（1985）指出休閒活動具有下列三點特性，足以促進個人心理健康之發展：

㈠挑戰性

　　休閒活動如：打球、下棋、登山、露營等，對個人來說都極富挑戰性，人們可從這類活動中發掘自己的才能，並由其中得到成功的滿足感。

㈡刺激性

　　休閒活動的完成可帶來許多快樂，諸如：藝術、舞蹈、音樂都可帶給你直接來自感官刺激的愉快。

㈢變化性

　　休閒活動可使生活富有變化，也使人接觸到新的環境和觀念，這些經驗對於日後的工作可能很有幫助。

　　參考王以仁、陳芳玲、林本喬（2005）綜合許多學者專家的意見，將休閒活動之功能歸納為以下諸端：

　　㈠休閒活動可鬆弛個人緊張的情緒，增進其身心健全之發展。

㈡休閒活動可使我們在工作以外滿足個人成就，並肯定其價值。

㈢休閒活動可以使人滿足親和需求，增進人際間非正式的溝通。

㈣休閒活動可以擴展我們的社會經驗，促進個人的社會化。

㈤休閒活動可以增加消費量和生產力。

㈥休閒活動可以培養獨處能力，激發個人的創造力。

㈦休閒活動可逃離現實壓力、調節生活步調，並使人親近大自然。

㈧休閒活動可以使個人獲得新知能，並開發其次專長。

㈨休閒活動可以使人享受視覺、聽覺、味覺、觸覺等感官之美。

㈩休閒活動可使我們更多認識本土及其他的文化。

四、休閒活動的安排

生活在忙碌社會中的多數人雖然都喜歡休閒活動，卻往往不知如何適當地加以安排，使得原本休閒的美意最後成了空談。因此，如何妥善選擇與安排休閒活動，已是現代人生活中不可忽視的重要課題。一般人都知道不同的休閒活動會帶來不同的功能，但針對人類如何選擇休閒活動的相關理論，至今仍不十分地完整，大致上可分為以下數端（林一真，1987）：

㈠補償說

主張個人如果有自由選擇娛樂的機會，他一定會去選擇與

工作顯著不同的休閒活動，以避免因過份單調、無聊、繁重而使個人精神崩潰。譬如：都市工作者在假日常湧向鄉村作休閒活動。

(二)相似說

認為當個人有充分選擇自由時，他多半會選擇與自己日常所熟悉事務有關的活動做為休閒。工作者的任務若是愈簡單，他所從事的娛樂也會愈單調。

(三)機會論

認為生活在都市中的人們少有機會參與農村活動，因此其日常的休閒活動鮮少具有鄉村色彩，大多偏向於都市型活動。

(四)交換論

個人會選擇自己能從中獲得最大滿足或利益的休閒活動，倘若一種活動經常能使人得到高報償，當事人比較可能再選擇這種活動。但由於饜足（satiation）的原理，當某一種活動的報償到達最高潮時，個人參加率就會有下降趨勢。個人對某種娛樂型態投入的愈多，就愈不容易轉移至其他類型的娛樂活動，而會在相同類型的休閒活動中求變化。

(五)參照團體論

認為大多數人是根據家人、同事及朋友的活動，來篩選或引導自己的活動。換句話說，此一理論認為個人的休閒選擇，

會受到社會價值與規範頗大的影響。

　　每個人的生活作息習慣會有很大的差異，在考慮休閒活動的安排時，必須依據個人不同的情況，選擇較能滿足其本身需要的休閒生活，方能從中體會到更多的樂趣。在此參照王以仁、陳芳玲、林本喬（2005）的觀點，提出如何妥善安排設計個人休閒活動之八項參考原則，臚列於后：

　　㈠所有的休閒活動都應顧及本身的興趣和意願，千萬不要勉強或限制自己，使得休閒反成為身心的沉重負擔，而產生本末倒置現象。

　　㈡休閒活動最好與日常工作的性質有互補作用，以產生對立的鬆弛，充份發揮調節的功能，拓展多樣性的生活經驗。

　　㈢休閒活動亦可配合正式工作的需要，延伸個人的內在興趣，使休閒與工作能加以統整，促進專業知能的升級。

　　㈣休閒活動計畫的實施，必須學習說做就做，切勿考慮太多而拖延時日，以致於一事無成。

　　㈤實施休閒活動要能善用平日餘暇、短期假日、寒暑假等，把握時間的特性完善地加以規畫。同時若能善用零碎時間，亦會平添不少生活的驚奇與樂趣。

　　㈥實施休閒活應慎重考慮安全措施，唯有在不危害個人身心的狀況下，休閒活動才有真正的意義。要注意避免涉足不良場所，以及進行一些危險性較高的活動，否則難免造成樂極生悲的結果。

　　㈦休閒活動的實施種類可考慮一種以上，最好同時能有動態與靜態的活動；若能調和不同性質的活動項目，更可獲得多

樣性的休閒效果。

(八)實施休閒活動可採個別或團體的方式，一方面享受獨處的樂趣，另一方面可參與同儕團體，增進人際和社會關係，不但造福自己也把歡笑分享眾人。

第三節　維持個人工作與休閒之平衡

隨著社會不斷的進步──生產機械化、管理自動化，每個人需要工作的時間日趨減少；相對之下，個人的休閒時間亦隨之增加。因此，如何安排休閒時段進行有意義的休閒活動，以及如何維持生涯與工作、工作與休閒、休閒與事業、事業與家庭間之平衡，就成為現今社會中，極為重要的一些課題。

一、生涯發展、工作及休閒之統整

在本書前面第十章曾談到生涯與職業，而在本章中則論到工作。在此有必要針對生涯（career）、職業（job）與工作（work）三者之間的關係，作一簡明而扼要的區分。

生涯是指在個人工作生命中，一系列的職業與位置，且其整體發展將指引個人產生正面而往上的變遷；但是職業則是以賺取薪資為其主要目標的一份工作。由此可知，生涯與職業二者所從事的雖然均為工作，但生涯當中的不同工作能彼此前後連貫且息息相關；而職業僅僅是指為了單一的賺錢目的而去工作，同時亦無向上發展之系列取向。再者，生涯本身相當強調

其發展性，生涯發展包含了個人一生之過程，其中自我、家庭、職業及工作環境、社會政治和經濟條件等，均會影響生涯發展的整體過程。

一個成年人的生涯發展和生活，可說是將其身體發展、人際關係與其所從事的工作和休閒活動等加以整體組合的呈現。在此參考一九九五年全美國最暢銷的一本書（Sheehy, 1995）《新出路——好好規畫你的人生》（*New passages: Mapping your life across time*），將人生從成年到老年作了以下的時間分段與發展重點歸整，分別臚列說明於后：

㈠臨時的成年期（provisional adulthood）：十八到三十歲。

此一時期可稱為「嘗試的二十」（tryout twenties）。個人會在交友、感情、婚姻、學業與工作等方面，進行一連串的嘗試。亦可視為一個人青春期的延伸。

㈡成年前期（first adulthood）：三十到四十五歲。

此一時期包含：擾攘不定的三十（turbulent thirties），以及前段部分繁盛的四十（flourishing forties）。三十人生正值壯年時期，忙於生養子女、照顧家庭、投入工作及購屋置產等方面。四十出頭雖屬個人精通練達之年（the age of mastery），但也開始面臨「早期中年危機」（early midlife crisis）。

㈢成年後期（second adulthood）：四十五歲以後。

此一時期包含：後段部分繁盛的四十（flourishing forties）、炎熱的五十（flaming fifties）、平靜的六十（serene sixties）、賢能的七十（sage seventies）、不受限制的八十（uninhibited eighties）、莊嚴的九十（nobility of the nineties），以及最終進入人生最值得慶賀的百歲（celebratory centenarians）。

年過四十五的女性在生理上，開始進入「更年期」（meno-pause）。絢爛五十之開始，屬於成年後期的全然誕生（birth of second adulthood），在此踏入一個全新領域（new territory），個人成為自己新一段人生的拓荒者（pioneers）。但在此也同時會遭遇到死亡危機（mortality crisis），以及存在意義危機（meaning crisis）；而男性亦會面臨所謂的「男人更年期」（male menopause）。

六十歲之後進入人生的完全之年（the age of integrity）。雖會面臨工作上的退休關卡，但此時卻能擁有更多的自由閒暇時間，積極計畫新的生活方式、休閒活動及四處旅遊，且可享受含飴弄孫與夫妻間鶼鰈情深的成熟之愛（mature love），滿足無憾地逐步走完人生。

二、如何維持工作、休閒及家庭間之平衡

工作與休閒之間有其密切的關係。工作類型的不同，往往會直接影響到個人休閒時間之運用。譬如：一個在擔任一天三班制輪班工作者，就無法參加每週固定在某一晚上舉辦的舞會或聚餐活動。同時，工作內容與性質的不同，亦會影響個人下班後所從事的休閒活動。一個以勞力工作者，下班之後往往只想做下來看電視、聽音樂或睡大覺；但一位坐辦公桌的工作者，下班後則可能會選擇某些舒展筋骨的體能活動。

個人必須懂得依據他所處的環境，針對其工作與休閒活動做一適當之調配，以促使其整體生活更有意義，並作自我最佳的發展。在設法達到工作和休閒間能彼此平衡的過程中，應同

時考慮以下五方面（Cherrington, 1980）：

㈠身體的活動（physical activity）

　　人們需要藉由某些身體活動，來維持個體的健康。醫生們建議每個人，一週至少要有三次三十分鐘以上的運動時間，以增進心跳與呼吸之心肺功能。因現代人從事坐辦公桌工作的人數激增，休閒活動則宜以身體運動配合之。

㈡社會的互動（social interaction）

　　就個人而言，建立朋友間相互往來的人際網路係相當地重要，以藉此提供真誠的友誼與社會支持之所需。工作環境中，可擁有一些工作夥伴，同時經由此一歷練增進社交能力，懂得如何較自然地面對陌生人。然而，工作之中所花費的時間與固定的活動場所，也必然會限制了人際關係的發展。因而要多多利用工作以外的時間，藉由休閒活動之過程，結交其他新朋友來擴大其人際圈子。

㈢情緒的穩定（emotional stability）

　　社會規範（social norms）常會限制個人，不得在大庭廣眾之下，任意地表達出自己的情緒。如此對情緒的抑制，在人群中自有其正面功效（譬如：任何人不能因生氣，就隨意打人）；但過度地壓抑個人的情緒，對於其心理健康必會產生負面影響。有些工作環境中，可有較多自我調整和緩衝情緒的時間（如：藝術家、教師等）；但另外一些工作者，在工作或執勤時就根本無暇顧及情緒問題（如：空軍飛行員、機場塔台導航員等）。

因此，要能隨時懂得利用閒暇機會，作些釣魚、爬山及海邊散步等休閒活動，來紓解與平衡個人波動的情緒。

㈣智力的發展（intellectual development）

人生可說是一連串學習和成長的過程。在工作或休閒活動中，常常會遭遇各種挑戰，必須動動頭腦才得解決。就如平日生活上所碰到者：如何申報所得稅、外出旅遊、購買房屋、投資置產及修理家中的東西等，都是對個人智力的一種挑戰。在學習和解決問題之初，往往會遭遇一些挫折而感到不舒服，但當有所成果時則會帶來莫大的鼓勵。在工作環境中常有機會接受智力挑戰者，在休閒時就可避免作太花腦筋的活動；而對於工作環境中缺乏智力挑戰者，則應多作些有助於智能發展的休閒活動。

㈤文化的優雅（cultural refinement）

不論是欣賞戲劇、舞蹈、音樂、繪畫與彫刻等藝術活動，都可以豐富一個人生活的品質。但要懂得如何去欣賞這些藝術活動，就需要多多接觸和不斷地加以培養。然而，在絕大多數的工作場合，都無法提供些優良文化環境；人們必須懂得多多利用休閒時間，進行各項藝術欣賞活動，以提昇其生活中之文化氣息。

在每個人的生涯發展中，要想同時兼顧工作與休閒、事業與家庭，且在這些方面均能維持某一程度之平衡，就有如「魚與熊掌不可兼得」之「雙趨衝突」一般的不容易。因此，在人生或每一天生活中可運用的有限時間上，如何作有效地時間分

配，並分別排定其優先順序都是值得慎重考慮和學習的。以下介紹一種「生活平衡量表」（Conrad, 1990），您可依照作答說明來填答，藉此來評量您個人在家庭、工作、娛樂及社交四類生活上安排之情形。

針對您個人在表 11-1「生活平衡量表」中的填答加以統計，若您在家庭、工作、娛樂及社交等四類生活上，有任何一類中勾選的項目過少（一、二項以下）或過多（七、八項以上），都顯示您個人在生活上頗不平衡；亟需予以適當之調整，斟酌個人實際情形，過少的增加、過多的減少，方能維持日常生活之真正平衡及身心的健康發展。

另外，曾有人以打棒球的概念，來說明在個人生活中家庭、事業（工作）與休閒間的關係，條列如下（Conrad, 1990）：

㈠家庭是人們生活的根基，當個人能照顧好自己的家時，就如同打擊者站上了一壘板。

㈡當個人能有效地經營、發展其事業或工作時，就如同打擊者已站上了二壘板。

㈢若能充分地享受個人的休閒時間並使其重新得力時，就如同打擊者站上了三壘板。

㈣當個人能同時兼顧到家庭、事業與休閒三方面，且能達成他們之間的平衡時，就如同打擊者奔回了本壘板而得分啦！

以下所列舉「一對忙碌夫妻」的例子，是現代最典型的雙生涯家庭中，常會發生的一些嚴重困擾。請您替他們想想，並設法提出一套有效改善的策略。

俊仁與淑珍是一對在各自工作上十分有成就的夫婦。因忙於事業的發展，二人都是年過三十才結婚，婚後至今已三年還

未準備好要有孩子。淑珍在某大銀行剛升任放款部的襄理，因
人手不足又是新任主管，不但白天工作十分辛苦，往往還需下

表 11-1　生活平衡量表

作答說明：請針對以下家庭、工作、娛樂及社交四類生活中之各項目，一一加以檢核，凡符合您個人目前生活情境的項目，請在其前面線上打一個「∨」。

家　庭	工　作	娛　樂	社　交
＿＿＿配偶	＿＿＿學校或課堂	＿＿＿騎車兜風	＿＿＿專業機構
＿＿＿父母	＿＿＿為他人工作	＿＿＿桌球	＿＿＿慈善活動
＿＿＿孩子	＿＿＿做自己事業	＿＿＿網球	＿＿＿教堂
＿＿＿洗衣	＿＿＿在家工作	＿＿＿體操	＿＿＿社區
＿＿＿照顧寵物	＿＿＿管理他人	＿＿＿慢跑	＿＿＿學校
＿＿＿室內打掃	＿＿＿要求時效	＿＿＿划船	＿＿＿交誼廳
＿＿＿庭院清掃	＿＿＿經常變動	＿＿＿跳舞	＿＿＿健身俱樂部
＿＿＿支付帳單	＿＿＿要負責任	＿＿＿其他運動	＿＿＿青年團體
＿＿＿負責採購	＿＿＿平衡預算	＿＿＿看電視影片	＿＿＿社會團體
＿＿＿料理三餐	＿＿＿上司要求	＿＿＿看球賽	＿＿＿政治團體
＿＿＿車輛保養	＿＿＿出外推銷	＿＿＿聚餐	＿＿＿宗教團體
＿＿＿家庭旅遊	＿＿＿壓力	＿＿＿個人嗜好	＿＿＿其他團體
＿＿＿其他	＿＿＿其他	＿＿＿其他	＿＿＿其他

參考資料：本表轉引自 Conrad (1990)。

班後將業務帶回家趕工；因而常感疲憊、勞累，夜晚上床倒頭就睡，俊仁為此十分不悅。

俊仁自行開設一家貿易公司，上班時間很有彈性，但卻需要常常到外地出差洽談生意，也有不少的交際、應酬。俊仁一直希望淑珍能陪他一塊兒參加應酬活動，也盼望週末假日二人能好好共同從事休閒活動，但淑珍卻常以太忙碌、勞累而加以拒絕。同時二人因常吃速食和筵席，又缺乏適當之運動，近一年來兩人分別超重了四、五公斤。

這對忙碌的夫妻之間時起勃谿，彼此經常冷戰、熱戰，感到十分痛苦，一對當初恩愛夫妻已生裂痕（請參閱本章問題研討後提供之改善策略）。

「忙，人自取；閒，天定許。」人的生活貴乎自己的安排，工作與休閒互相影響、互領生趣、互造生機，若能調和得當，多彩多姿的人生會在我們面前綿延展開，自信自得而又充實圓滿（金樹人，1986）。個人每天生活中都可能會面對事業、工作、休閒與家庭等問題，如何能同時兼顧其發展呢？作者介紹各位不妨參考採取中國儒家不偏不倚的「中庸之道」，並根據自己各方面主、客觀之相關環境來加以因應和安排，切忌「過之與不及」，如此必能達到「雖不中，亦不遠矣」之整體平衡生活。

本 章 摘 要

　　工作在心理上有五層意義：一、工作可以增進個體發展；二、工作可以使人獲得滿足感；三、工作給與個人自我表現的機會；四、工作可以使人保持和現實環境的接觸；五、工作可以使人不過於注意自己。另外，工作本身至少亦可以滿足個人在親和、自尊、創造、獨立生存、被人尊重與活動等六方面的需求。

　　按照與個人工作相關之期待、價值和需要，將工作態度分為：滿足及承諾兩大類別。滿足主要在描述工作者的個人感覺，較傾向於情感導向，其中最常被探討的就是工作滿足，這是指個人對其目前工作角色是否滿意的綜合評價；而承諾則指一個人對其工作實際所投入的程度。

　　外出工作的婦女，下班回家後仍然同樣需要擔負處裡家務和照顧小孩的責任，致使職業婦女往往抱怨實在沒有足夠的能力，同時去完成工作與家庭二種職責。雙生涯家庭除了夫妻在家事方面的分工外，彼此在工作能力上的競爭，也需要相互努力去加以調適者。

　　當個人對其工作感到不愉快、不想去做時，就表示他可能已有了工作壓力。工作壓力來源包括：工作環境不良、工作性質不佳、工作期望過高、人際關係不睦、身體狀況不好與家庭問題困擾等方面。四種調適工作壓力的可能途徑為：一、設法調整目前的工作；二、建立合理的工作期待；三、學習自我鬆弛的技巧；四、以適當的休閒來調和。

　　簡單而言，休閒可以定義成在沒有工作情形下，所從事讓個人想要去做且感覺愉快的活動。休閒時間則是個人在沒有固定義務和責任下，而可進行自由活動的時段。休閒活動具有四個特徵：一、休閒是在自由時間內的活動；二、休閒不是以賺錢為目的的活動；三、休閒是不具強迫性或義務性的活動；四、休閒活動是為了滿足自己而展開且其本身就是目的。

　　休閒活動依據其目的可區分為：一、逃避性的活動；二、一般教養及鑑賞性的活動；三、創造性的活動；四、服務性的活動。根據休閒時間的長短分為片刻休閒、日常休閒、週末休閒及長假休閒。根據休閒活動性質可分為娛樂性、益智性、健身性、創造性、社團性與服務性等類活動。

　　休閒活動可具有鬆弛個人緊張的情緒、使我們在工作以外滿足個人成就、增進人際間非正式的溝通、擴展我們的社會經驗、增加消費量和生產力、激發個人的創造力、調節生活步調、開發次專長、享受感官之美以及使我們更多認識本土及其他的文化等多項功能。

　　一個成年人的生涯發展和生活，可說是將其身體發展、人際關係與其所從事的工作和休閒活動等加以整體組合的呈現。人生從成年到老年可分為：一、臨時的成年期（十八到三十歲）；二、成年前期（三十到四十五歲）；三、成年後期（四十五歲以後到死亡）。

　　個人必須懂得依據他所處的環境，針對其工作與休閒活動做一適當之調配，以促使其整體生活更有意義，並作自我最佳的發展。在設法達到工作和休閒間彼此平衡的過程中，應同時考慮以下五點：一、身體的活動；二、社會的互動；三、情緒

的穩定；四、智力的發展；五、文化的優雅。

　　人的生活貴乎自己的安排，個人在每天生活中都可能會面對事業、工作、休閒與家庭等問題。若能採取中國儒家不偏不倚的「中庸之道」，並根據自己各方面主、客觀之相關環境來加以因應和安排，必能達到整體之平衡生活。

研 討 問 題

一、試列出你理想中最適合自己的三項工作。並一一分析它們對你個人所具有的意義與功能為何？

二、假設你是現代雙生涯家庭中的一員（丈夫或妻子），請提出你個人認為自己和配偶，應該分別對這個家庭所付出的責任與貢獻。

三、請條列你在週末假日經常從事的休閒活動。並依據本章第二節介紹的休閒類型、功能及如何妥善安排休閒活動之原則，來評估你日常進行的休閒活動是否妥當？

四、試針對寒暑假、春假、年假等長期假期，提出七天以上適合你個人或全家的國外（國內）旅遊計畫，並評估其可行性及如何去具體實施。

五、請填答表 11-1「生活平衡量表」且加以統計。並分別列出你在家庭、工作、娛樂及社交等四類生活上，最重要的前三項（若有不足三項者，試補足三項）。

六、針對本章第三節末了「一對忙碌夫妻」的例子，試替他們擬出一套有效改善夫妻生活的具體策略。

　　研討問題第六題「一對忙碌夫妻」之有效改善策略，可參考以下五項：

一、俊仁與淑珍二人應找出共同的適當時間，經常心平氣和好好地溝通。針對他們各人在家庭、事業與休閒等方面的角色與責任，分別加以探討之。

二、淑珍應仔細檢討她目前工作所帶來的壓力與挫折，夫妻二人共同思考如何改善此一情況。

三、俊仁亦應提出他的出差、應酬問題，夫妻共同思考如何來彼此配合，且在時間上如何適當分配。

四、二人共同下決心一起減肥，找出最適合的運動方式，每週共同或分別定時運動，並配以適宜之家庭飲食。

五、為平衡整體的家庭生活，俊仁與淑珍必要時都得做出某些程度的讓步與犧牲，並設法安排屬於二人共同的休閒活動，彼此鼓勵、相互體諒及支持。

參 考 文 獻

一、中文部分

王以仁、陳芳玲、林本喬（2005）。**教師心理衛生**。台北：心理。

吳武典、洪有義（1987）。**心理衛生**。台北：國立空中大學。

吳就君、鄭玉英（1987）。**家庭與婚姻諮商**。台北：國立空中大學。

林一真（1987）。休閒輔導。載於**國民教育輔導論叢，第五輯**，103-123 頁。教育部國教司。

林東泰（1992）。**休閒教育與其宣導策略之研究**。台北：師大書苑。

金樹人（1986）。充實多彩多姿的人生。載於洪有義、金樹人（著），**創造自我**（177-198 頁）。台北：正中。

柯永河（1991）。忙裡偷閒──休閒生活與身心調適。載於張小鳳等（著），**心戰──現代人的掙扎與突破**（61-88 頁）。台北：聯經。

姚榮齡（1986）。青年以休閒促進工作、老人以工作調劑休閒。載於社會處、中華日報社（印行），**老人的休閒活動**（193-199頁）。

陳彰儀（1988）。休閒滿足二因子理論驗證──工作滿足之二因子理論應用於休閒滿足之適切性探討。**教育與心理研究，11**，89-112。

黃堅厚（1996）。**青年的心理健康**。台北：心理。

劉焜輝（1982）。談如何安排休閒生活。載於**心理建設與青少年輔導廣播講座專輯**（153-158頁）。教育部訓委會。

劉焜輝（1985）。怎樣使生活更快樂──談休閒生活。載於郭為藩等（著），**美化你自己──獻給少年朋友**（125-186頁）。台北：正中。

潘正德譯（1995）。**壓力管理**。台北：心理。

蕭文（1989）。休閒出軌──談青少年的休閒輔導。**學生輔導通訊**，14，82-83。

鄭泰安（1986）。工作壓力的成因與適應。**張老師月刊**，102，51-53。

二、英文部分

Apter, T. (1993). *Working women don't have wives.* New York: St. Martin's Press.

Cherrington, D. J. (1980). *The work ethic: Working values and values that work.* New York: A division of American Management Associations.

Conrad, P. J. (1990). *Balancing home and career: Skills for successful life management.* Los Altos, CA: Crisp Publications.

Gray, D. (1973). This alien thing called leisure. In V. L. Boyak (Ed.), *Time on our hands.* Los Angeles, CA: Andrus Gerontology Center Publications Office.

Iso-Ahola, S. E. (1980). *The social psychology of leisure and recreation.* Dubuque, IA: Wm. C. Brown.

Kalleberg, A. L., & Berg, I. (1987). *Work and industry.* New York :

Plenum Press.

Kaplan, P. S., & Stein, J. (1984). *Psychology of adjustment*. Belmont, CA: Wadsworth.

Kelly, J. R. (1996). *Leisure*. Needham Heughts, MA: Simon & Schuster.

Liebert, R. M., Sprafkin, J. N., & Davidson, E. (1988). *The early window*. Elmsford, New York: Pergamon.

Marshall, E. M. (1995). *Transforming the way we work*. New York: AMACOM.

Neff, W. S. (1968). *The meaning of work*. New York: New York University.

Neufeldt, V., & Guralnik D. B. (Eds.) (1994). *Webster's New World Dictionary* (3th college ed.).

Roberts, K. (1970). *Leisure*. London: Longman Group Limited.

Sheehy, G. (1995). *New passages: Mapping your life across time*. New York: Random House.

World Leisure (2000, July). *Charter for leisure*. Retrieved from May 10, 2005 from http://www.worldleisure.org/pdfs/charter.pdf

Yankelovich, D. (1978). The new psychological contract at work. *Psychology Today, May,* 46-47.

第十二章

自我成長與實現

　　人本學派的心理學者相信人是有追求自我成長的潛能，只要能有一個溫暖、尊重及接納的氣氛與環境，人們就會將自己作充分的發展。心理學家馬斯洛（Maslow）主張人類有追求自我實現的需求，而在追求自我實現的路上會經由生理需求、安全需求、愛與隸屬及自我尊重等需求的滿足。何謂自我成長？懷德門（Friedman, 1991）指出，很多人們常在長大之前就變老了，其意是指人們生理長大的速度常大於心理成長的速度。為什麼會這樣呢？是人們拒絕自我成長？還是在追求自我成長與實現的路上遇到瓶頸？本章將針對成長的概念、自我的理論與自我成長與實現的指標、追求自我成長與實現的必要性、影響自我成長與實現的瓶頸及追求自我成長與實現的方法等方向加以探討，盼能協助讀者在閱畢此章後對自己追求自我成長與實現的方向，能有更清晰的脈絡可循。

第一節　成長的概念

　　所謂成長，是指一個人朝他（她）所期待的方向發展。一般來說，是指個體發展得較有能力、較有生產力及創造性，有較多的知識，對事物有更多的了解與洞察（Atwater, 1979）。不過，因為成長的概念很複雜，以下將從幾個方向來探討成長的概念。

一、成長的條件

　　生活上的有些情境會比其他情境更有助於人們的成長，例

如生理及環境的改變、生活中重大事件的發生及個人內心的重
大改變等。

(一)生理的改變

　　人們的成長常是由生理的改變階段來設定的，尤其在青少
年階段由於生理的改變非常明顯，也因此會影響到人們對自己
的看法及其人際關係。到中老年後，雖然人的生理也有所改變，
但因其改變是漸進的，對整個人格的成長與發展的影響較小。

(二)環境的改變

　　環境的改變，如搬新家、到新的學校或換新的工作等，會
有助於刺激及提供機會讓個人有所成長與改變。

(三)生命中顯著的事件

　　生命中顯著的事件的發生，如畢業、結婚、孩子的出生、
退休等事件，甚至悲傷的事件，如失去工作、親人死亡、離婚
等，讓人們需扮演著新的角色及負擔新的責任，如此也是讓人
們有機會有所成長與發展。

(四)個人內在感受的改變

　　有時人們的改變是源自於其內在想改變的心態，例如對目
前的自己或工作感到不滿意，覺得生活沒有突破等。例如有人
可能會說：「我覺得目前的生活好無聊，我想我是需要改變一
下。」

二、成長的現象

成長是一種主觀的內在改變的歷程。裘達（Jourard）建議主觀的成長經驗應遵循三階段的循環。一般來說，是先起始於發現周遭環境的改變，導致於認知上的失調，最後人們改變原有的認知去了解新的事物（Atwatrer, 1979）。

第一階段：發現周遭環境的改變

成長通起始於當你發現也承認周遭環境已有了改變。有些改變是漸進的，如服裝款式的改變；有些卻是突如其來的，如在未被告知的情況下，突然失去工作。後者對個人的衝擊較前者為大。

第二階段：認知上的失調

當人們感受到認知上的失調時，是否會導致個人的成長與改變，端視於人們對此情境的反應。如果人們持的是否定及逃避的心態，他（她）可能只會覺得失望及生氣；反之，如果人們因而引發出想調整心態並重新學習的心態，則就有機會有新的改變及成長。

第三階段：重新組織新的經驗

意即學習新的觀念，並改變原有的信念、態度、價值觀及自我概念。當你重新組織新的經驗，改變原有的認知去了解新的事物，那麼你認知失調的情況就會減除，並感受到成長與改變。

三、成長是一種自我實現

心理學者馬斯洛與羅吉斯認為成長是一種自我實現，他們相信人們有朝向實現的潛能。所以成長是潛能的發揮，也是一種冒險。

㈠成長是潛能的發揮與達成

根據這項假定，人們比他們自己了解的有更多成長的可能性。可惜的是，人們常在這些潛能發揮之前，就給自己設限。有研究發現，人們皆只用到百分之四的潛能；也就是說，我們每個人都還有很多能力與資源可以成長。

㈡成長是一種冒險

愛特華特（Atwater, 1979）指出，追求自我成長本身就是一種冒險。自我成長意味著踏進一個不熟悉及含著潛在危險性的情境，所以過程中難免會有傷害及失望。不過逃避成長也是一種冒險，因為你可能失去了讓自己發展新技能的機會，也因為為了穩住生活中的安全感而讓自己的生活顯得枯燥乏味。如果人們願意冒險嘗試新的及有建設性的經驗，就有機會獲得成長。

第二節　自我的理論及自我成長與實現的指標

在現代社會中，很多人常會將「追求自我成長與實現」掛

在口頭上。當然由於每個人的成長背景、專業訓練、目前所在的立足點及希望達到的目標的差異，所以每個人所指的自我成長與實現的具體目標難免會有所差異。例如：經商的人可能會以營業所得的多少為指標、學生可能會以考取理想的大學或研究所為指標、公務人員可能會以考取升等考試或獲得昇遷為標的、家庭主婦可能以營造和樂的家庭為指標等。不過雖然外在具體的標的有異，內在的動力是一樣的。

在人格心理學上，奧爾波特（Allport）、羅吉斯（Rogers）及馬斯洛（Maslow）等三位學者的理論因皆著重在人類自我的探討，所以被歸類為自我心理學學說。本節將從自我心理學說的論點來探討自我成長與實現心理層面的指標。

一、奧爾波特的自我理論及自我成長與實現的指標

㈠奧爾波特的自我理論

奧爾波特將心理學家所說的自我（self 或 ego）命名為統我（proprium）。他相信人格並非是一束不相干的特質所組成的相反的，人格乃是每個人所擁有的特質的統整。統我的形成過程可分為八個階段：

1.軀體我（Sense of Bodily Me）（一歲）

是指嬰兒學習到軀體的存在的階段，這種軀體我的感覺是自我意識發展的生理依據。

2. 自我認同（Sense of Self-Identity）（二歲）

兒童隨著語言的發展，在使用自己名字的過程中，以名字做為支撐點，從各種不同的經驗中獲得自我認同。

3. 自我尊重（Sense of Self-Esteem）（三歲）

兒童開始能因獨立完成某些事情而感到自滿及自尊。這一階段兒童開始尋求獨立，不想受成人的監護。

4. 自我擴張（Sense of Self-Extension）（四歲）

兒童開始學習「我的」（mine）的擁有感。他將自我的感覺擴張到外界的事物，他（她）開始發現不僅自己的身體屬於他（她）的，外界的事物如：兄姐、玩具、父母等也屬於他（她）的。

5. 自我意像（Sense of Self-Image）（四～六歲）

兒童開始發展出道德觀，並以此做為行為的參照點。這一階段兒童開始提出未來的願望，並為未來作計畫。

6. 理性的思考者（Sense of Self as a Rational Coper）（六～十二歲）

兒童開始學習透過思考來判斷事物，雖然在某些方面還是相當主觀。例如：相信他的兒童或同伴絕對是好的等。

7. 奮力發展者（Emergence of Propriate Striving）（十二歲～青年期）

此時他（她）開始考慮未來，並為未來作規畫。

8. 自我了解與統整（Emergence of the Self as Knower）（成年期）

這是自我發展的最後階段，自我有了一致性，並綜合了全部本體的機能。自我的這八方面綜合而成為統我（陳仲庚、張雨新，1989）。

(二)奧爾波特的自我成長與實現的指標

在奧爾波特的理論中並未用到「自我成長與實現」這個名詞，不過他的成熟的人格的概念可做為探討自我成長與實現的指標之參考。他認為並非所有的成人都具有成熟的人格，成熟的人格應符合六個條件：

1. 能自我擴張

是指人們能鼓勵自己多參與各種不同的活動，這些活動應配合個人對未來的規畫，而非只局限於滿足短暫的需求滿足而已。

2. 能與他人建立融洽的關係

是指人們應不僅能一方面與家人朋友維持親密的關係，另一方面也能與同情、關心及包容他人，並避免強烈的忌妒心及占有慾。

3.能接受自己

是指人們不僅能接受自己的優點、接納自己的弱點,並進而能克服自己障礙。而且人們也能接納並處理自己的情緒,不隨意將他人當出氣筒。

4.與實際的環境切合

是指人們不僅能正確而有效的認知與接觸外在真實的世界,具有解決問題的能力並能熱心的獻身於工作。

5.能客觀的自我了解

是指人們能自我幽默及清晰的洞察自己,清楚自己的長短處時,就知道要如何截長補短,做好自己的人生規畫。

6.有一致性的生活哲學觀

是指人們確實了解自己生活的目標和意義,而且其生活的目標和意義是建立於他(她)個人的價值信念(張新仁,1983)。

二、羅吉斯的自我理論及自我成長與實現的指標

(一)羅吉斯的自我理論

嬰兒在早期是處在混合、未分化的整體,直至能以語言表達「我」,人類的自我部分才開始形成。羅吉斯認為自我包括

理想我和自我。理想我是一個人所希望的自我形象；自我則是
個體所知曉、所意識到的經驗。如果兩者差距過大，會影響心
理的健康。

在自我發展的過程中，隨著自我的產生，對積極關注的需
要也出現了。兒童先是需要他人的積極關注，然後會需要自己
對自己的積極關注，即對自己的行為持肯定的態度。不過別人
給與兒童積極關注的條件可能無形中會形成兒童對自己關注的
參考標準。在兒童以後的生活中，可能會為了獲得他人的積極
關注而以他人喜好的方式去表現，而拒絕對自己的經驗作自我
評價。羅吉斯指出這是造成自我不協調的原因。自我不協調的
結果是適應不良，並有焦慮和恐懼的現象出現（陳仲庚、張雨
新，1989）。羅吉斯也相信人們雖然有朝向個人成長、健康與
適應等自我實現的驅力，但自我防衛、緊張和焦慮會阻擾人們
自我實現的追求（Derlega & Janda, 1986）。

為了克服這個問題，以幫助人們發展健全的自我，羅吉斯
提出真誠、溫暖、無條件的尊重與接納、同理心及傾聽等概念，
他相信以上述的要件造成出來的氣氛將最有助於人們發展出健
全的自我及追求自我成長與實現（Corey, 1990, 1991）。

(二)羅吉斯的自我成長與實現的指標

羅吉斯相信人類有追求自我實現的潛能，有能力將覺知到
的經驗正確的符號化，在他人積極及自我的關切下，會使人們
自我實現的需求獲得滿足，而成為能一個功能完整的人。一個
功能完整的人主要具有下列的特徵：

1.能自由而開放的認知所有的經驗。

2.對生命中每一時刻的經驗都具有新奇感及充實感。

3.相信自我直覺的能力。

4.以高度的創造力面對及適應新的挑戰,並自由而有建設性的生活(余霖,1983)。

5.自我結構與經驗間是協調一致的,並且有變化的能力,可以同化新的經驗。

6.能時時刻刻無條件的自我關注,對自己的經驗和行為都予以積極的肯定。

7.因為樂意給他人無條件的積極關注,有好的人際關係。

8.以自我的需求及自我實現的目標為評價經驗的標準,不受他人的標準所左右(陳仲庚、張雨新,1989)。

三、馬斯洛的自我理論及自我成長 與實現的指標

(一)馬斯洛的自我理論

馬斯洛主張人類的成長過程中有五種需求需要被滿足,它們分別是生理需求、安全需求、愛與隸屬、自我尊重及追求自我實現的需求,當前面四種基本需求獲致滿足之後,追求自我實現變成了人們定義成長時很重要的一個指標。

馬斯洛認為原則上每個人都會達到自我實現,除非自我實現的歷程出了毛病。他相信健康的身體及基本需求的滿足是追求自我實現的重要途徑。要使自我能實現,必須了解人的生理狀況,並適當的運用和鍛鍊它們(孫一塵,1983)。

㈡馬斯洛的自我成長與實現的指標

　　所謂自我實現的人，根據馬斯洛的理論是指一個人已經達到最高等級的個人適應，對事物能夠作正確的判斷，有自我成長的能力，且對生活感到充實，對生活充滿了感激（Derlega & Janda, 1986）。具體言之，一個自我實現的人主要具有下列的特徵：

　　1.能真實的知覺和面對現實及正確的判斷人事物，所以能有效的預測未來，而不會因受他人意見所左右而產生焦慮。

　　2.能承認每一事物中皆有好的及壞的一面，所以能以寬容不批評的態度來看待自己、別人及整個大自然。

　　3.能真誠的流露自己的真實感情，不將自己隱藏於假面具之後，所以能顯現出自發性、單純性和自然性的態度。

　　4.其生活方向主要是以問題為中心而非以自我為中心，所以不似非自我實現者常是為工作、事業而生活，自我實現者的生活方向是為生活而工作的。

　　5.尊重自己存在的價值，所以能控制自己不介入與他人的爭執，超然於世的品質。

　　6.因是屬於生命驅動的而非定向驅動的，意即是依賴自己內心世界而非外在世界，所以能夠自我指引、管理及負責自己的生活與命運。

　　7.因有永不衰退的欣賞力，能以愉快的心體驗生活中的每件事，所以從不對生活經歷感到煩惱。

　　8.因不會害怕或試著去防止任何經驗，所以比他人有較多的機會經歷高峰經驗。

9.因不僅關心周圍的人，也關心所有人類，所以和所有的人皆能打成一片。

10.因有尋找其他亦是自我實現者做為親密朋友的傾向，所以常僅和為數不多的人有深交。

11.因其價值觀很自由、民主及開放，對任何人的想法和看法皆能接受，所以和任何的人皆能相處融洽。

12.有強烈的審美感，沒有約定成俗的價值觀左右著他（她），不過他（她）總是知道自己所作的事的美學意義。

13.富有幽默感。

14.生活中有創造性。

15.因傾向於受內心世界的指導，所以當社會現存文化與其價值觀不合時，他（她）會抵制而不改變自己去適應（Derlega & Janda, 1986；陳仲庚、張雨新, 1989）。

總之，自我實現的人是：選適合自己能力的目標為目標，選適當的價值標準做為行為的指南，有統整的人格，可以適應生活中消極不如意的一面。自我實現的人不只免於心理上的困難，而且能與他人和諧相處，能隨環境改變而加以調整，而且能由於基本需求的滿足而感到自己正邁向自我實現的目標。

第三節　追求自我成長與實現的必要性

或許有人會問：「人真的需要追求自我成長與實現嗎？」下列的幾個理由告訴我們追求自我成長與實現的人較能發展出

積極且建設性的生活:

一、追求自我成長與實現的人有能力發現個人生活的目的和意義

在羅吉斯的理論中,他相信追求自我成長與實現是影響一個人全人發展的主要動力。只要能有一個溫暖、尊重及接納的氣氛與環境,人們就會將自己作充分的發展,就有能力發現個人生活的目的和意義(Gladding, 1992)。

二、追求自我成長與實現的人能有效的面對及解決問題

在協助案主追求自我成長的過程中,羅吉斯著重在幫助案主㈠開放其經驗;㈡學習信任他們自己;㈢評價自己的內在資源;及㈣願意繼續成長。當案主這些能力增加時,表示其追求自我成長與實現的動力增加,那麼其不僅能有效的克服目前遇到的問題,也能有助於案主面對與克服未來問題的能力(Corey, 1991)。

三、追求自我成長與實現的人能體會生命的自由並學習負責任

寇瑞(Corey, 1990)指出當人們的自我覺察力(self-awareness)增加時,其體會生命的自由的可能性就會增加。雖然每個人會受到其社會環境與遺傳因素的限制,覺察力高的人仍能

根據對這些限制的覺察而作選擇。存在主義學者梅茵（Rolly May）指出，人有自由意志及選擇的自由，但卻也難免遭遇人生的困境，如感到寂寞或焦慮，然而不論人們承受多少不利的條件，梅茵更指出當人們能夠找出生命的意義，發掘個人的內在資源——愛及勇氣，就能將人生過得更有意義（Wode & Tarris, 2006），人們皆有能力覺察到這些不利的條件，而且知道這些不利的條件如何影響其生活。所以人們的自我覺察力會使他（她）了解自己需要為這些選擇與行動的自由負責任。

四、追求自我成長與實現的人是一個自我導向的人

羅吉斯在協助案主自我成長時，很重要的目標之一，是協助案主由他人導向進到自我導向。所謂他人導向是作任何事時皆試圖符合他人的要求與期望，以期能討好他人，而完全忽略自己的感覺及期望。這樣的人常是因為缺乏自信心，無法自我接受。自我導向的人，是能夠自我接受，能開放及信任自己的經驗，也能接受自己對同一個人或事物能同時有愛與恨的複雜情緒。自我接受的人是能肯定自己在目前這個發展過程中的樣子，也相信自己是會不斷發展的。也因為如此，他們會欣喜於看到自己在生命中的改變，而不拘泥於只能變成某個樣子。一個能完全接受自己的人較能完全接受他人，當他們體會過自己曾有過的無助與依賴，也較能接受他人的不完美（Atwater, 1987）。

五、追求自我成長與實現的人能不受他人的批評所干擾

　　一般時候，當受到他人批評時，總會覺得別人是在攻擊我們，所以常有反應是反抗或逃避，甚至會花很多心力去擔憂別人所批評的事。但愛特華特（Atwater, 1987）指出，能勇於接受他人的批評是評量一個人是否自我成長的一個重要指標之一。一個追求自我成長與實現的人，會將他人的批評看成是一種建設性的建議，及客觀評量自己的標準，並試著去問：這個批評對我重要嗎？從這個批評中，對方是想告訴我些什麼？當他人的批評引發出波動的情緒時，不要讓這個情緒阻擾你，反而可以利用這個情緒來協助你改進原先你想改進的部分。甚至可請批評你的人給你一些改進上的建議。

第四節　影響自我成長與實現的瓶頸

　　有時候人們會開始覺得自己目前的處境已不能滿足其需求，他（她）開始想要突破，但似乎有些瓶頸讓他（她）窒礙難行。完形心理學者皮爾氏（Perls）指出，所謂成長就是學習由原來依賴外在資源的支持而轉為依賴自己內在資源的支持。就像嬰兒在母親子宮裡是依賴臍帶，由母親的身體提供養分，但自出生那剎那起，嬰兒必須學習用自己的肺呼吸。不過在這轉換過程中，人們可能會遇到成長上的僵局（impasse），即外在資源

不再能提供支持，但內在資源的支持力又尚未產生。就像缺氧
的嬰兒一樣，其情況是相當危急的。醫生在這時候會將嬰兒倒
抓拍拍屁股，讓其哭泣好讓嬰兒的肺部開始發揮功能。心理治
療者也是同樣的會去協助案主克服其僵局。因除非如此，否則
其成長就不可能（Corey, 1990; 駱芳美，1983）。以下我們將探
討影響自我成長與實現的瓶頸。

一、不能掌握及善用自己內在的資源

　　人們在必須開始運用自己內在資源的支持時，常會對自己
的能力產生疑惑，因為一來他（她）並不相信靠著自己的內在
資源可提供其生存之道；二來他（她）並不清楚自己有哪些內
在資源可供自己運用（Corey, 1990）。

二、害怕表達真正的自己

　　皮爾氏（Perls）曾說：「大部分的人常常寧願逃避面對問
題，也不要去處理面對問題所需要的改變」（Corey, 1991:
235）。例如擔心如果表達自己真正的情緒，會惹他人的生氣，
會遭人厭惡。但是逃避面對問題時很容易帶來焦慮及罪惡感等
不舒服的情緒，這種情緒會阻擾人們正常的生活及削減面對成
長與改變的勇氣。

三、被動的等待而非主動的出擊

　　有時候人們因為害怕改變自己或對自己的內在資源沒有清楚的掌握，所以他（她）乾脆放棄以自己的感官或感覺去內省自我，而只是企圖去操縱他人，冀望別人能代他（她）出征。如此一方面可滿足其依賴他人的需求，另一方面可減少其需要面對因改變自己而有的勇氣與冒險。但被動的等待常會讓自己失去機會去發現自己的資源可以怎麼被應用於外在的環境。缺乏機會讓自己的資源獲得開發，是阻礙自我成長與實現的因素之一。

四、所訂目標與自己的潛能及性向不符

　　馬斯洛認為所謂的自我實現就是把自己的潛能變成現實的需要，將自己的潛能發揮到最高極限。一個人若按自己的本性做符合自己本性的事，就是追求自我實現（陳仲庚、張雨新，1989）。皮爾氏也指出人們在追求自我成長與實現時應適性而發展，茉莉花的種子就應長成茉莉花，玫瑰花的種子就應長成玫瑰花（駱芳美，1983）。所以若所訂的自我實現的目標與自己的潛能與性向不符合，很容易造成事倍功半，甚至徒勞無功，成為發展上的阻礙。

五、不願意為自己的行為負責任

　　馬斯洛認為人類基本上是自由的，他們可以自由的選擇以

自己的方式來滿足自己的需要。不過在這過程中，人類也需要為自己的行為負責。當年齡愈大，需求層次愈高，所需負的責任愈大（孫一塵，1983）。但如果人們不願意為自己的行為負責任，可能就較難自由的選擇以自己的方式來滿足自己的需要，反之，則採人云亦云的方式。別人的方式不一定能符合自己的需要，也因此對追求自我成長與實現可能會是一種阻礙。

六、害怕改變且拒絕長大

懷德門（Friedman, 1991）指出害怕改變且拒絕長大的心態是阻礙人們追求自我實現與成長的原因之一。當人們習慣於在團體中扮演某種固定的角色，如依賴者，有時候就很難再表現另一種角色，如被依賴者。原因之一可能是習慣使然，久之他（她）也不相信自己具備扮演另一種角色的能力；另外，可能擔心別人會不習慣他（她）的改變。當然，最重要的可能就是害怕改變。害怕一旦改變原有的角色，自己將無力面對及應付新的角色，害怕自己將無所適從。

而拒絕長大是不願意面對現實的一面，也擔心自己無法獨自承擔責任及完成任務。所以寧願讓自己停留在小孩的心態。拒絕長大的人很難探查及發現自己的能力；但停留在小孩心態者可能又擔心自己太過於依賴。懷德門因而建議健康的心態是在親密（有能力去獲得他人的愛與關心）與獨立（相信自己有足夠的能力過自己要過的生活）間找出平衡點；能自我保護而不過度的自我防衛；自我關心而不自憐。

七、社會對自我實現與成長的誤解

當提到追求自我實現與成長時，總會有人在心理上起了一些隱憂，他們可能擔心著人們一旦一心在追求自我成長時，就意味著他們就不再順服傳統、不再犧牲奉獻，僅以自己的利益來考量等。甚至擔心人們追求自我實現與成長的結果，與產生家庭及社會的衝突是以符號來連接的。由於這種誤解，有些人就乾脆壓制自己的需求及想追求自我成長的意念，而這也是對追求自我成長與實現的一種阻礙。

八、受限於傳統男女性別角色的影響

在成長過程中，男性與女性受到不同的角色期望與塑造。例如男強女弱、男支配女順從、男理性女感性、男積極主動女消極被動等。這種傳統觀念影響下，很多女性（尤其是已婚女性）就很少以滿足自己的需要做為做事的準則，甚至可能會因自己曾想過要為自己活而覺得有罪惡感。事實上人人皆有追求自我成長與實現的傾向，這並沒有性別差異的。

第五節　追求自我成長與實現的方法與步驟

雖然追求自我成長與實現相當重要，但在此過程中卻難免

會受到阻擾，那麼要如何才能讓自己朝向自我成長與實現呢？
本節中將提出馬斯洛、愛特華特、懷德門及貝麗絲等學者及筆
者的建議，做為讀者追求自我成長與實現的參考。

一、馬斯洛的建議

馬斯洛建議下列方法有助於自我實現：

㈠完全生活在此時此刻，而不要為過去或未來焦慮。

㈡選擇讓你有機會成長及發揮潛能的機會，而不是只局限
在安全及保守的環境中。

㈢面對真實的你，敏感你自己的需要，信任你自己的經驗。

㈣以真實的態度處理你的人際關係：在人際互動上真實的
表達你真實的感受。

㈤要肯定的表達你自己的需要、想法及價值觀。

㈥盡力去達成你可掌握到的具體、可實現的目標。正如馬
斯洛所說的自我實現是由許多小目標的達成漸次累積而成的。

㈦覺察並且生活在你所擁有的愉快感受或高峰經驗裡，特
別是當你覺得在這個經驗裡你的潛能獲得充分的發揮。

㈧樂於接受新的經驗，覺察你心中對新經驗所產生的防衛
性，而且願意改變你的期望、觀念及潛能。

㈨學習信任你自己的判斷能力及感覺，並以此做為你做選
擇的基礎。

㈩真實的面對你自己，並為你自己所作的負責任。羅吉斯
指出一個人唯有願意為他（她）的生活負責任，才能獲得成長。

㈢覺察你自己有的防衛心態及錯誤的觀念，並盡量去消除

它們。

㈡切記自我實現是一個持續的過程，它是沒有終點，是不會被完全達到的（取自 Atwater, 1979, 1987）。

二、愛特華特的建議

愛特華特（Atwater, 1979）指出追求自我成長本身就是一種冒險且是一個主動及個人性的過程。也許他人也會給你一些建議或對你提出一些挑戰。心理學方面的書籍可能可以提供你一些資料，不過關鍵還是在於你自己。愛特華特提出下面三個要件：

㈠做選擇

做選擇是相當重要的，不過在做選擇之前你必須先蒐集相關的資料。當然蒐集資料本身是相當費時且費力的，但是充分的資料有助於你做好的選擇。

㈡澄清價值觀

很多時候人們所以很難做選擇是因為價值觀的混淆。蒐集相關的資料可以提供可能性的選擇，而價值觀則是指個人的期望及認為有價值的事。清楚了解自己的價值觀，有助於做適當的選擇。

㈢負責任

人們雖然有自由可作任何他（她）想作的事，但同時也必須為此自由負責任。

三、懷德門的建議

懷德門（Friedman, 1991）提出 4R 做為人們追求正向改變的參考，它們是：認知（recognition）、了解（realizaiton）、重新評量（reassessment）及重新創造（re-creation）。這步驟涵蓋了從認知現實面到逐漸實現現實面。

㈠認知

認知問題是解決問題最重要的一步。例如：讀者可以想一個你目前感覺在追求自我成長最大的阻礙與困擾，然後想想：

1. 這問題是真實存在嗎？
2. 造成這問題的來源為何？
3. 我願意改變我的行為讓這問題獲得改善嗎？

㈡了解

當認知到問題的所在之後，下一步要作的就是了解隱藏在這問題裡的原因是什麼？這問題對自己產生的影響是什麼？例如：讀者再回到前述的困擾，然後問自己：

1. 這個狀況妥當嗎？如果不妥當，我是否允許這個狀況繼續存在？
2. 在我追求自我成長的路上是否有類似的情況也造成我成長路上的阻礙與困難？造成這阻礙與困擾的原因是什麼？
3. 何時我發現這個不妥當的狀況開始出現在我的生活中？當時我如何處理？它如何影響我的生活？

(三)重新評量

　　一旦認知到問題也了解到造成這問題的原因，現在你可以評量這問題對你造成的影響。並重新評估，有何不同的方法你可以作處理？例如：針對前述的困擾，列出「我經常處理的方式」及「可以替代的處理方式」的清單，並評量其可行性。

(四)重新創造

　　重新創造生活意即有意的改變，而且要清楚知道自己為何作這些改變，及你希望透過這些改變達到什麼效果。真正的改變是由內而外的，由認知問題、了解原因、重新評量原來所採行的策略及可取代的方法等三個步驟來達到內在的改變，然後透過重新創造的步驟來協助外在改變。

　　重新創造的過程中試著將第三步驟中所列的可以替代的處理方式實際運作。因為這是一個嘗試的歷程，過程中可能相當辛苦，所以最好能有具體的計畫，也有固定的人可以商量。並且列出具體的增強物，給自己適時的增強。

四、貝麗絲的建議

　　很多時候，人們雖想要追求自我成長但裹足不前，貝麗絲（Bliss, 1983）提出十二個克服遲疑而能達到目標的步驟：

步驟一：改變態度

改變認為喜歡遲疑是天生的心態，下個決定，改掉拖延的習慣。

步驟二：訂出計畫

按照自己的目標訂出具體可行的計畫。

步驟三：克服害怕失敗的心理

其實失敗正可以提供機會讓我們作自我檢查，可增加我們學習的機會。如果能這麼想，你就會減少心理的猶疑。當機立斷，全力以赴。

步驟四：克服害怕成功的心理

當心理有所猶疑，剛開始時可能會認為是害怕失敗的心理在作祟，其實細察之下，你會發現可能是害怕成功的心理作祟。人們害怕成功，因為擔心一旦成功需負新的責任、會進入一個熟悉的新環境、工作時間會增長等。你可能會因為擔心自己無法適應新的環境及承擔不起新的責任，所以乾脆不追求成長。

步驟五：增加體力

　　缺乏體力也常是影響人們追求自我成長的原因之一，所以人們應該有規律性的運動及作息的習慣。增加體力就能增加能量及衝力。

步驟六：訓練自己面對困難的任務

　　可以讓自己循序漸進的學習面對與經濟困難的任務，直到它變成一種習慣。當你成功的經驗困難的任務，你就能勇於面對未知的挑戰。

步驟七：建立有助於行動的環境

　　有利於行動的環境包括兩個要件，一是有充裕的資源及工具可以運用，二是有組織化的工作場所。很多時候你雖然想完成一些東西，但卻會因為缺乏資源及工具可使用而將之拖延；另外，有時候你雖然有資源及工具，但卻未加以歸類或歸檔，也會讓人因為要什麼找不到什麼而拖延該完成的事。

步驟八：使用增強原則

　　使用增強原則可幫助前面所提及的步驟變成一種習慣，而不是曇花一現而已。因為根據學習心理學的原則，行為發生之後所

得的結果會影響到它將來是否繼續出現及出現次數的多寡。如果
行為的結果獲得增強，我們的腦部就會自動的將這兩件事情連結
在一起，以後該行為再出現的機率就很大。

步驟九：克服故意拖延的習慣

　　當你發現有些事的延遲是你故意拖延的結果，你要問自己：
這個拖延是否有其必要性？下列四個問題可作參考：㈠你真的
需要更多的資料或事實以利你做決定嗎？㈡如果你以目前的資
料或事實做決定所冒的險，比蒐集到更多的資料或事實後更大
嗎？㈢假設你真的需要更多的資料或事實以利你做決定，你是
否已努力的在付諸行動了？或只是坐著等待奇蹟出現？㈣你非
得等到完美的計畫不可嗎？有句話說：「今日好的計畫勝於明
日的完美計畫」（Bliss, 1983: 136），切記，如果條件許可的
話，即時還是很重要的。

步驟十：妥善安排時間

　　人們常常會將行程安排得太過於緊湊，超過自己的時間所
能負荷，以至於無法妥善的兼顧每件事。妥善的時間安排不僅
要能列出何者最重要，也要能列出何者最不重要。

步驟十一：善用標籤紙提醒自己

　　忘記是忙碌的人最容易患的毛病。將你該完成的事寫下來，

貼在你最常看到的地方提供你自己，將有助於你減少拖延的習慣。

步驟十二：避免找藉口

很多時候人們會因為找到藉口而拖延了該作的事。不要讓看似合理的藉口影響你作該作的事，挑戰干擾你的藉口，即知即行。切記：「在今天處理困難的事總比拖至明天才嚐到因未處理而產生的惡果還好」（Bliss, 1983: 187）。

五、筆者的建議

在本章的末尾，筆者以自己的體會提出下列數點的建議供讀者作參考。

㈠清楚自己的定位

1.清楚知道：「我是誰？」

前文中曾提及在追求自我成長與實現時適應性而發展，所以在追求自我成長與現實時首先要去掌握與了解自己的人格特質、能力、性向、興趣。愈能清楚掌握與了解自己的人，愈能知道自己的需求所在。要了解自己的人格特質、能力、性向、興趣時，可一方面透過自己的主觀經驗：如審視自己的生活經驗中，作哪些事情時自己感到最得心應手？在人際互動上，自己常扮演的角色為何？另一方面，可透過標準化的人格、成就、

性向、興趣測驗客觀的評量自己。

2.清楚知道：「我要什麼？」

當你掌握與了解自己的能力、性向、興趣之後，下一步要問自己的是：「我可以（我想）拿這些來作什麼？」要了解這個部分，你可以一方面回想自己曾有過的夢想；另一方面透過標準化的生涯探索量來幫助自己。

3.清楚知道：「我需要什麼？」

當你掌握與了解自己的能力、性向、興趣，也知道自己的生涯目標之後，你需要去評估自己還需要學習些什麼才有助於該目標的達成。

㈡清楚自己想要投注的市場

中國有句話說：「坐這山看那山，一事無成」。這句話是要我們作事要專心。當然如果你能經過清楚的探索與定位再做出決定，你比較能夠專心的付出。加拿大的心理學家馬瑞迦（James Marica）提到人們在生涯決定時，經由探索與承諾兩種因素的程度，會影響你對自己的生涯決定認同的程度。所謂探測（exploration）是指人們在面臨各種二選一，其自身歸屬之探測的時期。所謂承諾（commitment）是決定自己要將自己的一生投資在哪個方向。James Marica 認為人們在生涯發展上會因為探測及承諾的存在與否，而有四種不同的發展：認同模糊（identity diffusion）、認同流失（或稱提早成熟）（identity foreclosure）、延宕認同（identity moratorium）及認同成功（identity achievement）。認同模糊是指個人還未作任何探測，也還未決定其個人職業及意識型態，但卻也無心於此。認同流失是指個人還沒有適當機會作任何的探測，已對其個人職業及意識型態有所決定及承諾，如：已決定了生涯方向。延宕認同是指個人正在作一些探測，但還沒有決定其個人職業及意識型態。認同成功是指個人已經經過了探測而且也決定其個人職業及意識型態（Santrock, 1995）（如圖 12-1）。

探索

		無	有
承諾	無	認同模糊	延宕認同
	有	認同流失	認同成功

圖 12-1　對個人職業及意識型態的定型

參考資料：引自 Santrock (1995: 555)。

　　所以對自己所要投注的市場不要人云亦云，最好清楚自己的定位後再下決定。沒有一條路是絕對好或壞，唯有經過探索與承諾之後的決定才是成熟的。

㈢清楚你所處的環境

1.尋求家人的配合

　　在探討家庭的理論中，有學者曾形容家庭成員間的關係就像彼此用繩子綁起來一樣，任何人的變動都會影響到其他人，所以家人彼此的配合是很重要的。當你發展自我成長的計畫時，最好能與家人商量，取得家人的配合，如此成功的機率會較高。

2.家人間應取得共識與共同成長

　　常常我們會以為只有在學的孩子才需要成長，所以會發生父母忙著看電視卻不准孩子看，孩子猛啃書父母卻久不聞書味的情況。其實如果家庭中有共同讀書的時間、共同觀賞一些電影或電視節目、或一起出去走走郊遊或看展覽等，並一起討論或分享彼此的心得與想法，這樣的成長其實是最有意義的，也是最有效的。

3.善用你可以使用的資源

　　有人以為要追求所謂的成長一定要花錢去上課才算，其實它是一個持續的過程，是內心裡一股持續激勵自己自我充實的動機。自我成長的方向可以是有形的，例如學習新技能、新語言等；也可以是無形的，例如每天對事物有新的體會，能面對或適應原所不能面對或適應的人事物等。其實只要你用心，你周遭的人事物及所發生的事都是有助於你成長的。

4.應知所取捨

　　環境所提供的資源通常會多於你的時間與體力所能負荷的。所以在選擇時應知所取捨。誠如前面所提的，自我成長是一個持續的過程，是內心裡一股持續激勵自己自我充實的動機。不要擔心失去機會，不要怕輸在起跑點上，因為人生不是短距離的競賽，「盡力而為」與「量力而為」是保持這股動力不斷持續的重要因素。

㈣清楚自己的目標

1.與熟悉的朋友或家人談談以獲得他人的回饋

　　找機會與熟悉的朋友或家人談談，聽聽他們的看法。家庭與朋友都是我們一生中很重要的資產，他們可以從旁觀者清的立場給與一些建議，並針對他們對你的認識給你一些回饋。這些可以做為自己設定目標的一些參考。

2.每天給自己一些獨處時間聽聽自己內在的聲音

　　自己的需要只有自己最了解，但有時忙碌的生活會使人們忘卻自己的需要。每天讓自己有一些獨處的時間，聽聽自己內在的聲音，整理自己的思緒及檢查自己目前的生活步調是否是原來所期望的。從這過程中有助於幫助自己找到自己真正需要的目標。

3.定出一些短程、中程與長程目標

　　短程目標是指一個月至一年內的計畫：這計畫應是你短期內可達成的。不要給自己不可能實現的目標，而且在實行時要鼓起勇氣，盡力去做（郭國禎、駱芳美，1988）。

　　中程目標是指五年內的目標：包括你為達到長期目標而需接受的訓練或教育，或是你生活或事業的下一步。在進行過程中應常視其是否達成而修正該努力的方向。

　　長程目標是指對整個生活型態的計畫及打算：因為其中可能仍會有一些改變，所以計畫上需要有彈性。

　　古諺云：「一千里的路程是由一小步開始的」（郭國禎、
駱芳美，1988：21）。如果你已計畫好了短期目標，就開始安
排進度準備去完成它，那麼你的長程目標就有實現的機會。

㈤以健康的心態走自我成長及實現的路

1.感恩的心情

　　其實放眼望去，每件事情都有值得學習的地方，也都會有
助於成長，不過關鍵是你是否用心去體會，是否存著感恩的心
情去欣賞；只要存著感恩的心情去體會，你會發現自己每天都
有成長。

2.喜樂的心靈

　　當你心情愉快時，你看任何的人、事、物時也都是可愛及動
人的。自我成長及實現的路並非一蹴可成，必須每天一步步的累
積。喜樂的心靈會讓你在累積每天的資產時，充滿好奇與驚喜。

3.真誠與尊重的態度

　　羅吉斯的理論中相信，無條件的真誠與尊重的態度有助於
與他人關係的建立。透過與他人真誠的分享及彼此的回饋中，
可以深入了解他人及自己內在的思考，並調整及改變阻礙自己
追求成長與實現的弱點。

4.善良的動機

　　人本派的心理學者基本上相信人性是向上且是本善的，也

是不斷追求自我成長與發展的。所以善良的動機應是追求自我成長與實現的要素。也許有些人會以非法的手段及不純正的動機暫時賺取成功，但此類的成功皆不易長久。

5. 作自己

　　由於每個人對所謂的自我成長與實現並無一定的具體指標，所以人們很容易將他人的模式或標準套在自己的身上，因而常常有格格不入的感覺。事實上，依照心理學者的看法，追求自我成長與實現就是將自己的本質發揮到最高點。由於每個人的本質不同，所以達成自我實現的方式與結果也不盡相同。所以作你自己並認識你自己，是有效的開發自己的要件。

本 章 摘 要

　　本章針對成長的概念、自我的理論與自我成長與實現的指標、追求自我成長與實現的必要性、影響自我成長與實現的瓶頸及追求自我成長與實現的方法等方向加以探討，以協助讀者對自己追求自我成長與實現的方向，有清晰的脈絡可循。

　　所謂成長，是指一個人朝他（她）所期待的方向發展。一般來說，是指個體發展得較有能力、富有生產力及創造性、有較多的知識，及對事物有更多的了解與洞察。生活上的有些情境會比其他情境更有助於人們的成長，例如生理及環境的改變、生活中重大事件的發生及個人內心的感受的改變等，會有助於刺激及提供機會讓個人有所成長與改變。成長是一種主觀的內在改變的歷程。裘達建議主觀的成長經驗應遵循三階段的循環：先起始於發現周遭環境的改變，導引出認知上的失調，最後人們改變原有的認知去了解新的事物。心理學者馬斯洛與羅吉斯認為成長是一種自我實現，他們相信人們有朝向自我實現的潛能。所以成長是潛能的發揮，也是一種冒險。不過逃避成長也是一種冒險，因為你可能失去了讓自己發展新技能的機會，也因為為了穩住生活中的安全感而讓自己的生活顯得枯燥乏味。如果人們願意冒險嘗試新的及有建設性的經驗，就有機會獲得成長。

　　在人格心理學上，奧爾波特、羅吉斯及馬斯洛等三位學者的理論因皆著重在人類自我的探討，所以被歸類為自我心理學學說。奧爾波特將心理學家所說的自我命名為統我。他相信人

格並非是一束不相干的特質所組成的，相反的，人格乃是每個人所擁有的特質的統整。統我的形成過程可分為八個階段：軀體我（一歲）、自我認同（二歲）、自我尊重（三歲）、自我擴張（四歲）、自我意像（四～六歲）、理性的思考者（六～十二歲）、奮力發展者（十二歲～青年期）、自我了解與統整（成年期）。奧爾波特認為並非所有的成人都具有成熟的人格，成熟的人格應符合六個條件：能自我擴張、能與他人建立融洽的關係、能接受自己、與實際的環境切合、能客觀的自我了解及有一致性的生活哲學觀。

羅吉斯認為自我包括理想我和自我。理想我是一個人所希望的自我形象；自我則是個體所知曉、所意識到的經驗。在自我發展的過程中，隨著自我的產生，對積極關注的需要也出現了。兒童先是需要他人的積極關注，然後會需要自己對自己的積極關注，即對自己的行為持肯定的態度。若理想我和自我不協調，或自我與經驗不協調會導致適應不良，並有焦慮和恐懼的現象出現。羅吉斯也相信人們雖然有朝向個人成長、健康與適應等自我實現的驅力，但自我防衛、緊張和焦慮會阻擾人們自我實現的追求。為了克服這個問題，以幫助人們發展健全的自我，羅吉斯提出真誠、溫暖、無條件的尊重與接納、同理心及傾聽等概念，他相信以上述的要件營造出來的氣氛將最有助於人們發展出健全的自我及追求自我成長與實現。羅吉斯相信一個功能完整的人主要具有下列的特徵：能自由而開放的認知所有的經驗、對生命具有新奇心及充實感、相信自我直覺的能力、以高度的創造力面對及適應新的挑戰、自我結構與經驗間是協調一致的、時時時刻刻無條件的自我關注、有好的人際關

係、以自我的需求及個人自我實現的目標為評價經驗的標準。

　　馬斯洛主張人類的成長過程中有五種需求需要被滿足，它們分別是生理需求、安全需求、愛與隸屬、自我尊重及追求自我實現的需求。原則上每個人都會達到自我實現，除非自我實現的歷程出了毛病。所謂自我實現的人，是指一個人對生活有很好的適應，對事物能夠作正確的判斷，有自我成長的能力，對生命感到充實，對生活充滿了感激。具體言之，一個自我實現的人主要具有下列的特徵：能真實的知覺和面對現實及正確的判斷人事物、能承認每一事件中皆有好的及壞的一面、能真誠的流露自己的真實感情、以問題為中心而非以自我為中心、尊重自己存在的價值、依賴自己內心世界而非外部世界、以愉快的心體驗生活中的每件事、有較多的機會經歷高峰經驗、和所有的人皆能打成一片、和任何的人皆能相處融洽、但僅和為數不多的的人有深交、有強烈的審美感、富有幽默感、生活中有創造性、當社會現存文化與其價值觀不合時會抵制而不改變自己去適應。

　　追求自我成長與實現的必要性是因追求我成長與實現的人有能力發現個人生活的目的和意義、能有效的面對及解決問題、能體會生命的自由並學習負責任、是一個自我導向及能不受他人批評所干擾的人。人們雖然想追求自我成長與實現，但有時候會遇到瓶頸讓他（她）窒礙難行。例如：不能掌握及善用自己內在的資源、害怕表達真正的自己、被動的等待而非主動的出擊、所訂的目標與自己的潛能與性向不符、不願意為自己的行為負責任、害怕改變且拒絕長大、社會對自我實現與成長的誤解、受限於傳統男女性別角色的影響。

　　有關追求自我成長與實現的方法與步驟，馬斯洛建議：生活在此時此刻、選擇讓你有機會成長及發揮潛能的機會、面對真實的你，敏感於自己的需要，信任自己的經驗、以真實的態度處理你的人際關係、肯定的表達自己的需要、盡力去達成你可掌握到的可實現的目標、覺察並且生活在你所擁有的愉快的感受與高峰經驗裡、樂於接受新的經驗、學習信任自己的判斷能力及感覺、真實的面對你自己、覺察自己有的防衛心態及錯誤的觀念、切記自我實現是一個持續的過程。愛特愛特提出三個要件：做選擇、澄清價值觀及負責任。懷德門提出 4R 做為人們追求正向改變的參考，它們是：認知、了解、重新評量及重新創造。貝麗絲提出十二個克服遲疑而能達到目標的步驟：改變態度、訂出計畫、克服害怕失敗的心理、克服害怕成功的心理、增加體力、訓練自己面對困難的任務、建立有助於行動的環境、使用增強原則、克服故意拖延的習慣、安排時間、善用標籤提醒自己及避免找藉口。最後筆者建議應：清楚自己的定位、清楚自己想要投注的市場、清楚自己所處的環境、清楚自己的目標以及用健康的心態走向自我成長及實現的路。

研 討 問 題

一、請說明有哪些情況會影響人的成長？在你個人的成長經驗中有哪些情況曾影響你的自我成長？如何影響？其影響性如何？

二、請就奧爾波特、羅吉斯及馬斯洛等三位學者的理論，說明其各自的自我理論及其自我成長與實現的指標。

三、為何人們需要追求自我成長與實現？在追求自我成長與實現時，可能會遇到的阻礙為何？你覺得自己需要追求自我成長與實現嗎？為什麼？你曾遇到何種阻礙？你如何克服它（們）？

四、試就任一個學者的建議（或融合幾位學者的建議），列出你個人追求自我成長與實現的方法與步驟，並評估其可行性如何。

參 考 文 獻

一、中文部分

余霖（1983）。自我心理學說：羅吉斯的人格理論。載於郭為藩
（編著），**人格心理學理論大綱**（181-192 頁）。台北：正
中。

孫一塵（1983）。自我心理學說：馬士洛的人格理論。載於郭為
藩（編著），**人格心理學理論大綱**（193-214 頁）。台北：
正中。

陳仲庚、張雨新（1989）。**人格心理學**。台北：五南。

郭國禎、駱芳美（1988）。**成功的生活──談生活計畫**。高雄：
復文。

張新仁（1983）。自我心理學說：奧爾波特的人格理論。載於郭
為藩（編著），**人格心理學理論大綱**（159-180頁）。台北：
正中。

駱芳美（1983）。**完形諮商技術對教育學院女生自我成長之效果
研究**。國立彰化師範大學輔導研究所碩士論文，未出版，彰
化市。

二、英文部分

Atwater E. (1979). *Psychology of adjustment: Personal growth in a
changing world.* Englewood Cliffs, NJ: Prentice-Hall.

Atwater E. (1987). *Psychology of adjustment: Personal growth in a changing world.* Englewood Cliffs, NJ: Prentice-Hall.

Bliss, E. C. (1983). *Doing it now: A 12-step program for curing procrastination and achieving your goals.* New York: Charles Scribner's Sons.

Corey, G. (1990). *Theory and practice of group countseling.* CA: Brooks/Cole.

Corey, G. (1991). *Theory and practice of counseling and psychotherapy.* CA: Brooks/Cole.

Derlega, V. J., & Janda, L. H. (1986). *Personal adjustment: The psychology of everyday life.* Tllinois: Scott, Foresman and Company.

Friedman, S. (1991). *On a clear day you can see yourself: Turning the life you have into the life you want.* Boston: Little, Brown and Company.

Gladding, S. T. (1992). *Counseling: A comprehensive profession.* New York: Merrill.

Stantrock, J. W. (1995). *Childhood.* Madison. WI: Brown & Benchmark.

國家圖書館出版品預行編目資料

心理衛生與適應／王以仁, 林淑玲, 駱芳美著.
--二版.-- 臺北市：心理, 2006（民 95）
面； 公分.--（輔導諮商；56）
含參考書目

ISBN 978-957-702-927-0（平裝）

1.心理衛生 2.適應（心理）

172.9   95013578

輔導諮商 56　　心理衛生與適應（第二版）

作　　者：王以仁、林淑玲、駱芳美
責任編輯：郭佳玲
總 編 輯：林敬堯
發 行 人：洪有義
出 版 者：心理出版社股份有限公司
社　　址：台北市和平東路一段 180 號 7 樓
總　　機：(02) 23671490　傳　　真：(02) 23671457
郵　　撥：19293172 心理出版社股份有限公司
電子信箱：psychoco@ms15.hinet.net
網　　址：www.psy.com.tw
駐美代表：Lisa Wu　tel: 973 546-5845　fax: 973 546-7651
登 記 證：局版北市業字第 1372 號
電腦排版：辰皓國際出版製作有限公司
印 刷 者：辰皓國際出版製作有限公司
初版一刷：1997 年 9 月
二版一刷：2006 年 8 月
二版三刷：2009 年 5 月

定價：新台幣 450 元　　■有著作權·侵害必究■
ISBN 978-957-702-927-0

讀者意見回函卡

No._____   填寫日期： 年   月   日

感謝您購買本公司出版品。為提升我們的服務品質，請惠填以下資料寄回本社【或傳真(02)2367-1457】提供我們出書、修訂及辦活動之參考。您將不定期收到本公司最新出版及活動訊息。謝謝您！

姓名：_____ 性別：1□男 2□女

職業：1□教師 2□學生 3□上班族 4□家庭主婦 5□自由業 6□其他____

學歷：1□博士 2□碩士 3□大學 4□專科 5□高中 6□國中 7□國中以下

服務單位：_____ 部門：_____ 職稱：_____

服務地址：_____ 電話：_____ 傳真：_____

住家地址：_____ 電話：_____ 傳真：_____

電子郵件地址：_____

書名：_____

一、您認為本書的優點：（可複選）

　❶□內容 ❷□文筆 ❸□校對 ❹□編排 ❺□封面 ❻□其他____

二、您認為本書需再加強的地方：（可複選）

　❶□內容 ❷□文筆 ❸□校對 ❹□編排 ❺□封面 ❻□其他____

三、您購買本書的消息來源：（請單選）

　❶□本公司 ❷□逛書局⇒_____書局 ❸□老師或親友介紹

　❹□書展⇒____書展 ❺□心理心雜誌 ❻□書評 ❼其他_____

四、您希望我們舉辦何種活動：（可複選）

　❶□作者演講 ❷□研習會 ❸□研討會 ❹□書展 ❺□其他_____

五、您購買本書的原因：（可複選）

　❶□對主題感興趣 ❷□上課教材⇒課程名稱_____

　❸□舉辦活動 ❹□其他_____　　（請翻頁繼續）

心理出版社 股份有限公司

台北市 106 和平東路一段 180 號 7 樓

TEL: (02) 2367-1490
FAX: (02) 2367-1457
EMAIL:psychoco@ms15.hinet.net

沿線對折訂好後寄回

六、您希望我們多出版何種類型的書籍

❶□心理 ❷□輔導 ❸□教育 ❹□社工 ❺□測驗 ❻□其他

七、如果您是老師，是否有撰寫教科書的計劃：□有□無

書名／課程：_____

八、您教授／修習的課程：

上學期：_____

下學期：_____

進修班：_____

暑　假：_____

寒　假：_____

學分班：_____

九、您的其他意見

謝謝您的指教！　　　　　　　　　　　　　21056